Cross-Cultural Communication between Korea and America

한미 문화코드와 커뮤니케이션

Cross-Cultural Communication between Korea and America

한미 문화코드와 커뮤니케이션

우충환 지음

한국문화사

한미 문화코드와 커뮤니케이션

초판인쇄 2011년 9월 20일
초판발행 2011년 9월 30일

지 은 이 우 충 환
펴 낸 이 김 진 수
펴 낸 곳 **한국문화사**
등   록 1991년 11월 9일 제2-1276호
주   소 서울특별시 성동구 아차산로 3(성수동 1가) 502호
전   화 (02)464-7708 / 3409-4488
전   송 (02)499-0846
이 메 일 hkm77@korea.com
홈페이지 www.hankookmunhwasa.co.kr

값 16,000원

잘못된 책은 바꾸어 드립니다.
이 책의 내용은 저작권법에 따라 보호받고 있습니다.

ISBN 978-89-5726-905-3   93380

머리말

　많은 한국 사람은 10년 영어공부를 했음에도 영어에 대한 울렁증이 있고, 외국인과의 커뮤니케이션이 잘 되지 않는다고 한다. 이는 언어뿐만 아니라 그 속에 숨겨진 문화의 코드에 익숙하지 않기 때문이다. 언어에 담겨진 문화적인 의미를 모르면 실제 상황에서 오해나 마찰이 일어나기 쉽다. 이제 외국어 교육에 있어서도 언어지식에만 치중하기 보다는 해당 문화권 사람들과의 커뮤니케이션이나 그들의 가치관, 생활태도에 대한 이해가 동반되어야 한다. 이러한 다양한 문화의 코드를 이해함으로써 다른 문화권 사람들을 받아들이고 소통할 수 있는 능력을 자연스럽게 갖추게 된다. 특히 다문화·국제화 시대에 다른 문화 사람들과의 원활한 커뮤니케이션을 위해 자문화와 목표 문화(target culture)의 코드를 제대로 이해하고 활용하는 일은 이제 필수가 되었다.

　문화는 빙산(iceberg)과도 같다.

　문화는 언어, 음식, 의복처럼 우리 눈에 보이는 것 외에도 사람들의 신념, 가치관, 태도, 의식구조 속의 보이지 않는 면까지도 포괄한다. 문화적 배경이 다른 사람들 간 의사소통에 있어서도 서로 다른 문화 코드로 인해 몸짓, 표정, 태도, 대화속도, 목소리크기, 시공간의 사용에 대한 해석이 크게 달라질 수 있다.

　글로벌 시대에 살면서 다른 문화의 이해를 통해 자문화 중심주의(ethnocentrism)를 극복하고 타인에 대한 이해와 적응이 우리에게 요구된다. Gebhard(2006)는 다른 문화에 대해 성공적으로 적응함으로써

외국어의 유창성을 확보하고 의미 있는 관계를 맺을 수 있으며 나아가 자문화에 대한 이해를 높일 수 있다고 했다.

문화적 배경이 다른 사람들과의 의사소통은 그들과의 차이를 이해하는 데서 시작된다. 문화 간 차이를 알면 문화충격(culture shock)을 줄이고 대인 의사소통에서 야기되는 갈등을 해소할 수 있다. 아울러 두 문화의 상호습득을 통해 자신의 약점을 보완 할 수 있다. 예컨대, 서구인에게는 변증법적 논증과 상호작용 귀인 등 동양인의 종합적인 사고가 도움이 될 수 있고, 동양인에게는 서양인의 분석적, 과학적인 사고를 배울 수 있어 더불어 발전하는 지구촌을 만들 수 있다.

지금까지 이(異) 문화 간 의사소통에 관한 대부분의 연구는 개별 국가에 대한 문화를 분리해서 이해하거나, 동·서 문화 간의 차이와 같은 큰 틀에서 다루어져 왔다. 하지만 구체적인 상호작용을 다루는 대인관계처럼 다른 문화 간 의사소통도 각 문화권 사람들 간의 구체적인 행위를 비교 분석하는 데서 출발해야 한다. 따라서 한국과 미국처럼 실제 교류가 많은 국가 간의 원활한 커뮤니케이션을 위해서는 이들이 구체적인 상황에서 어떻게 상호작용하는지를 집중적으로 연구할 필요가 있다.

이 책에서는 한국인과 미국인의 실제 대화를 통해 두 문화 간 의사소통에 필요한 각종 정보를 제시하고 있다. 영어는 잘 하지만 정작 미국 문화에는 낯선 Kim교수와 아직 한국 문화에 생소한 미국인 Greg 교수 간의 일상 대화를 통해 양국 간의 문화 차이를 밝힐 뿐만 아니라, 갈등의 해소 방안을 제시한다. 대화를 통해 두 사람은 자신의 고정관념과 편견을 깨닫고 그것을 의식적으로 조정하는 문화적응(culture adaptation) 과정을 보여주고 있다. 이들이 화두로 내세운 나이, 인사, 칭찬, 사과, 말 순서교대, 한담, 눈치, 입시, 인터뷰, 파티, 시공간의 사용 등은 일상에서 우리가 빈번하게 겪는 일들이다. 이 책에서는 이러한 화두를 중심으로 한국인과 미국인의 대화에서 나타나는 두 문화의 코드를 심층적으로 분석하고 서로 간 의사소통 능력을 증진시킬 수 있는 방안을 제시하고자 하였다. 아울러 글로벌 표준(global standard)에 접근하려는 끊임없는 노력을 통해 우리의 문화가 좀 더 발전적인 변화를 꾀할 수 있는 계기를 마련하고자 하였다.

또한 이 문화 간 커뮤니케이션을 위해 현재 국제어인 영어사용국일 뿐만 아니라 우리의 주요 교역 대상국인 미국에 초점을 맞추어 양 국가 간 이해를 증진하고 상호 소통의 장을 마련하고자 하였다. 아울러 이민자로 구성된 미국의 주류사회가 소수민족들을 포용하여 공존하는 삶의 방식을 택한 다문화 정책에서 많은 시사점을 얻고자 하였다.

끝으로 이 책에서는 이 문화 간 커뮤니케이션을 위해 보편적으로 적용될 수 있는 원리뿐만 아니라, 한국의 영어 교육환경에서 요구되는 교수이론과 방법을 제시하고 있다. 그리하여 이 책은 영미문화나 비교문화를 수강하는 대학생과 이 문화 간 커뮤니케이션에 관심 있는 일반인들은 물론, 영어 교사들에게도 도움이 되리라 생각한다. 아무쪼록 이 책을 통해 독자들이 한미 문화 차이를 인식하고 각 문화가 공유하고 있는 속성을 찾아서 지구촌의 많은 다른 사람들과 한층 가깝고 평화롭게 지낼 수 있기를 기대해 본다.

경남대 연구실에서
우 충 환

■ 차례

■ 머리말 _ 5

1부 대인관계의 코드

1. **나이** _ 13
   Why Do You Want to Know My Age? 왜 내 나이를 알려고 해?
2. **공동체** _ 26
   Are You Alone or in a Group? 혼자인가요? 같이 있나요?
3. **관계** _ 37
   Introduce Me Your Companion 동행인을 소개해 주세요
4. **대인 접촉** _ 45
   Anxious Job Interview 초조했던 인터뷰
5. **매너** _ 52
   Casual Expression and Socialization 스스럼없는 표현과 사고

2부 대화의 코드

6. **칭찬** _ 59
   Compliments? The More, the Better. 칭찬은 헤퍼도 좋아.
7. **칭찬 반응** _ 68
   Don't Downgrade What You Did. 네가 한 일을 격하 하지마.
8. **사과** _ 77
   Earn Credits through Apologizing 사과로 점수를 따라.
9. **호칭** _ 88
   Address Shows Power and Solidarity 권위적이거나 정다운 호칭

3부 사고의 코드

10. **사고 유형** _ 99
    Don't Beat Around the Bush. 빙 돌려서 말하지 마세요.
11. **언어와 사고** _ 108
    Same Thing, Different Meaning 말은 같아도 뜻은 달라.
12. **의사 전달** _ 117
    Getting to the Main Point. 용건부터 말해요

4부 언어의 코드

13. **말 주고받기__129**
    Talking Itself is Enjoyable Work!   말하는 것만으로도 즐거워.

14. **교실 담화__140**
    Questions are above Test Score   점수보다도 질문이 중요해.

15. **말문 트기__150**
    No Talk, No Gain.   말하지 않고는 얻을 수 없어.

16. **비대면 대화__159**
    Understanding beyond Language   말없이도 이해할 수 있어.

5부 비언어 코드

17. **개인 공간__167**
    Personal Space is My Own Area   개인공간은 나만의 영역이야.

18. **시간__176**
    Korean-time, American-Time   한국 시간, 미국 시간

19. **감정 표현__184**
    Express Emotion Physically   감정표현을 왜 망설여요

20. **문화 충격__195**
    Manage Your Anger   화를 다스리세요

6부 가치관 · 세계관의 코드

21. **10대의 일__207**
    Be an Early Bird   시작은 빠를수록 좋아

22. **대학 입시__215**
    You didn't fail   실패한 게 아니에요

23. **경쟁력__221**
    Why Do You Always Watch SKY?   왜 SKY만 바라보니?

- **한미 문화코드 요약__231**
- **맺는 말__234**
- **참고문헌__240**
- **부록: 시나리오 영문 해석__245**

대인관계의 코드

놀이는 이 문화 간 대인 접촉에서 친밀도를 높이는 수단 중 하나이다.

다른 문화권 사람들과의 만남에서 종종 개인주의와 집단주의, 종적 사회와 횡적 사회 간 문화 차이로 인한 오해와 갈등이 생길 수 있지만, 상호 이해와 지속적인 노력을 통해 공동체 의식을 갖고 친밀한 관계를 맺을 수 있다.

1장 나이

Why Do You Want to Know My Age?

> 매너란 다른 사람이 받게 될 느낌을 예민하게 인식하는 것이다.
> 이 인식이 있을 때 당신은 어떤 포크를 쓰던 훌륭한 매너를 가진 것이다.
> — Emily Post

Opening of Culture Gate

중학교 1학년 때 영어를 처음 공부하게 된 이후로 외국인을 만날 때마다 대화의 물꼬를 트는 말로 "How old are you?"라고 질문을 하곤 했다. 나이를 묻는 게 당연한 대화의 시작으로 알았던 어린 시절에는 외국인에게도 이렇게 하는 것을 자연스러운 일로 여겼다. 하지만 당시 이 질문을 받은 외국인이 얼마나 당황했을까 생각하면 지금도 낯이 붉어진다. 프라이버시도 문화에 따라서 달라지는 법. 외국어도 언어 그 자체로서뿐 아니라 그 언어가 속한 문화의 일부로 인식하고 학습할 필요가 있다. 이 장에서는 나이에 관한 화두를 중심으로 한미인의 지위와 프라이버시에 관한 인식의 차이를 살펴본다. 이러한 인식 차이를 통해 한미 문화 간 커뮤니케이션의 향상 방안을 찾고자 한다.

나이에 대한 인식은 문화마다 다르다

Cultural Key Terms

Culture (문화): 표준 국어대사전에 따르면 문화는 그 사회의 구성원이 습득, 전달하는 행동양식, 생활양식, 물질적, 정신적. 소득을 통틀어서 하는 말이다. 문화의 의미는 매우 복잡하고 광범위하며 학자에 따라서 다양하게 정의되고 있다. 인류학자들은 정형화할 수 있고 기호로서 의사소통할 수 있는 모든 인간의 능력을 문화로서 정의한다. 한편, 동물학에서는 문화를 동물 생태계에 위치하고 있는 인류의 행동 양식으로 이해하기도 하며, 고고학은 역사적 유적에 집중한다. 또한 사회인류학은 사회제도와 인간의 상호관계로서, 문화인류학에서는 규범과 가치로서 문화를 다룬다.

Communication (의사소통): 언어적·비언어적 행위로 의미를 나누어가는 과정을 뜻하는 말이다. 의사소통은 복잡한 사회적 상황에서 생기는 사회적 활동으로 역동적이고 상호작용적인 성격을 띤다. 라틴어의 동사 *Communicare*에서 유래된 용어로 이 말은 영어로 'to make common'이라는 뜻이다. 요컨대 의사소통의 의미는 무언가 공통적인 것을 만들어 가는 과정, 행위나 관계 등을 통칭하고 있다.

Cross-cultural Communication (문화 간 의사소통): 서로 다른 문화적 배경을 지닌

사람들이 대화나 의사소통으로 함께 상호작용하는 상황을 말한다. 문화 간 의사소통에서는 맥락(context)이 서로 다른 집단 간 언어를 이해하고 표현하는 것뿐만 아니라, 상황에 맞는 의사소통 방법을 배우는 것이 중요하다. Rubin과 Stewart(1998)는 사람들 간 커뮤니케이션을 "관계나 집단이나 조직, 그리고 사회 속의 개인들이 환경과 서로에게 적응하기 위해 메시지를 창출하고 메시지에 반응하는 과정"으로 정의하였다.

Cultural assumption (문화적 가정) : 사람의 외관과 행위에서 영향을 미치게 되는 추상적이고 조직적이며 일반적인 개념이다. 기본적인 가정은 자신과 세계에 대한 인식은 개인의 행동에서 추론 될 수 있지만 몇몇 가정은 특별한 행위를 충분히 설명하기 위해 요구되는 것이다.

Stereotype (고정관념): 정보가 부족하거나 다른 집단의 사람들을 만나는 데서 생기는 다소 과장된 믿음을 의미한다. Rogers와 Steinfatt(1999)는 "고정관념은 어느 특정집단의 구성원에 대한 단순화된 일반적인 이미지로서 인간이 살아가면서 필요한 정보를 범주화하는 기능"이라고 정의한다.

Value (가치관): 사물의 어떤 상대를 다른 깃보다 더 좋아하는 폭넓은 경향으로 정의되며, 무엇이 좋거나 나쁘며, 옳거나 그른지에 대해 사람들이 공통적으로 갖는 견해를 말한다. 가치관은 사람의 행동을 판단하고 제재를 가하는 기준이 된다. Condon과 Yousef(1975)는 보통의 미국인은 가족보다는 자신에게 더욱 많은 가치를 둔다고 한다.

Discrimination (차별): 법률이나 사회제도, 규칙이나 관행 등에서 사회적으로 널리 행해지고 있는 것으로 자신과 다른 사람을 구분하고 다르게 대하는 제반 행위를 말한다.

Situational Conversation: Age

Kim: Hi Greg. How have you been?

Greg: Hey, Mr. Kim! Pretty good. **What's up**?

Kim: Greg, I'm a little curious about your age. We've never talked about it before.

Would you mind telling me how old you are?

Greg: My age? Why do you want to know my age? Almost every Korean I meet asks me that soon after we introduce ourselves. Why are Koreans so curious about other people's ages?

Kim: Oh, I'm sorry. I didn't mean to offend you. But, you see, in Korea age is a very important matter. Younger people respect older people because they have had more experience than them. A lot of that comes from Korea's Confucian history where younger people have always been taught to respect their elders.

Greg: I understand that knowing a person's age is important to Koreans, but for me — and most Westerners — someone asking me my age as soon as they meet me is a little uncomfortable. We even consider it to be a bit rude. Age is something we don't talk about when first meeting someone because we don't necessarily think it's that important. Also, some Westerners think that talking about their age with people they have only just met is too personal, almost an invasion of privacy. Asking age is similar to asking one's salary or GPA. We don't usually talk about those things with people other than our close friends or families.

Kim: Well, another reason why Koreans want to know how old someone is when they meet them is because we have to figure out how to speak to them. Koreans have a different way of speaking to someone depending upon if the person is older or younger than them. In Korea, a younger person has to use the honorific form of speaking when talking with someone older. It's a way of showing respect.

Greg: Oh, I see. Now I understand. You know, even though Westerners don't necessarily use honorifics, we still show respect for our elders and people in authority in different ways. Usually, we show respect in the way we talk and with our body language. Anyway, I will tell my American friends why Koreans are so curious about their ages so they will understand also. Thanks for the **heads-up**.

Kim: No problem, Greg. Also, I will try to avoid asking such personal questions in other social settings when I first meet other Americans. I learned something today, too. I'll mention this conversation to some of my friends so they can also understand why Americans are surprised when we ask them their ages or other personal information.

Greg: Thanks, Mr. Kim. That's a good idea. We need to understand that we are from different countries with different cultures. I think that it's important for us to learn the differences between our cultures so we can more fully understand each other. Talking with you about these things will be lessons for both of us, right?

Kim: Yeah, that's right. We must try to understand each other.

Real Expressions

What's up? : 친한 관계에 있는 자들이 만날 때 부담 없이 나누는 인사이다. "어쩐 일이야." "요사이 어때?" 정도로 보면 된다.

invasion of privacy : 사생활 침해. 미국인들은 자신의 개인의 사생활을 침해받고 싶지 않은 것만큼 다른 사람의 사생활을 존중해주는 편이다.

heads-up : 문자 그대로라면 '고개를 들다' '조심해'라는 뜻인데, 여기서는 '귀뜸'하다는 의미

● 한국인은 만나면 왜 나이를 묻는가?

한국인은 대인 관계에서 우선 상대가 손윗사람인지 손아랫사람인지를 파악해야만 한다. 상대방에게 경어를 써야 할지 예삿말을 써야 할지 정할 수 있고 관계에 따른 적절한 대우를 할 수 있기 때문이다.

그러다 보니 동갑끼리 만날 경우 태어난 일시까지 따져서라도 위아래를 정한다.

한때 유행했던 '쌍둥이도 세대 차이가 있다.'라는 말은 한날 한시에 태어난 쌍둥이도 엄격한 서열이 있다는 의미이다. 한번은 TV 예능 프로그램에서 "저는 빠른 82년생이라 학번이 빠릅니다."라고 하며 말을 트는 것을 보았는데 이 말은 서로 간의 관계정의를 학번이나 나이로 따지는 것이다.

한국인은 나이나 서열에 특별한 가치를 둠으로써 사회적으로 기대되는 역할 행동도 달라진다. '찬물도 위아래가 있다.' '한번 선배는 영원한 선배.' 또는 '윗물이 맑아야 아랫물도 맑다.'는 속담은 이러한 한국인의 의식에서 나온 것이다. 경쟁력과 젊음을 강조하는 미국과 달리 한국에서는 연장자가 존경을 받으며, 젊은 사람들은 경험이 풍부한 자들로부터 충고와 조언을 받고자 한다. 이러한 한국문화는 대화문에서도 밝혔듯이 유교 전통에 영향을 받은 바가 크며 중국에서도 나이를 묻는 것은 자연스럽게 받아들여진다. 한국인의 전통적인 실천 덕목인 '장유유서'나 '군신유의'는 모두 나이나 서열을 중시하는 내용을 담고 있다.

한국인은 연장자를 공경하고 그 경험을 따르고자 한다.

● 왜 미국인은 나이를 묻는 한국인이 못마땅한가?

미국인은 나이를 묻는 질문에 민감하며 나이에 대해 한국인과 다른 인식을 갖고 있다. 즉, 그들은 종종 나이가 무슨 대수냐고 반문하며 10년 이상 나이 차이가 나더라도 얼마든지 친구로 여긴다. 또한 같은 해에 태어난 사람은 같은 학번을 갖는 한국인과 달리, 미국인은 졸업년도를 기준으로 학번을 인식하며 쌍둥이인 경우에는 나중에 태어난 아이를 형으로 부른다.

미국인이 나이를 묻는 질문에 반감을 갖는 이유는 무엇보다도 그것이 개인의 프라이버시를 침해하는 것으로 보기 때문이다. 개인주의 자유를 우선시하는 미국 문화에서 프라이버시는 아주 중요하다. 그들은 자기 주변에 분명한 개인 공간(personal space)을 갖고 있어 다른 사람들로부터 방해 받는 것을 꺼린다. 심지어 나이가 많은 미국여성은 이러한 질문을 모욕으로 여기기까지 한다. 남에게 방해받고 싶지 않은 욕구인 소극적 체면(negative face-saving)이 유달리 강하기 때문에 미국인을 처음 만났을 때 그들에게 나이를 묻는 것은 체면위협행위(Face threatening act, FTA)가 될 수 있다 (우충환, 2008).

나이나 서열을 따지는 행위는 평등의 이념을 준수하는 미국인의 가치와도 맞지 않다. 미국의 정신적 지도자로 인정받는 벤자민 프랭클린은 신대륙으로 이민 온 유럽인들에게 '신분이나 학벌, 문벌에 안주하거나 위아래를 따지는 사람은 절대로 미국에 발붙일 수 없다. 무엇이든 할 수 있고, 서로 평등하게 공존하려는 사람만이 살 수 있는 곳이 바로 미국이다.'라는 이민 조건을 제시했다. 이러한 플랭클린의 이상은 'All men are created equal.'이라는 구호와 더불어, 미국인의 평등 이념을 잘 나타내주는 것으로써 그들이 건국 초부터 일관되게 유지하고자 했던 가치이기도 하다. 한국인과 미국인에 대한 인식 차이에 관한 연구에서도 한국인은 사회적 지위를 중시하지만 미국인은 개인의 프라이버시를 중시하고 상호 동등한 관계에 가치를 두는 것으로 나타났다 (우충환, 2008). 따라서 그들은 사회에서도 나이가 들었다고 특혜를 주는 일도 없지만 그렇다고 차별(discrimination)하는 경우도 없다. 아예 그런 일이 일어나지 않도록 이력서(resume, CV)에 나이나 인종을 기재하지 않도록 법적으로 규제하고 있다.

대인간의 의사소통에서도 미국인은 지위(나이나 가족의 배경, 성별, 학벌, 직함, 소속 등)로 규정되는 우리의 신분('우리가 누구인가') 보다는 '우리가 무엇을 하는가'에 더욱 관심을 갖는다. 따라서 흔히 만나서 하는 말에서도 "How are you doing?", "What's going on?" 등과 같이 주로 '활동'에 관한 표현이 압도적으로 많다.

외국인과의 대화에서 언어적인 실수는 쉽게 용인이 되지만 문화적인 실수는 참기 어려워 심한 경우에 관계 단절의 요인이 되기도 한다. 이는 외국어 교육에 있어 언어 자체에만 치우치기 보다는 목표 문화도 함께 교육해야만 사회 문화적으로 적합한 언어를 사용할 수 있다는 사실을 말해주고 있다.

● **종적 사회와 횡적 사회에서 언어를 다르게 사용하는 예는 어떤 것이 있는가?**

한국을 비롯한 여러 아시아 국가는 예로부터 상하 간의 '관계'를 중시하는 '종적 사회'로, 미국을 비롯한 유럽의 국가는 개인 간의 계약을 중시하는 '횡적 사회'로 구분할 수 있다. 한국사회에서는 가족을 중심으로 아버지와 자식, 남편과 아내 그리고 연장자와 연소자라는 가족 내 위계질서가 정해져 있다. 아울러 가정은 남성이 이끌어야 한다고 여기고 '암탉이 울면 집안이 망한다'라고도 하였다. 후기 산업화 이후 현재 한국에서는 이 같은 제도가 많이 변화되고 있다. 하지만 문화의 심층구조에 있어 변화가 쉽지 않은 곳도 많이 있다. Cushman과 Kincaid(1987)는 인도의 카스트 제도(Caste system)만 보더라도 그것이 자연스럽게 발전되어 왔을 뿐만 아니라, 아직 천민 계급에 있는 사람들까지 이를 당연하게 받아들이고 있다고 한다. 한국에서는 좌석을 배열하는 데도 신분과 역할에 따라 엄격히 구분한다(보통 오른쪽 좌석에 상급자가 앉는다). 이와 달리 미국인은 마주보고 앉아 상하구분이 되지 않는다.

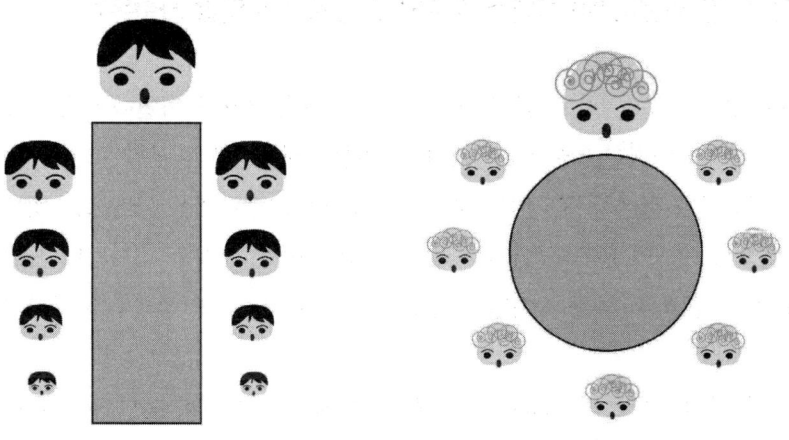

(한국인: 종적관계)　　　　　　　　(미국인: 횡적관계)

〈그림 1〉 한미 간의 서열의식 비교

　상이한 사회구조는 언어적·비언어적 행위에서도 큰 차이를 나타낸다. 일례로 'to eat'에 해당하는 영어가 한국어에서는 '밥 먹어'에서부터 '식사하세요.', '진지 드십시오.' 등과 같이 지위에 따라 다르게 표현한다. 같은 지위라고 하더라도 '날씨도 춥고 출출한데'(한 잔 하지 않겠느냐는 의미)와 같은 말처럼 서로 간의 친밀도나 관계에 따라 뉘앙스를 달리해서 표현한다.

　한번은 미국생활 초창기에 시카고의 태권도 도장에서 손자뻘 되는 한 아이가 할아버지를 빤히 쳐다보며 "Hi! Smith" 하면서 당돌하게 악수하는 것을 보고 상당히 버릇이 없다고 생각한 적이 있었다. 반대로 만나는 사람마다 고개를 숙이며 절을 하는 한국인을 제대로 이해하지 못하는 미국인도 보았다. 이러한 고정 관념은 모두가 자 문화를 중심에 두고 다른 문화를 판단한 데서 나온 결과이다. 문화 상대주의(culture relativism) 관점에서 보면, 한국인의 행위는 유교사상의 영향으로 연장자를 공경하며 격식을 따른 것이고, 미국인의 행위는 상대방의 나이나 격식에 크게 구애받지 않는 데서 나온 것으로 볼 수 있다.

● 한미 간 커뮤니케이션에서 지위와 관련해서 유의할 사항은?

한미 간에는 서열의식 측면에서만 보더라도 많은 언어적·비언어적 행위에서 차이가 나타나며 이러한 차이가 양 문화 간 커뮤니케이션에 걸림돌이 되고 있다. 나이로 서로 간의 관계를 정의하는 종적 사회인 한국과, 나이를 물어보는 것을 지나친 간섭으로 여기는 횡적 사회인 미국. 두 문화 사이의 충돌을 피하려면 서로 간의 '다름'은 '틀림'이 아니라 차이일 뿐임을 인식하여 상대를 인정해주는 자세가 필요하다.

다른 문화권 사람들과 소통하려면 목표문화에 대한 이해가 동반되어야 한다. 한미 문화 간 효과적인 의사소통과 성공적인 직무 수행을 위해서는 언어적 지식과 더불어 그 언어를 사용하는 사람들에 대한 문화적 배경지식과 문화 저변에 깔려 있는 가치체계 등 문화적 이해가 병행되어야 한다 (정동빈, 남은희, 2006). 그것은 "언어란 문화의 일부이며 문화는 언어의 일부로서 이 두 가지는 분리될 수 없기" (Brown, 2000) 때문이다.

특히, 지위에 대한 의식의 차이로 인해 대인간의 커뮤니케이션이 중단되는 것을 방지하고 원만한 관계형성을 위해서는 우선 사적 질문(personal question)에 유의할 필요가 있다. 한국인은 사적 대화를 통해 빠른 시간 내에 상대를 알고 자신을 알려 적절한 대화의 물꼬를 터서 친해지려고 하지만, 대화문에서 언급한 바와 같이 미국인에게는 그것이 자칫 개인 간 혹은 그룹 간의 차별을 조장하는 것으로 비쳐질 수 있다. 그들은 특별히 친한 관계가 아니라면 나이, 봉급액수, 혹은 몸무게 등을 묻지 않으며, 특히 인종 차별(racial discrimination)을 나타내는 용어를 사용하지 않는다. 흔히 금기어(taboo language)로 분류되는 말들을 지양하고 그 문화에서 사회적으로 통용되는 말들을 적합하게 사용하는 것은 외국어 사용자에게도 아주 중요한 과제이다.

드넓은 태평양을 사이에 두고 있는 한국과 미국은 그 거리만큼이나 공손함(politeness)과 금기 사항에 차이가 있다. 우리 문화에서는 그다지 실례가 되지 않아 무심코 하는 행동들이 다른 문화 사람들에게는 매우 무례하게(rude) 느껴질 수도 있다는 얘기다. 적을 알고 나를 알아야 하듯 미국인과의 성공적인 커뮤니케이션을 위해서는 사적 질문이나 금기어를 가려서 말하는 지혜가 요구되며, 차별을 나타내지 않는 중립어를 사용하는 것이 도움이 된다.

● 한때 차별적인 요소를 내포한 말들은 어떻게 변하고 있는가?

Sapir와 Whorf는 어떤 민족의 언어를 분석해보면 그 문화의 특성이 파악된다는 '사피어-워프 가설(Sapir-Whorf hypothesis)'을 세우고 그것을 증명하려고 했다. 예컨대 한국어를 보면 존댓말과 낮춤말이 유난히 많고 인척 관계언어가 세분화되어 있는 데, 이런 특징으로 볼 때 한국은 수직적 인간관계와 혈연관계를 중시하는 사회임을 알 수 있다는 것이다.

사실 언어의 차이는 우리가 생각하는 것보다 인식과 사고에 큰 영향을 미친다. 우리의 생각과 경험을 나누기 위해 사용하는 말 자체가 범주화되고 세계를 단순화하거나 우리의 마음을 고정시키는 수단이 되기도 한다. 이는 곧 언어의 차이로 인해 사고의 차이가 드러나고 그로 인해 문화의 차이까지 생기게 된다는 논리이다.

영어에서도 과거 불평등의 사회였음이 그들의 언어에서 잘 드러나고 있다. 이에 가게 각층에서 차별이 없는 정치적으로 정확한 말(politically correct words) 혹은 중립어를 사용하자는 운동이 일어났다. 예를 들면 한때 남성위주의 단어였던 소방관을 나타내는 fireman은 fireperson으로 chairman은 chairperson이나 chair로 바뀌면서 성차별을 배제하고자 하였다. '에스키모'('날고기를 먹는 사람들'이란 뜻)라는 말 역시 모욕적인 뜻을 담고 있다고 해서 '이누이트(Inuit)'나 '알류트(Aleut)' 등 구체적인 용어로 쓰이게 되었다. 한국어에서도 중립어를 사용하자는 운동의 일환으로 '때밀이'를 '피부청결사'로, '청소부'를 '환경미화원'이라고 부른다. 중립어를 사용함으로써 언어에 내재해있던 부정적인 고정관념을 줄이고 직업에 대한 차별을 의식적으로 고쳐나가는 계기가 되었다. 이런 운동은 언어학자인 Sapir와 Whorf에 영향을 받은 바가 크다.

유색인종, 장애인, 여성 등 사회적 소수자(minority)에 대한 차별이 내포된 용어도 중립적이고 비차별적인 말로 대체되고 있다. 다음은 미국의 사회 각 분야에서 생겨나고 있는 '정치적으로 정확한 말'의 예이다 (우충환, 2007).

〈표 1〉 정치적으로 정확한 말(PC words)

한국어	Discriminated word(차별어)	Impartial word(중립어)
승무원	Stewardess	Flight Attendant
웨이터	Waiter/Waitress	Server
비서	Secretary	Administrative Assistant
흑인	Black	African-American
라틴계 미국인	Hispanic (스페인 사람만 지칭)	Latino/ Latina
인디안	Indian (인도 사람만 지칭)	Native American
동양인	Orientals	Asians
백인	White	Caucasian
유색인종(소수인종)	Minority (racial)	Person of color
매춘부	Prostitute	Sex worker
장애인	Handicapped/Crippled/Disabled	Physically Challenged
인류	Man/ Mankind	Humankind
동성애자	Gay	Homosexual, Alternative lifestyle
노숙자	Bum	Homeless
난쟁이, 꼬마	Midget/Dwarf	Little person
노인	Old people/ Elderly	Senior Citizens
청각장애인	Deaf	Hearing impaired

Summary of Culture Code

- 위계사회 속의 한국인은 상대방의 나이를 물어보는 것이 손윗사람에 대한 예의를 갖추고 대화를 트기 위한 자연스런 행위이다.
- 대인관계에서 나이 차이를 별로 따지지 않는 미국인은 나이를 물어 보는 것이 개인의 프라이버시를 침해 하는 행위로 민감하게 받아들인다.

Let's Talk

- 전통적으로 지위의 차이를 나타내는 말에는 어떠한 것이 있으며, 이들을 통해서 알 수 있는 당시 사람들의 의식은 어떠한가?
- 사회적으로 악영향을 끼치는 금기어나 부적합한 언어사용을 줄이려면 어떻게 해야

하는지 얘기를 나누시오.
- 손윗사람에게 물건을 건네거나 악수를 할 때 한국인과 미국인은 어떤 행동의 차이를 보이는가?
- 문화 간에는 차이뿐만 아니라 공통점도 적지 않음을 감안하여 대인 커뮤니케이션에 있어서 자신이 보편적으로 추구하는 가치에 대해 얘기를 나누시오.
- 전통적인 대가족 제도가 핵가족화 되고 점차 개인주의적으로 변해가는 이즈음에 나이에 대한 신세대와 구세대 간에 어떤 의식의 차이가 있는지 얘기를 나누시오.

2장 공동체
Are You Alone or in a Group?

> 하늘은 스스로를 돕는 사람을 돕는다.
> —Benjamin Franklin

> 무서워 죽을 것 같지만 어떻게든 말에 안장을 얹어 놓는 것,
> 그것이 바로 용기이다.
> – John Wayne

Opening of Culture Gate

"길게 줄 선 가게에 함께 들어온 커플이 있다. 남자가 줄 앞에 먼저 서 있으니 계산대 앞에서 음료수 정도는 함께 계산해도 될 것 같은데, 여자더러 줄 뒤에 가서 기다리라고 한다. 심지어 엄마와 딸이 와서도 둘이 각자의 것을 계산한다. 아빠와 딸도, 형제도 이렇게 계산에 너무 분명한 사람들이 있다. 여기 오래 살았지만 이런 모습을 볼 때 아직도 좀 의아하다. 더치페이가 편하긴 해도 너무 분명한 개인주의가 가끔 정떨어질 정도다." 미국에 거주하고 있는 한 한국인 교민의 말이다. 이 교민이 문화 차이로 겪는 이질감처럼 집단주의와 개인주의는 동서양은 물론 한미 문화를 구분하는 분수령이 된다. 이 장에서는 집단주의 문화에 가까운 한국인과 개인주의로 특징지어지는 미국인 간 의식구조의 차이는 무엇이며 그 배경은 어떠한지를 알아보고, 이와 같은 문화차이로 야기되는 충격과 갈등을 해소하는 방안을 살펴본다.

Cultural Key Terms

Collectivism (집단주의): 집단주의는 개인의 목적을 타인과의 조화, 의존, 그리고 타인에 대한 배려를 위해 집단에 자신을 복속시키는 것이다. 집단주의 의미의 핵심은 내집단의 목적을 개인의 목적에 우선한다는 것이다. 집단주의 문화는 집단 내 결속과, 구성원들 간의 상호의존과 조화로운 관계에 가치를 두는 것을 강조한다 (Triandis, 1989; Stewart, 1990). 집단주의 문화권 사람들은 내집단과 외집단 간의 차이를 두고자 하며 내집단 사람들과의 관계를 개인주의 문화권 사람들보다 더욱 친밀하게 인식한다 (Gudykunst, 1987). Triandis(2003)는 집단주의의 시발점을 가족으로 보고 가족 내에서 강한 정서적 유대를 맺음으로써 집단주의에서는 '우리'의 의식이 '나'지향성보다 우세하다고 보았다.

Individualism (개인주의): 개인주의는 집단의 목적을 개인의 목적에 복속시키고 타인에 대한 의존이나 배려보다는 개인의 자유(individual freedom)와 독립을 우선하는 것이다. 1776년 영국으로부터 독립을 선언한 이후 개척자들이 새 나라를 건설한 것은 미국인들의 정신에 커다란 영향을 끼쳤다. 미국인은 자신과 개인의 자유의 개념을 연계시켜 생각하며 이것을 가장 가치 있는 것으로 여긴다. 기회균등, 녹립, 주도력, 자립은 미국역사를 통틀어 미국의 기본적인 이념으로 유지되어 왔으며 이 모든 가치관들은 개인주의의 정도가 높다는 것을 나타낸다. 학자들이나 외부인들은 이러한 가치를 개인주의라고 하지만, 많은 미국인은 이를 자유(freedom)라는 말로 부른다 (Datesman 외, 2005). 집단주의가 공동체, 집단, 조화와 체면을 지키는 데에 중점을 둔다면, 개인주의는 자신과 개인의 성취에 중점을 둔다.

Tiger Woods effect (타이거우즈 효과): 국제결혼 인구가 증가하고 있고 젊은이들은 결혼에 인종이 문제가 되지 않는다고 생각하는 믿음을 말한다. 타이거 우즈도 스스로를 'Cablinasian'이라고 하는데, 이는 백인(Caucasian), 흑인(black), 인디안(Indian)과 아시아인(Asian)의 혼혈을 말한다.

국제화 시대의 결혼에 있어서 민족과 국가는 크게 문제시되지 않는다.

Situational Conversation : Community

Kim: Hi, Greg. I've got a question I'd like to ask you. You've been a faculty member in the English Department for several years now. I'm just wondering, what do you think of our students?

Greg: *Our* students? Well, actually I think very highly of my students. They're great kids who aren't only bright, but are also very diligent when it comes to their academic studies.

Kim: Wait a minute. You said 'my' students. Which is right, 'our' students or 'my' students? Koreans usually say 'our students' instead of 'my students'.

Greg: Well, in this case, they might both be right. Because we both teach at the same school, it's okay to say "our" students when we are talking about all the students at the school. But, you and I don't teach all of the same students, so, in that case, it's "my" students when I am talking about the students only

I teach. Hmmm…I think my use of "my students" shows an apparent difference between Korean culture and American culture. Americans value individuality. So, for instance we often say things like *my students, my school*, and *my town*. I've noticed, **on the other hand**, that Koreans usually say *our students, our school,* and *our town*.

Kim: That's right. Koreans place a lot of value on community spirit rather than individualism and often use *we* and *our* rather than *I* and *my*. So, because Koreans often use the word *we* when we try to translate Korean to English, it often results in an inappropriate use of English or the translation is incorrect.

Greg: I see what you are saying. In America, however, when speaking to others it is more speaker-focused. So, it's natural for us to use the pronoun "*I*" when we talk to others. Of course, that's not a rule **set in cement**. We use whatever pronoun is appropriate to what we are saying and what we mean.

Kim: Well, that's interesting. Koreans are normally just the opposite. When speaking, it is usually listener-focused. I'm going to have to remember that way of speaking when I'm talking to other Americans.

Greg: **It works both ways**. I am going to have to try to remember how Koreans speak when I am talking to them. After all, I am a guest in your country.

Kim: That sounds great. Okay, I've got to go. See you next time Greg.

Real Expressions

on the other hand: 반면에
set in cement: 시멘트 안에 놓이는 것이므로 '고착되다', '정해지다'의 의미
It works both ways: 양 쪽에 다 해당되다.

● 한 미 문화 간에 있어서 가장 큰 차이를 나타내는 요소는 무엇인가?

세계 여러 문화 중에서도 동아시아 문화와 미국문화 간에 가장 큰 차이가 있으며 (Levine & Adelman, 1993), 많은 연구가들은 개인주의와 집단주의를 동서 문화를 구분하는 큰 틀로 본다. 12만 명의 IBM직원을 대상으로 한 연구에서 Hofstead(1983)는 일에 관한 문화적 가치관으로서 권력격차, 불확실성의 회피, 개인주의/집단주의, 남성적/여성적 가치의 4개의 가치관을 제시했으며, 각 영역에서 한국인과 미국인의 가치관의 점수는 다음과 같이 조사되었다.

〈표 2〉 Hofstead의 한미 간 가치관에 대한 비교연구

구분	권력격차	불확실성 회피	개인주의	남성적 가치
미국	40(38위)	46(43위)	91(1위)	62(15위)
한국	60(27위)	85(16위)	18(43위)	39(41위)

<표 2>에서 보듯이 미국문화는 다른 가치관에 비해 개인주의에 관해서는 극히 높은 지향(91점, 1위)을 보이는 반면, 한국문화는 개인주의에 대해 아주 낮은 지향(18점, 43위)을 보이고 있다. 아울러 Hofstead(1983)는 동서 문화를 구분 짓는 가장 큰 경계선이 동양의 집단주의와 서구의 개인주의라고 보고, 미국이 전 세계에서 개인주의 성향이 가장 강한 나라라고 주장하였다. Condon(1975)은 미국인은 명백하게 가족보다 자신에게 훨씬 많은 가치를 둔다고 하였으며, Stewart와 Bennett(1991)은 미국인은 개인을 맨 우선에 두고, 회사에서의 그들의 역할이나 위치는 두 번째로 둔다고 했다. 이러한 연구결과는 미국이 개인주의 문화임에 비해 한국이 집단주의 문화에 속한다는 것을 보여준다.

함께 모여 사이좋게 등교하는 아이들의 모습은 집단주의 사회에서 흔히 볼 수 있다.

　집단주의는 개인의 자유와 권리보다는 집단의 화합과 조화를, 개인의 이익보다는 공익을, 개인으로서의 생활보다는 집단속에서의 생활을 더 중시한다. 각자는 자신이 속한 집단에서 구성원 간의 화합을 중시하므로 타인과 원만한 관계를 유지하려고 한다. 전통적으로 농경생활을 해온 한국에서도 농기계가 크게 발달하기 전까지는 모내기할 때든 추수할 때든 여러 사람이 협동함으로써 집단주의 문화가 발달하게 되었다. 아울러 일제 강점기와 한국전쟁 등을 겪으면서 국가적 위기를 해소하기 위해 강한 집단동일성이 요구되었다. 대인관계에서도 조화와 화목을 중시해 온 한국인은 가능한 자신의 권리나 자율성을 주장하지 않고, 상급자나 연장자에 대해 겸손한 태도를 취하며, 다른 사람의 기대나 평판에 따라 행동하는 경향이 많았다. 인도의 힌두교도들을 통해서도 집단주의 문화의 특성을 찾아볼 수 있다. 그들은 사람들을 좀 더 사회적이고 전체적인 관점으로 본다. 즉, 각 개인은 사회집단의 한 부분으로서 다른 사람의 요구를 충족하기 위해 자신이 희생하는 것을 정의롭게 여기며 종적인 상호의존 관계를 자연스럽고 바람직한 것으로 여긴다 (Ting-Toommey & Korzenny, 1991).

개인주의는 집단보다 개인을 우선하여 개인의 자유와 권리를 중시하고 개인에 최대한 가치를 두는 사고방식이다. 개인의 권리를 크게 강조하는 미국인은 자신의 목적을 충족하기 위해 집단에 쉽게 들어가지만 만약 이러한 목적이 변하거나 만족스럽지 않으면 그 집단을 쉽게 떠난다 (Stewart, 1972; Triandis 외, 1993). 이처럼 개인의 권리와 사적인 영역을 더 중시하기에 미국인은 낯선 사람과는 잘 사귀지만, 집단 구성원들 간의 관계는 비교적 느슨한 편이다.

● '나'와 '우리'처럼 한미 간 문화 차이를 나타내는 언어 행위는 무엇인가?

구성원들이 다른 사람을 지각함에 있어 '나' 혹은 '우리' 중 어느 쪽에 더 비중을 두느냐에 따라 개인주의 문화와 집단주의 문화로 구분된다. Gudykunst와 Kim(1991)은 'I' 정체성은 집단주의 문화에서 우선시되는 'We' 정체성보다 더욱 개인주의 문화에서 우선한다고 보았다. 앞서 한국문화는 미국문화에 비해 집단주의 성격이 강하다고 했지만, 이와 같은 성격은 양국의 언어 사용의 비교를 통해서도 잘 나타난다. 예컨대 영어표현으로 'my home', 'my family members', 'my country'가 한국 사회에서는 집단 (group)을 강조하는 '우리 집', '우리 가족', '우리 나라'로 표현된다. 한국인이 '우리'가 강조되는 언어표현을 하는 것은 자아에 대한 집단주의 사고에서 비롯하는 것으로 생각되어 진다. 한편, 영미인에게 'I'가 강조되는 것은 개인의식이 강한 자아의식에서 비롯되는 현상이다. 거꾸로 한국인이 '나'를 내 세우지 않는 것은 한국인의 겸양의식 때문으로도 볼 수 있다. 어릴 때부터 '벼는 익으면 고개를 숙인다.' '튀어나온 못이 정을 맞는다.' 등의 웃어른들의 충고나 조언은 그러한 의식을 형성하는 근간이 되었다.

줄다리기는 개인보다 집단의 목적을 위해 협력하는 모습을 보여준다.

집단을 우선에 두고 자신을 내세우기를 꺼리는 한국인은 '나'로 지칭되는 표현을 되도록 적게 쓰려고 한다. 따라서 집단주의 문화에서는 개인의 존재 가치는 줄어들게 되며 이는 언어사용에 있어서도 많은 어휘들이 대인 관계와 의존성을 띄고 있다. 예를 들면 고향, 친구, 가족, 효도, 은혜, 덕택, 눈치, 예의 등은 인간의 상호관계와 상호의존의 개념을 포함하고 있다.

● **존 웨인 스타일로 간주되는 미국인의 커뮤니케이션의 특징은 무엇인가?**

서부 영화의 주인공으로 유명한 John Wayne은 여러 명의 악당을 상대해 혼자서 현란한 총솜씨로 적을 압도한다. 종종 전형적인 미국인들의 대화스타일을 가리켜 '존 웨인 스타일'로 비유하는 것도 바로 한 사람이 여러 사람과의 논쟁에서 당당하게 이겨내는 것을 상당히 자랑스럽게 여기기 때문이다. 미국인은 자신이 주인이 되고 스스로를 맨 먼저 앞세우고자 한다. 그들에게 자신은 다른 누구보다도 중요하며, 주체가 되는 존재이다. 영어에서 'I am what I am(나는 나다)'라는 말도 나와 대상을 분명하게 구분하여 자기 자신을 중심으로 대상을 관찰하고 분석하고자 하는 태도가 반영되어 있다. 이러한 태도는 내가 대상과 하나가 되어 대상의 입장에서 바라보고 생각하는 아시아인의 태도와 대조를 보이고 있다.

(집단주의)　　　　　　　　　　　　(개인주의)

〈그림 2〉 집단주의와 개인주의 문화의 비교

● 개인주의와 집단주의 간 문화 차이로 나타나는 충격은 어떤 것이 있는가?

개인주의와 집단주의 문화 간에는 여러 면에서 뚜렷한 차이점을 드러내며 각 문화권 사람들은 이러한 차이에 노출되면서 문화충격을 겪을 수 있다.

버지니아 공대에서 있은 총기 사건을 다룬 한국신문과 미국신문이 보여준 견해의 차이는 적으나마 문화 충격을 느끼게 하였다. 한국 신문에서는 집단 취재원을 이용하여 취재원을 간접적으로 제시하며 기사를 공동체 중심으로 서술하는 경향이 있었다. 반면 미국 신문에서는 개인 취재원을 이용하여 취재원을 직접적으로 제시하여 기사를 개인중심으로 서술하였다. 미국 신문은 사건의 인과관계를 설명할 때도 주로 행위자의 기질이나 성격과 같은 내부적인 요인을 다룸으로써 한국인 유학생이라는 타이틀에 크게 비중을 두어 국가적 위신의 손상을 우려했던 많은 한국인들에게는 다소 의외라는 반응을 나타내기도 하였다.

이처럼 동양인은 세상을 여러 구성요소로 얽혀있는 가변적인 장소로 파악하여 사회적 맥락에 주의를 기울이고 구성요소들의 관계를 파악하는 데 익숙하다. 반면, 서양인은 세상을 분석적이고 원자론적 시각으로 봄으로써 무엇인가를 관찰할 때 배경보다 대상자체를 주목한다 (Choi, Nisabett, Norenzayan, 1999).

음식문화에 있어서도 개인주의와 집단주의의 차이가 나타난다. 배식 방법에서도 서양인은 모두 개인별로 배식을 한다. 그들은 자기 접시에 여러 가지 음식을 한꺼번에 담아놓고 의자에 앉아서 양손으로 먹는다. 개개인의 식사는 따로 제공되며 샐러드 등 여러 사람이 함께 먹도록 준비된 음식도 각자 자기 접시에 덜어서 먹는다. 음식은 재료를 덩어리째로 요리하여 먹는 사람이 알아서 적당히 잘라서 먹도록 되어 있다. 음식의 간 또한 먹는 사람이 각자의 기호에 맞게 양념을 쳐서 즐기도록 한다. 이는 개인주의가 반영된 음식문화이다.

반면, 한국문화는 밥이라는 주식에 국과 그에 따른 여러 가지 반찬을 각기 다른 그릇에 담아서 먹는다. 준비된 모든 음식이 한꺼번에 한 상에 차려진다. 밥과 국은 개인별로 따로 먹지만, 나머지 반찬들은 함께 나누어 먹도록 되어 있다. 공동배식은 식사를 하는 사람들이 똑같은 맛을 일률적으로 즐겨야 하는 통일주의 음식문화로서 이러한 음식 문화는 개인의 기호보다는 전체 속에서의 조화를 강조하는 집단주의 성향이 강하다.

근대에 들어 한국인들이 보여준 여러 집단행동에도 이러한 집단주의 문화를 엿볼 수 있다. 예를 들어 국재보상운동, 평화의 댐건설을 위한 성금모으기, IMF 금융위기시 금모으기 운동, 태풍과 수해로 인해 발생하는 수재민 돕기 성금운동, 천안함 순직 장병을 위한 성금모으기, 최근 평창 동계올림픽 유치전에서 보인 온 국민의 관심과 성원 등은 집단주의의 특성을 잘 보여주고 있다.

Summary of Culture Code

- 집단주의 문화권에 속한 한국인은 자신보다 공동체를 우선에 두고 다른 사람과의 조화와 협동을 꾀하고자 한다.
- 개인주의 문화권에 속한 미국인은 집단의 이익보다는 개인의 자유와 행복에 더욱 가치를 두고 행동하고자 한다.

> Let's Talk

- 일상에서 개인주의와 집단주의 문화에 따라 빈번하게 쓰이는 용어는 어떤 것이 있는가?
- 다른 문화를 배우는 것이 자신의 문화를 이해하는 데 어떻게 도움이 될 수 있는가?
- 한미 간 성공적인 의사소통에 방해가 되는 요소는 어떤 것이 있는가?
- 한국에서 전통적인 집단주의 문화의 가치관은 차츰 어떠한 방식으로 변하고 있는지 얘기를 나누시오.
- 다음 질문에 대한 동서 문화권 사람들의 답변과 관련하여 자신은 어느 정도 동의하는지 얘기 나누시오. (Q1~ Q5 자료 출처: EBS다큐프라임 "동서양의 차이점")

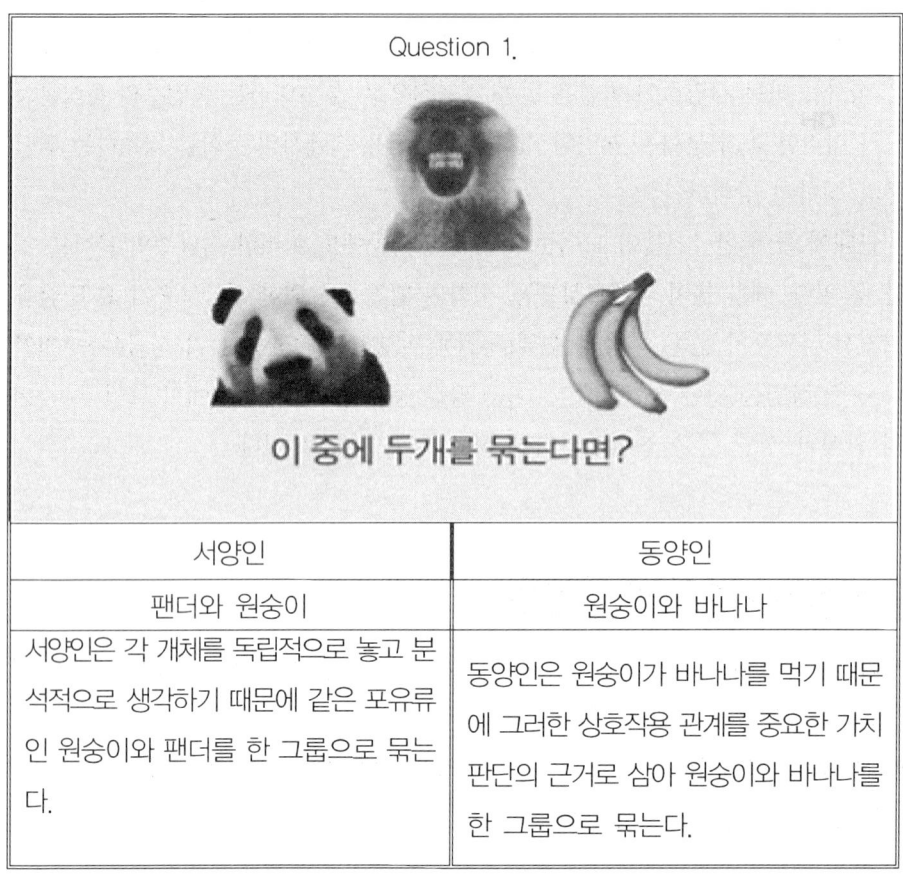

Question 1.	
서양인	동양인
팬더와 원숭이	원숭이와 바나나
서양인은 각 개체를 독립적으로 놓고 분석적으로 생각하기 때문에 같은 포유류인 원숭이와 팬더를 한 그룹으로 묶는다.	동양인은 원숭이가 바나나를 먹기 때문에 그러한 상호작용 관계를 중요한 가치 판단의 근거로 삼아 원숭이와 바나나를 한 그룹으로 묶는다.

3장 관계 형성

Introduce Me Your Companion.

우리는 언제나 선택권을 가지고 있고
그 선택이 훌륭할수록 우리는 좀 더 스스로의 인생을 통제할 수 있다.
– 윌리엄 글래서

Opening of Culture Gate

"Long time no see" (오랜 만이네요)

"Nice day, isn't it?" (날씨 좋지요?)

위의 문장들은 한국에선 여러 가지 의미로 해석될 수 있다. '나랑 차 한 잔 하실래요?', '이렇게 다시 만나니 정말 반갑네요!', 또는 '어디 한번 사귀어볼래요?'까지. 하지만 미국인이 이런 말을 하는 의도는 그저 문장 자체의 의미 그 이상도 그 이하도 아니다. 너무 많은 의미를 부여함으로써 일상에서 인사에 너무 인색하다는 오해를 받은 한국인. 누구에게나 인사를 건넴으로써 간혹 너무 가벼워 보인다는 인상을 주기도 하는 미국인. 이 둘은 문화 차이로 인해 동행인을 소개하는 데에도 차이를 보인다. 이 장에서는 이러한 인사의 유래와 한미 간 인사와 소개에 관한 의식의 차이가 어떠한지를 살펴보자.

Cultural Key Terms

Kulturen (문화소): 의사소통의 단위로서 인사하기, 감사하기, 감정의 표현과 억제, 침묵하기 등 각각의 의사소통 상황에서 다양하게 실현되는 경우를 말한다. Oksaar(1993)는 각 문화는 고유의 문화소를 갖고 있다고 보고 이러한 의사소통의 실현은 문화와 세대, 성, 상대방과의 관계에 따라 달라진다고 하였다.

In-group/ Out-group (내집단/외집단): 보통 사람들은 타인을 자신이 속해있고 비슷한 가치관이나 사고방식을 갖는 집단을 내집단, 그렇지 않은 집단을 외집단으로 구분하는 경향이 있다. 그런데 내집단에 대한 정보는 많지만 외집단에 대한 스키마는 세밀하지 못하고 부족하여 균질적인 일반론인 고정관념을 만들어 내게 된다 (Lee & Ottati, 1993).

Homogenuous (단일 사회): 동일한 집단으로 형성된 민족으로 모두가 같은 구성원이 되는 것을 말한다.

Heterogenuous (다민족 사회): 다양한 집단으로 형성된 민족으로 구성원들이 항상 같지는 않다.

Situational Conversation : Relationship

Kim: Hi! Greg.

Greg: Hi, Mr. Kim. Hey, do you have a moment? I'd like to ask you about something.

Kim: Sure, Greg. What's up?

Greg: Remember a couple of days ago when you and I were walking across campus together, and you **ran into** the new professor in the mathematics department?

Kim: Yes, that's right. His name is Professor Lee Hyun Dong. We have known each other for many years. We went to the same university together. Why do you ask?

Greg: Well, while you were talking to him for those few moments, I felt very uncomfortable.

Kim: Uncomfortable? Why did you feel uncomfortable? Did I say anything that you thought was rude?

Greg: No, not at all. In fact, you never said anything about me to Professor Lee. You didn't even introduce us to each other.

Kim: I apologize for that, Greg. I never meant to make you feel uncomfortable. The truth is that it never **crossed my mind** to introduce you because Professor Lee and I were only speaking for a few moments. In a situation like that, most Koreans won't make introductions. We are not trying to be rude; we just don't often think it necessary to make an informal introduction. If, however, the three of us were going to spend more time together, I would certainly have properly introduced you to each other.

Greg: I think I understand; it was a cultural misunderstanding. It is much different in my culture. If you and I were walking and I ran into an old friend or colleague - even if it were only for a few moments - I would take the time to briefly introduce you to each other. If I didn't do this, it would be considered improper social behavior. Also, it would make one or both of the people feel uncomfortable. But now that you explained it to me, if it happens to me again with another Korean friend, I'll know next time not to feel offended.

Kim: And I'll remember what we talked about today when I'm with my other foreign friends and colleagues. Thanks for **speaking up about what was on your mind**.

Greg: Thanks for listening and understanding, Mr. Kim. I'll see you later. Bye.

Real Expressions

run into: 우연히 만나다. 빠지다.
crossed my mind: 생각이 마음에 떠오르다.
speaking up about what was on your mind: 네 속마음을 거리낌 없이 얘기하다.

● 한국인과 미국인의 인사행위에는 어떠한 특징이 있는가?

한국인은 평소 잘 알고 지내는 사람이나 업무상 관련이 있는 사람들과 인맥을 쌓아가지만, 다시 만날 일이 없는 낯선 사람에 대해서는 다소 무관심한 편이다. 하지만 미국인은 일상생활 속에서 부담 없는 관계를 갖기를 좋아한다. 상황에 따라서는 낯선 사람에게 말을 거는 것은 혹 상대방이 가질 수 있는 경계심을 낮추고 불편한 상황을 해소하기 위해서도 필요하다고 본다. 이는 경례(salute)의 유래가 군대에서 상대방을 해칠만한 무기를 없음을 보여주고자 갑옷의 깃을 들어 보인 동작에서 나온 것과 유사하다. 또한 이민자들로 구성된 나라인 미국 사람들은 인사(greeting)를 통해 공통 관심사를 찾아내고 서로가 뜻을 같이하는 사람임을 확인하고자 한다. 그들은 서로 잘 아는 사이가 아닌 낯선 사람과도 웃으면서 인삿말을 주고받는다. 조금 우울하거나 근심걱정이 있어도 "Good afternoon." 혹은 "How are you?"라고 미소를 지으며 말하고, 조금 마음이 내키지 않아도 상대가 인사해오면 "I'm fine. Thank you. And you?", "Not bad. How are you?", "Pretty good" 등으로 밝게 되받는다. 이처럼 대인 관계에서 친밀감(intimacy)을 인식하는 정도는 다른 사람과 의사소통에 영향을 미치는 데, 미국인은 내그룹이든 외그룹이든 의사소통하는 데 큰 차이를 두지 않는다 (Gudykunst, 1991).

인사방법에 있어서도 한미 간에는 차이를 보인다. 한국이나 일본 등 동아시아권에서는 존대의 인사인 절을 하며 힘의 차이를 강조하고, 서구인은 포옹이나 키스 및 악수를 통해 서로 동등함을 강조하거나 상호간의 애정을 보여줌으로써 상대와의 결속을 유지하려고 한다. 평등을 강조하는 사회에서는 지위 구분의 중요성이 감소되어 존대의 인사가 사라지는 대신 결속의 인사에 의해 존경심을 전달하고 있다. 그들은 왕에게 경의를 표할 때, 패배를 인정할 때, 그리고 무대 위에서 갈채에 답할 때 외에는 좀처럼 허리를 숙이지 않는다. 따라서 한국인들이 머리를 끄덕이거나 허리를 굽히는 각도에 담긴 미묘한 의미차이에 대해 서구인은 종종 생소해 한다. 아울러 현재 미국에서 다소 거리가 있거나 주로 윗사람에게 하는 인사인 "Good Morning"보다는 가까운 사이에서 결속의 인사로 적합한 "Hi"를 더욱 빈번하게 사용한다.

● 소개예절에서 한국인과 미국인은 어떠한 차이를 보이는가?

한국인은 친구와 길을 걷다가 아는 사람을 만나 얘기하면서도 동행인을 소개하지 않아 잠시 소외될 때가 많다. 혹 소개를 해주는 일이 있더라도 자신과의 관계를 통해 소개해주는 경우가 많다. 예를 들어 "이 쪽은 내 고교 동창이고 이 쪽은 내 대학교 선배님이야." 혹은 "이 쪽은 나의 형이고, 이 쪽은 나의 과장님이야."라는 식이다. 이처럼 상대가 소개해주지 않더라도 한국인은 별로 기분 나빠하거나 소외감을 갖지 않는다. 보통 한국인은 상대방과의 기존의 관계 속에서 자신의 정체감을 찾기 때문에 우연히 만난 제삼자의 소개를 받는 것은 그리 중요치 않다고 생각한다. 아울러 비교적 내집단 의식이 강하여 새로운 사람과 접촉하는데 익숙하지 않다 보니 동행인을 소개받는 것 또한 탐탁하지 않게 생각하는 편이다.

소개 과정을 통해 다른 사람과 더욱 친밀하게 지낼 수 있다.

Barnlund(1989)에 따르면 미국인은 모르는 상대와 의사소통 하는 빈도가 일본인보다 두배나 많다고 한다. 바꾸어 말하면, 미국인은 모르는 상대에 대해 일본인보다 더욱 많은 관심을 갖고서 마음을 열고 대화한다는 것이다. 한미 간의 비교에서도 한국인은 아는 사람끼리 단체를 형성하여 잘 어울리지만, 미국인은 낯선 사람과도 잘 사귄다 (우충환, 2008). 이처럼 잘 아는 사람끼리만 서로 얘기 나누기를 좋아하고 대중적인 토론을 피하는 한국 문화를 가리켜 '칸막이 문화'라고 부르는가 하면, 어떤 일에 대해 많은 사람이 함께 토론하고 결론을 도출하는 미국을 '꿀벌 문화'라고 부르며, 그들이 사용하는 영어를 일컬어 '공회당 언어(Public hall language)'라고 하는 것은 일리가 있다.

보통 미국인은 다른 사람을 만나 얘기할 경우 동행인을 소개해 준다. 소개 방식 또한 화자와의 관계 보다는 당사자의 이름을 들어 소개를 해주는 경우가 보통이다. 미국인들이 개개인을 소개하는 것은 각 개인의 개성을 존중한다는 의미가 함축되어 있다. 졸업식장에서 1000명이 넘는 졸업생의 이름을 일일이 부른다던가, 9·11사태 당시 장례식에서 수천 명의 사망자 이름을 몇 시간에 걸쳐 부른 것도 바로 그러한 이유로 볼 수 있다. 따라서 미국인은 만약 자신을 상대방에게 소개해주지 않으면 곧 자신이 무시당했다는 느낌을 가질 수도 있다. 이러한 한국과 미국의 소개방식의 차이는 개인주의와 집단주의 문화의 특성에서 기인하는 것으로 볼 수 있다.

● 한미 문화 간 내집단과 외집단에 대한 의식은 어떻게 다른가?

미국인이 지인을 만나면 지체 없이 동행인을 함께 소개하는 또다른 이유는 대인관계에서 굳이 외집단과 내집단을 구분하지 않고 차별을 두지 않기 때문이다. 개인주의 문화에서 사람들은 집단에 들어가고 나오는 데 익숙하지만, 다른 사람들과 깊은 관계로 발전하지 못하며, 또 그 관계를 지속적으로 유지시키지 못한다 (Triandis 외 1993). 인간 관계형성에 있어서 그들은 일 중심의 목적을 위해서 낯선 사람들과도 잘 뭉치지만 목적이 달성되고 나면 자유와 독립을 찾아 관계가 느슨해지는 경향을 보인다. 반대로 집단주의 문화의 사람들은 다소 새로운 집단에 끼이는 데는 어려움이 있지만, 내집단을 형성하여 비교적 오랫동안 깊은 관계를 유지하는 편이다.

'잘되면 제 탓 못되면 조상 탓'이라는 말이 있다. 이 말은 일반적으로 내집단과 외집단을 설명하는 데에도 적용될 수 있다. 즉, 자기 자신이나 친구를 포함한 내집단에 대해서는 부정적인 사례의 경우 주변상황에서 그 원인을 찾으려고 하지만, 긍정적인 사례에 대해서는 본인에게서 원인을 찾으려고 한다. 반면, 잘 모르는 외집단의 구성원에 대해서는 주변의 상황이나 사람 탓으로 돌리는 전혀 반대의 현상을 볼 수 있다 (Trenholm & Jensen, 1995). 일례로 친구가 해고 당했다면 '주인이 경솔했다'거나 '운이 나빴다'고 생각하지만, 잘 알지 못하는 사람의 해고 소식에는 '능력이 부족했겠지'라고 생각한다. 또 친구의 승진 소식에는 '친구가 그만한 능력이 있었고 성실한 태도를 가졌다고 생각하지만, 잘 모르는 사람에게는 '운이 좋았겠다'라고 생각한다. 이렇듯 인간은 자기에게 유리한 방향으로 생각하고 이러한 경향은 자신의 집단 소속성이라는 요인이 더해지면 한층 더 강하게 작용한다. 집단에 대한 이와 같은 견해를 Trenholm과 Jensen(1995)은 다음과 같은 표로 나타내고 있다.

〈표 3〉 집단에 대한 인식

	내집단	외집난
부정적	상황적	개인적
긍정적	개인적	상황적

● **미국인에게 의사전달을 할 때 한국인이 특히 유의해야 할 점은 무엇인가?**

앞의 대화문에서 Greg은 자신이 느꼈던 불쾌한 감정을 솔직하게 드러내고 있다. 때로 이같은 직접적인 의사 전달 방식은 우회적으로 전달하거나 논쟁을 피하고자 하는 한국인에게는 다소 예의에 어긋난 행위로 간주되기도 한다. 미국인들은 자신의 의사를 비교적 솔직하게 전하기 때문에 거꾸로 상대방의 말도 곧이곧대로 잘 받아들인다. 'Honesty is the best policy!'라는 말처럼 그들은 솔직한 것을 종종 미덕으로 간주한다. 따라서 상황에 따라 다소 차이는 있겠지만 미국인과 커뮤니케이션을 하려면 툭

터놓고 말하는 것이 더 좋다. 간혹 한미 간 이와 같은 의사소통 방식의 차이 때문에 오해가 생기기도 한다. 유학 중 홈스테이 주인 아주머니가 맛있는 빵을 구워서 나에게 권한 적이 있었다. "Would you like a loaf of bread? (빵 좀 먹을래?)"라는 물음에 "No, thank you.(예, 전 됐어요.)"라고 의례적으로 답변을 했더니, 이후 아주머니는 나에게 다시 빵을 권하지 않았다. 한국이었으면 두어 번은 더 권했을 테지만, 내가 그러기를 기대하고 의례적으로 한 말을 주인은 액면 그대로 받아 들여 실제 내가 빵을 먹고 싶어하지 않는 것으로 판단했던 것이다. 간혹 간접적으로 표현하다가 나중에 서로 다른 말을 할 수도 있기 때문에 미국인과 대화할 때는 상대방에게 분명하고 구체적으로 말할 필요가 있다.

Summary of Culture Code

- 내집단 의식이 강한 한국인은 외부의 낯선 사람과는 대인 접촉을 꺼리는 편이며, 집단 구성원들 간 탄탄한 관계를 지속하고자 한다.
- 상대를 내집단과 외집단으로 구분하지 않고 동등하게 대하고자 하는 미국인은 처음 만난 사람과도 쉽게 말을 트지만, 비교적 느슨한 관계를 맺는 편이다.

Let's Talk

- 한미 문화 간 인사가 갖는 의미에는 어떠한 차이가 있는가?
- 사람들은 내집단 혹은 외집단에 따라서 긍정적인 사례와 부정적인 사례의 경우 각각 그 원인을 어떻게 찾아내려고 하는지 사례를 들어 설명하시오.
- 오랫동안 미국의 이민자들을 사로잡았던 전통적이고 중요했던 문화적 가치는 무엇인지 설명하시오.
- 최근 일본이 원전사고에 대처하는 과정이 몇몇 서방국가가 기대하는 방식과 다소 차이를 보였는데, 그와 같은 인식의 차이를 보인 문화적 배경은 무엇인가?

4장 대인 접촉

Anxious Job Interview

인간관계를 즐겁게 만드는 것은 상호간의 공통점이지만
인간관계를 흥미롭게 만드는 것은 약간의 차이점이다.
– 토드 트루먼

Opening of Culture Gate

최근 기업이나 공공기관에서 면접을 통해 직원을 채용하는 사례가 늘어나고 있다. 아울러 면접의 형식이나 내용도 다양화되고 있다. 이는 그만큼 실무에서 커뮤니케이션 능력이 더욱 많이 요구된다는 것을 반증해 주는 사례이다. 대화문에서 Greg이 인터뷰를 거치면서 다소 당혹해 했던 것은 무엇보다도 면접이 자신의 문화권에서 행해지는 것과 전혀 다른 분위기에서 진행되었다는 데 있다. 이 장에서는 과연 어떤 이유로 Greg이 면접에서 문화적인 충격과 이질감을 느꼈는지를 알아본다. 이를 통해서 영어권 사람들과의 대인접촉에서 보완해야할 사항을 찾아보자.

Situational Conversation : Interview

Kim: Oh, Greg; I'm glad I ran into you. Are you busy Thursday afternoon between 2:00 and 5:30?

Greg: No, Mr. Kim. I have no classes scheduled for that time. Why? What's up?

Kim: The English faculty is interviewing for the position that **opened up** and as head of the English Department, I'd like you be part of the interview committee. It will add a **foreign perspective** to the interview process.

Greg: Sure, I'd love to help out any way I can. You know, Mr. Kim, did I ever tell you about my interview seven years ago for this position? It **scared the heck out of me**!

Kim: Really? I never knew that. Why were you so scared?

Greg: Actually, before the interview, I wasn't worried about it because I am pretty good at speaking well and **selling myself**. But, when I entered the interview room, I was suddenly confronted with a stern looking group of interviewers. And, all of the questions they asked were difficult to answer, and they never seemed to smile. The whole thing felt very official and cold. I didn't think I'd ever get the opportunity to speak somewhat freely and give them a chance to get to know me a little bit and find out about my qualifications.

Kim: I remember your interview very well. I remember it because the entire committee commented on how confidently you spoke during the interview, and that you seemed to have solid answers for every question that was asked. It's funny, but I always thought we did our best to make you and the other interviewees feel comfortable.

Greg: That may be so, but I think it was another example of cultural differences, this time regarding job interviews. In America, when someone is being interviewed for a job, it is up to him to convince the interviewer that he is the best possible candidate. That's why in an interview in America, the person being interviewed should do most of the talking.

Kim: I recognized that difference when I first started interviewing native English-speaking professors. Usually, in Korea, the person conducting the interview does most of the talking and asking questions. The interviewee is less vocal than a foreigner would be. Part of that is because Koreans try to be humble and not **stand out**. Also, because the person being interviewed is probably much younger than the interviewer, this **reticence** is the result of Korea's social hierarchy. This is a holdover of Korea's historically Confucian value system.

Greg: Such a system, especially as it applies to finding a job, wouldn't work in American culture. As we talked about once before, Americans do respect age. However, we also value knowledge and experience. In fact, knowledge and experience are the most important things when trying to find a job or hire someone for a job. Age isn't usually a factor. It is very possible that the person who interviews me for my next position will be much younger than me, and that wouldn't matter to me or most other people. I would be very upset if I didn't get a job simply because another candidate was older than me, especially if I were more highly qualified.

Kim: Is that why interviews are so different in America, because it is more important to show one's skills and experience and how they best fit the job? How did you say it earlier, to sell oneself?

Greg: That's exactly true. Do you remember the conversation we had a long time ago about how I thought you played tennis really well? You were very humble back then about your tennis skill. Well, this is similar. If you are very good at something and you are competing for a job, it won't help you to be shy about your experience and accomplishments. In America, if you don't impress the interviewer you probably won't get the job.

Kim: Thanks for another culture lesson, Greg. Okay, well, I'm going to be late for class if I don't leave. I'll see you this Friday, yes?

Greg: I'll be there, Mr. Kim.

Real Expressions

opened up: 시작하다. 털어놓다
foreign perspective: 외국인의 관점

scared the heck out of me!: 내가 놀라 죽을 뻔했어!
selling myself: 자신을 내세우다.
stand out: 돋보이다, 버티다
reticence: 과묵함

● 영어권에서 행해지는 면접은 한국과 주로 어떤 면에서 차이가 나는가?

대화문에서도 언급한 바와 같이 한미 간 면접에 있어서 차이가 나는 것 중의 하나는 면접 분위기로 볼 수 있다. 한국에서는 위계질서에 따른 격식을 따른다든가 심사자에 대해 예의를 갖추는 것이 면접에서 중요한 요소로 작용하기에 면접 분위기가 비교적 경직된 편이다. 면접 시 복장은 물론 태도와 말씨에 이르기까지 면접관이 요구하는 기준은 비교적 높은 편이다. 아울러 종적 사회에서 면접자와 피면접인 간의 관계가 엄격히 구분되고 서로 간 거리를 둠으로써 면접은 비교적 엄숙하게 진행되는 경우가 많다. 이와 같은 분위기에서 피면접인은 말을 많이 하거나 자주 맞장구를 치기 보다는 면접자의 말을 경청하거나 예의를 갖추는데 더욱 신경을 쓰는 편이다.

(한국인)　　　　　　　　　　　　　(미국인)
〈그림 3〉 한미 간 면접 방식의 비교

그런데 개인의 자유와 권리, 그리고 형평성에 큰 가치를 두고 있는 미국인들은 이러한 격식과 엄숙함에 대해 생소해하거나 불편해 한다. 그들은 격식에 매이기보다는 면접관을 설득하고 주요 사안에 대해 자신이 할 수 있는 바를 최대한 보여 주는 것이 중요하다고 생각 한다. 미국에서는 면접관 또한 다양한 면접 형태로 피면접자들에게 자연스럽게 말을 많이 시켜 면접 목적에 부합하는 정보를 최대한 많이 얻고자 한다.

화자의 말수와 관련하여 Matarazzo(1964)는 면접관이 딱딱한 태도로 듣기 보다는 적극적으로 반응을 보이면 피면접자가 더욱 활발하게 얘기를 하는 현상을 발견했다. 그는 실험에서 면접관이 소방관 지원자에게 15분간 고개를 끄덕이며 얘기를 들어주었더니 지원자가 신이 나서 말 수가 50%나 증가한다는 사실을 알았다. 반면, 면접관이 45분 내내 고개를 끄덕이지 않고 딱딱하게 대했더니 지원자의 말수도 줄어든다는 사실을 알았다. 미국인은 이와 같은 원리에 따라 비교적 융통성 있게 면접을 진행함으로써 피면접인의 부담을 최대한 줄여주고자 한다.

● 개인의 능력을 중시하거나 인간관계를 중시하는 문화에서 면접은 각 어떤 특징을 나타내는가?

한국인은 승진과 입사 등에서 후보자의 능력과 품성을 강조하지만 여전히 현실적으로는 관계를 우선시 하는 경향이 많다. 최근 객관적인 평가기준이 점차 많이 적용되고 좀 더 공정한 방식을 채택하고 있지만, 전통적으로 한국을 위시한 아시아권에서는 피면접자가 '누구인가'를 따져 출신이나 각종 배경을 더욱 중시하는 경향이 있음을 찾아 볼 수 있다. 재취업을 하는 성인의 70%는 인맥에 의해서 직장을 갖는다는 최근의 통계도 바로 이러한 경향을 보여주고 있다. 이와 달리, 미국인들은 면접에서 무엇보다 개인의 능력을 중시하는 편이다. 즉, 피면접자의 출신이나 배경에 관심을 두기 보다는 과연 '무엇을 할 수 있는가'에 더욱 비중을 두고 평가를 하는 편이다.

미국은 직업에서의 기회균등도 비교적 잘 보장하는 편이다. 그들은 배관공(plumber), 목수, 청소부, 페인트공과 같은 직업을 차별 하지 않는다. 미국사회에 그들이 있어야 한다는 것을 알고 있으며, 그에 합당한 임금을 지불한다. 물론 최근 들어 국가적으로 경제적 어려움이 가중되고 과거와 달리 이들과 고학력자나 전문직 종사자와의 임금격차가 점차 벌어지고 있는 추세에 있지만, 아직도 다른 문화권에 비해 육체노동자(blue collar)가 사무직 근로자(white collar)보다 더 많은 수입을 올리는 경우가 적지 않다.

● **면접에서 좋은 평가를 받기 위해 관심을 둬야 할 점은 무엇인가?**

만약 면접관이 한국인이라면 피 면접인은 보통의 한국인의 기대에 부응하여 대인 관계에서 예절을 잘 지키고 상급자의 의도를 잘 파악하여 업무를 수행할 수 있는 능력을 보여야 할 것이다. 마찬가지로 면접관이 미국인이라면 업무수행 능력에 많은 가치를 두는 면접관의 기대에 부응해야 한다. 즉, 피 면접인은 업무와 관련된 다양한 경험과 지식을 효과적으로 제안하여 스스로의 능력을 인정받아야만 한다. 한 가지 주의할 점은 면접자들이 자신의 잠재력을 충분히 발휘하기 위해서는 너무 이완이 돼서도 안 되겠지만, 지나치게 불안해하거나 초조해하지 말아야 한다는 것이다. 면접에서 Greg이 받았던 느낌들과 같이 불안이나 초조감이 높아지면 반응 속도가 늦어질 뿐만 아니라 이후 낯선 사람과 의사소통하기를 피하고 예측 가능한 사람들만 만나 얘기하게 된다. 이러한 불안 심리를 다스리기 위해서는 다른 문화 사람들과의 차이에 초점을 맞추기 보다는 비슷한 점을 보려고 하는 태도가 필요하다. 서로가 공통적으로 추구하는 목표나 가치관 등을 분명히 이해하면 그러한 불안 심리를 해소하는 데 도움이 된다.

Summary of Culture Code

- 위계사회에 속한 한국인은 대인접촉에서 예의범절과 권위를 중시하며 이로 인해 초기 단계에서 대인 간 거리감이 조성되기도 한다.
- 미국인은 대인 접촉에서도 평등한 관계를 중시하여 타인들과 서로 협동하며 친밀하게 지내고자 한다.

Let's Talk

- 최근 기업에서는 어떤 방식으로 면접 평가를 하고 있으며 그 이유는 무엇인가?

- 최근 많은 구직자가 스팩 쌓기에 큰 비중을 둔다. 이러한 스펙을 중시하는 이유는 어디에 있다고 보는가?
- 한국인의 면접에서는 높은 점수를 받을 수 있지만, 미국인과의 면접에서는 낮은 점수를 받을 수 있는 행동은 무엇인지 얘기를 나누시오.
- 다음과 같은 질문에 대한 동서 문화권 사람들의 일반적인 행동에 대해 서로 의견을 나누시오.

서양인	동양인
서양인은 사물을 개별적인 존재로 생각하여 주위 배경을 무시하고 사람 그 자체만 클로즈업하여 촬영한다.	동양인은 개체의 존재가 환경에 영향을 받는다는 사고체계 때문에 배경을 함께 찍는다.

Q2. 친구에게 사진을 찍어달라고 부탁했을 때 어떻게 촬영하는가?

5장 매너

Casual Expression and Socialization

> 사회 문화적인 틀에 갇혀서 종종 사람들은 타인을 인식하고 그들의 행위를 해석하고 반응하는 것이 달라진다. 사람들은 반드시 사실에 입각해서 인식하고 반응하는 것이 아니라 그 사실이 가지는 이미지에 따라서 행동하게 된다.
> - Fisher

Opening of Culture Gate

처음 미국의 교실에서 강의를 들으면서 특이하게 생각한 것은 교수들이 교탁에 걸터앉는다든가 반바지 차림으로 학교에 와서 학생들을 지도하는 모습이었다. 한국의 많은 교수들이 양복차림에 넥타이를 매고 수업에 임하는 모습과는 판이하였다. 학생들 또한 의자에 다리를 올린다든가 큰소리를 내며 코를 푸는 등의 행동으로 다소 무례하다는 인상을 받기까지 하였다. 왜 이곳 학생들은 교수님에 대한 예의를 지킨다거나 다른 사람에게 공손함을 보이지 않는 것일까? 이 장에서는 한미 간의 예의나 격식을 차리는 정도에는 어떤 차이가 있는지 살펴본다. 아울러 흔히 우리가 말하는 공손한 태도와 스스럼없는 태도는 사교에 어떠한 영향을 미치는가에 대해 다각적으로 살펴보자.

Situational Conversation : Manner

Greg: Brilliant party, isn't it?

Min-woo: You are right, Are you enjoying the most of it?

Greg: Sure, I have never had such a pleasant party like this before.

Min-woo: Oh, by the way, we have not been introduced yet, have we?

Greg: It's OK. My name is Gregory Gogot.

Min-woo: Nice to meet you Mr. Gogot, My name is Min-woo Lee. You can just call me Min-woo, it's fine with me.

Greg: Thanks, just call me Greg, much prefer that, too.

Min-woo: Great, let's go and get another drink, shall we?
　　　　This one will be my treat, Greg!

Greg: Can't thank you more, Min-woo!

　　　(after awhile)

Greg: Min-woo, this is my friend, John. He lives in Washington D.C.

Min-woo: Hi, John. Nice to meet you.

John: Nice to meet you, too.

Greg: Min-woo is from Seoul. He's studying at the Korean Cultural Center.

John: How long have you been in the Center?

● 한미 간 소개하기에 관한 매너에는 어떤 차이가 있는가?

　앞의 대화문에서 보는 바와 같이 Greg은 소개할 때, 격식을 별로 따지지 않고 상대의 말을 유도한다. 그는 소개 절차를 따르고는 있지만 군더더기 없는 간결 명료한 말로 의사를 전달하고 있다. 아울러 친근감을 표출하기 위해서 처음 만난 사이지만 이름(first name)으로 불러달라며 언제 한번 만나자라는 비초대(non-invitation) 표현도 덧붙인다. 이처럼 미국인의 일상의 대화는 소개 대화에서 보듯이 격식을 따르지 않는 친근감 등이 아주 특징적으로 나타난다. 미국인은 방금 만난 사람들과도 스스럼 없이 대하기를 좋아한다. 다른 사람을 스스럼 없이 대하는 것은 종종 칭찬이 되기도 한다 (Kitao & Kitao, 1989). 손님을 집에 초대해서 가족의 일부처럼 대우하는 것 또한 최상의 환대이다. 일상 영어에서 자주 쓰이는 "Make yourself at home.(편하게 하세요.)"이란 말도 바로 이러한 배경에서 나온 표현이다.

　전통적으로 한국인은 동일민족으로 이루어진 문화로써 공동체의 구성원들은 주로 아는 사람끼리만 만나는 경우가 많다. 따라서 서로가 굳이 정식으로 자신을 소개하지 않아도 된다. 혹 모르는 사람이 있더라도 제 삼자를 통해 간접적으로 상대방을 알게 되거나 다른 사람과의 인맥들이 서로 얽혀 있어서 자연스럽게 알게 된다.

이와 대조적으로 미국인들은 새로운 사람을 만나기를 좋아하고, 자기소개를 하지 않으면 상대방을 아는 것이 힘들기 때문에 처음만나 자기소개를 하는 것은 하나의 자연스러운 절차이다. 이 때 소개하는 사람은 다른 상대방과의 관계(친구, 이웃, 형제, 사제지간)나 약력을 밝힌 뒤 간단한 화제로 말문을 연다. 일반적으로 미국인은 자신의 동행인을 다른 사람들에게 곧잘 소개하고, 또 소개해 달라고 요청해서 다 함께 대화를 나누고자 한다. 이렇게 지인에 의한 소개가 없다면 혼자서 스스럼없이 자기소개를 하기도 한다. 미국에서의 자기소개는 단순히 상대방이 누군지를 아는데 그치지 않고 보다 친밀한 관계를 맺어가는 첫 단계가 된다. 앞의 대화문에서 Greg이 Min-woo에게 John을 소개하는 경우가 그러하다.

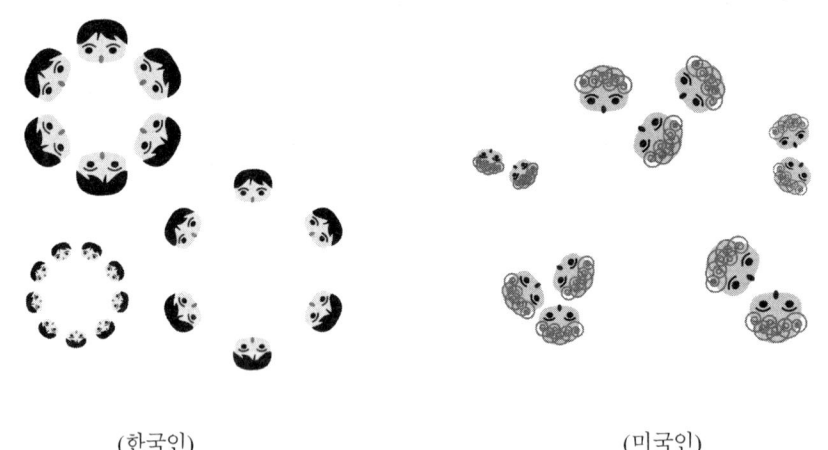

(한국인)   (미국인)

〈그림 4〉 한미 간 파티에서 모둠 형태의 비교

● **한미 문화 간에 소개를 하는 방식에는 어떤 차이가 있는가?**

자기소개를 할 때는 주로 만나서 반갑다는 의례적인 인사와 함께 자신의 출신을 밝힌다. 한국인은 상하 관계를 중시하는 문화권답게 주로 나이를 밝히는 것에서 자기소개가 시작된다. 하지만 미국인은 드넓은 국토에서 서로를 가늠하는 방법으로 어느 주(state) 출신인지를 밝힌다. 사적인 사안이나 민감한 내용은 상대에게 묻기보다는 대화중의 말을 통해 내적판단(mental judge)을 한다.

자기소개를 적극적으로 하지 않는 행위가 한국인에게는 겸손한 태도로 비춰질 수 있지만, 미국에서는 다소 자신감이 없는 태도로 보일 수 있다. 글로벌 표준은 이러한 문화적인 차이에도 불구하고 인사와 소개에 관련된 기본적인 규칙을 따를 것을 기대한다. 이제 유창한 자기소개는 선택이 아니라 필수가 되고 있다.

● 파티나 식사 중 삼가야 할 행동에는 어떤 것이 있는가?

앞서 우리는 식사나 파티 중에 낯선 사람에게까지 비교적 유연하고 스스럼 없이 대할 필요가 있다는 것을 알아보았다. 아울러 우리는 성공적인 대인관계를 맺고 교양인의 면모를 갖추기 위해서 파티나 식사의 매너를 잘 지켜야 한다. 하지만 가끔 한국인이 식사나 파티 중 행하는 대수롭지 않은 행동들이 때때로 다른 문화권 사람들에게는 이상한 것으로 비쳐질 수도 있다. 일례로, 한국인에게 자연스럽게 여겨지지만 영미인을 만날 때 유의해야 할 행동은 다음과 같다.

- 앉은 자리에서 큰 소리로 종업원을 부르는 행동
- 식사 중에 두 팔꿈치를 식탁에 올려두는 행위
- 라면을 후루룩 소리 내서 마시는 행위
- 내가 마시던 술잔에 술을 따라 권하기
- 술을 억지로 권하는 행위
- 고기, 야채, 면 등을 가위로 자르는 행동
- 닭고기를 젓가락으로 먹는 행동
- 입에 음식을 가득 담은 채로 말할 때
- 식사 중 멀리 있는 것을 집으려고 손을 뻗을 때
- 남자는 남자끼리, 여자는 여자끼리 따로 앉아 식사하기

Summary of Culture Code

● 한국인은 대인 관계에서 격식을 따르는 것을 매너 있는 행동으로 여기며, 파티에서

는 아는 사람끼리 형성된 커다란 모둠 내에서 상호작용을 한다.
- 미국인은 대인관계에서 즉흥적인 행동도 매너 있는 행동으로 보며, 파티에서는 낯선 사람을 포함한 다수의 인원과 개별적으로 상호작용한다.

Let's Talk

- 적극적이고 긍정적으로 자신을 소개하고 초반에 상대의 마음을 사려면 어떻게 해야 하는가?
- 평소 대인 접촉 시 동행인을 어떻게 소개하는지를 밝히고 향후 행동 변화에 대해서도 얘기를 나누시오.
- 미국인에게는 자연스럽지만 한국인에게는 이상하게 여겨지는 행동에는 어떤 것이 있는지 얘기를 나누시오.

젓가락 사용법을 배우는 외국 아이들

대화의 코드

외국인 관광객에게 스스럼없이 묻고 답하는 어린 학생.

다른 문화권 사람들과 친숙해지면 외국어 공부도 훨씬 쉽고 즐겁게 할 수 있다. 대화 중 자주 나오는 호칭, 칭찬이나 사과 표현 등은 문화마다 차이를 보인다. 교통신호를 지키지 못하면 사고가 날 수 있는 것처럼, 이러한 차이를 이해하지 못하면 오해가 생기거나 커뮤니케이션이 깨어질 수 있다.

6장 칭찬
Compliments? The More, the Better.

칭찬은 공공연하게 하고 비난은 개별적으로 하라.
Praise in public, reprimand in private. – Old saying

나는 한 번 칭찬으로 두 달을 살 수 있다.
– Mark Twain

Opening of Culture Gate

지금은 원하는 대학에 진학하여 만족스런 학교생활을 하고 있는 나영이지만, 고교 시절 유학 초기에는 학교생활에 잘 적응이 되지 않아 무척 힘거워 했다. 그러던 어느 날 수업 중 한 선생님이 "Na young, you have a talent."라는 한마디 말을 듣고 크게 자극을 받아 이후 열심히 공부하게 되었다고 한다. 칭찬의 힘은 때때로 엄청난 효과를 발휘하기에 많은 사람들은 생활 속에서 칭찬을 주고 받고자 한다. 혹자는 한국인이 칭찬에 인색하다고 하고, 미국인은 너무 헤프게 칭찬을 한다고 한다. 이 장에서는 한미 문화 간 칭찬행위에는 어떠한 차이가 있으며, 그러한 차이를 극복하려면 어떻게 해야 하는지를 알아보자.

Cultural Key Terms

WASP (White Anglo-Saxon protestant): 앵글로 색슨계 백인 기독교 신자를 말한다. 미국 혁명당시 주류세력으로 정치적, 경제적으로 큰 힘을 가진 백인들이 주로 영국출신의 기독교 인이었으며 중류계급이었던 데서 일컫게 된 말이다.

Bicultural(이중 문화): 특정한 국가의 국민이라고는 하지만 때때로 그들의 모국이나 원래 문화의 문화적 전통을 유지하고 있는 상태를 말한다.

Situational Conversation : Compliment

Kim: Hi, Greg.

Greg: Hi, Mr. Kim. Hey, your hair looks different. Did you change it? It looks really good!

Kim: Thank you, Greg. Yes, I had my hair cut yesterday. I see that you have something new, too… the shirt you're wearing. That color looks good on you.

Greg: Thanks, Mr. Kim. I think so, too. I think I picked the right one! I see you've taken the conversation we had about complimenting people **to heart**.

Kim: Yes, Greg, I did. You know, whether a person is East Asian or American, everyone seems to appreciate hearing compliments from others. And, after our talk, I've been listening closely to other foreigners and I found that Americans compliment much more frequently than East Asians. Do you find that to be the case also?

Greg: Yes, Mr. Kim, I agree with you. I've noticed that Koreans also express compliments, but they do it differently from Americans. I guess Americans try to use compliments more often because we use them in many different types of situations and for different reasons. Also, of course, compliments make others happy. It's a nice thing to do.

Kim: What do you mean by, "different types of situations and for different reasons?"

Greg: Let's take school, for example. Teachers often praise their students for getting the right answer to a difficult question or for doing well on a test or project. Of course, the student deserves it, but also the compliment helps to motivate the student to continue working hard. Even if a student does something incorrectly after trying really hard, that student should be complimented on how hard they worked or tried to do something. Praise can be a powerful tool and good teachers know how to use it well.

Kim: I think I know exactly what you mean. My daughter Na Young goes to school in the States. The other evening we were talking on the phone and she sounded really happy. When I asked her why, she told me that her teacher had paid her a wonderful compliment. Because she is a foreign student, things are sometimes more difficult for her than for the other students in her classes, so she always feels a lot of pressure. A few days ago, however, while talking with one of her teachers, she told her that she is a very talented and hard working student. Na Young said she was so happy to hear this that it encouraged her to study and work even harder. She said the teacher's kind words really motivated her. Like you said, Greg, compliments and praise can be great teaching and learning tools.

Greg: Yes, they can!

Kim: Is there anything else you can tell me about complimenting people?

Greg: Yes, Mr. Kim, there are lots of things. So many, in fact, that I don't think I could tell you everything, at least not at one time. A lot of it is simply what comes natural to us in our everyday dealings with people. Sometimes a compliment can be as simple and casual as saying, "Good job!" or, like you said earlier, "That shirt looks good on you". Other times a compliment may **carry more weight** and have more meaning. It depends on the situation. There are no rules. One thing I will warn you about, however, is not to overuse compliments. Doing so devalues them and makes them sound insincere. That's important to remember. Compliments and praise need to be sincere and given at the appropriate times. Some people overuse compliments so they can **get on someone's good side** or to try to gain something from them. For example, if a person always compliments their boss for everything she does, we call that person a "brown nose" or a "suck-up". In Korean, my students call it "saba-saba". Most people can **see right through it** and know that the compliments aren't sincere. Also, compliments need to be

>   appropriate. It's okay to tell your wife in private that she looks younger and sexier in an outfit she's wearing, but it would not be okay to say the same thing to someone else's wife!
>
> Kim: Yeah, I can see how that could cause trouble!
>
> Greg: Anyway, I guess what's most important to remember is that a compliment can brighten a person's day and maybe make them just a little bit happier.

Real Expressions

to heart : 마음을 풍요롭게 하다.
carry more weight : 비중을 두다, 무게 중심을 두다.
get on someone's good side : 다른 사람의 좋은 면을 보다.
see right through it : 그것을 올바로 꿰뚫어 보다.

● **칭찬은 대인 관계에서 어떠한 기능을 하는가?**

미국인들은 결속을 강화시켜주고 환대, 감사, 사과의 의미로 칭찬을 폭넓게 사용하며, 대화를 시작하는 방법으로도 사용한다 (Manes와 Wolfson, 1981). 나영이의 사례에서 보듯이 칭찬은 상대방에 대한 관심과 배려를 나타내며, 듣는 이로 하여금 자신감을 갖게 한다. 아울러 칭찬은 대화 당사자 사이의 긴장감을 해소해 주기도 한다. 이처럼 효과가 큰 칭찬표현은 사람들이 이웃들과 더불어 즐겁게 살게 해주는 역할을 한다. 어쩌면 '고래도 춤추게 하는' 칭찬은 남녀노소 할 것 없이 사람들의 일상에서 활기를 불어 넣어주는 청량제가 되기도 한다. 칭찬의 기능을 적절히 활용하기 위해서는 우선 칭찬거리를 찾는 것이 필요하다. 칭찬 거리는 실로 작은 외모의 변화에서부터 구입한 물건, 음식, 인간관계와 크고 작은 업적에 이르기까지 수없이 많다.

● 한국인이 미국인에 비해 칭찬을 적게 하는 이유는 어디에 있는가?

칭찬은 누구나 다 좋아하는 것이지만 그것을 구체적으로 표현하는 방식은 문화에 따라 다르다. 지난 수년간 한국에서도 칭찬을 많이 강조함으로써 이제는 많은 사람들이 칭찬의 긍정적인 효과에 대해 공감하고 있다. 그러나 아직도 미국인에 비해 한국인들은 칭찬은 적게 하는 편이다. 미국인은 부인에게도 망설임 없이 칭찬하지만, 한국인은 아주 가까운 사람들에게 계면쩍어 하거나 불필요한 일로 여겨 칭찬을 잘 하지 않는 편이다. 한미 간 칭찬 행위가 차이가 나는 이유는 양 국민들의 의식구조에서 찾아 볼 수 있다.

(한국인)   (미국인)

〈그림 5〉 칭찬을 표현하는 방식의 차이 비교

위의 그림에서 보듯이 한국인들은 굳이 칭찬을 말로 표현하지 않더라도 상대가 대화의 맥락에서 쉽게 알아차린다. 한국인은 또한 남에게 드러나 보이는 것이 달갑지 않아 칭찬을 꺼리는 것 같다. '모난 돌이 정 맞는다.'는 속담에서도 보듯이 한국인들은 주위 사람들로부터 자신이 특출하게 보이는 것에 대해 다소 부담을 갖는다. 이는 다른 사람과 조화로운 관계를 중시하는 의식과도 연관이 있다. 아울러 '잘난 아이에게는 매를 주고 못난 아이에게는 떡을 준다.'는 말처럼, 칭찬이 자칫 그것을 듣는 아이의 버릇을 나쁘게 할 수 도 있다고 생각한다. 미국의 교육 방식이 '잘한다, 참 잘한다.' 식이라면 한국의 교육 방식은 '잘해라, 더 잘해야 돼.'라는 식이다. 최근 많은 회사나 관공서, 학교에 '칭찬합시다'라는 게시판을 만들어 두고 있지만 잘 운영되지 않는 것은 칭찬에 대한 이와 같은 한국인의 전통적인 인식이 깊이 자리하고 있기 때문으로 보인다.

● 미국인의 칭찬 구문의 특징은 어떠한가?

사회언어학자 Manes와 Wolfson(1981)은 미국영어의 칭찬표현에서 가장 큰 특징 중의 하나가 '칭찬'의 목적으로 사용된 어휘들이 놀랍게도 반복된다는 것이다. 즉, 영어 칭찬 어구의 80%는 형용사이며 그 중 가장 빈번하게 사용되는 형용사는 'nice(22.9%)', 'good(19.6%)', 'beautiful(9.7%)', 'pretty(9.2%)', 'great(6.2%)'라고 한다. 아울러 전체 미국영어에서 85%가 다음의 세가지 통사형태로만 되어 있다고 한다.

> You look **good.** (NP [is] / [looks] + ADJ): 당신이 좋아 보여요.
> I **like** your shirt. (I [like] / [love] + NP): 저는 당신의 셔츠가 좋아요.
> That's a **good** system. (PRO is + ADJ NP): 그것은 좋은 시스템이군요.

미국인은 대화를 시작하는 어구로 칭찬을 자주 사용한다. 특히 여성은 헤어스타일이나 의복과 같이 외모에 대해 칭찬을 많이 하게 되는데, 이러한 칭찬은 만나서 얘기를 시작할 때 인사를 대신해서 쓰이기도 한다.

아울러 미국인들은 칭찬을 다소 과장하거나 구체적으로 하는 편이다. 일례로 "You did a good job."보다는 "You really did a good job."이라고 강조 부사를 넣음으로써 칭찬의 강도를 높여서 표현한다. 외모의 작은 변화에서부터 상대방의 소지품, 음식솜씨, 인간관계와 작은 업적에 이르기까지 미국인들의 칭찬거리는 상당히 많은 편이다.

● 칭찬행위에 있어서 특히 유의해야 할 사항은 무엇인가?

칭찬행위에 있어서 한미 문화에서 보편적으로 유의해야 할 사항이 있다. 첫째, 칭찬은 아부가 되지 않도록 가려서 해야 한다. 앞의 시나리오에서 Greg이 언급한 바와 같이, 아부는 자칫 부정적인 인상을 주게 된다. 칭찬을 하는 당사자는 그러한 행위를 잘 구분해내지 못한다. 간혹 정성스럽게 베푼 친절이나 예의가 상대방에게 지나친 환대로 간주되거나 다른 의도를 갖고 하는 아부로 오해 받을 수도 있다.

둘째, 칭찬은 구체적으로 해야 그 효과가 잘 나타난다. 간혹 상대방에게 "착하다"거나 "수고했어" 혹은 영어로 "He is a good person"이라는 표현은 그 의미가 너무 광범위해서 화자의 의도를 충분히 전달하지 못할 수도 있다. 그럴 경우 좀 더 구체적인 어구로 표현하게 되면 그 효과는 더욱 크게 나타난다. 일례로 "이번 체험활동 장소는 잘 정했어요."라기 보다는 "이번에 체험활동 장소는 학생들에게 환경보호 정신을 고취시킬 수 있는 각종 교육시설과 프로그램을 갖추고 있어서 최적의 장소를 선택했다고 생각해요."라고 칭찬하는 것이 더욱 효과가 크다. 덧붙여 칭찬은 행위가 있은 직후 하는 것이 효과적이다.

셋째, 손윗사람에게 칭찬할 때에는 조심스럽게 해야 한다. 일반적으로 칭찬은 손아랫사람에게 할 때가 많은데, 손윗사람에게 칭찬을 할 때는 상대의 나이나 신분, 그리고 친분관계 등을 꼼꼼히 따져서 해야 한다.

넷째, 외국인에게 칭찬할 경우 다른 언어와 문화를 충분히 이해하지 못해 오해기 생길 수 있으므로 특히 유의해야 한다. 일례로 다음의 영어구문을 보자.

Hey, what's the matter with you? You look really nice today.
(이봐, 어찌된 일이야? 오늘은 네가 정말 좋아 보이는데)

위의 영문은 언뜻 보면 칭찬 같지만 실은 상대가 평소에는 잘 차려입지 않는다는 의미이다. 따라서 부분적으로 어휘는 잘 알지만 전체적인 내용을 제대로 해석하지 못하고 이러한 표현을 할 경우 자칫 상대방에게 모욕을 줄 수 있다. 또 다른 예로 한국에서는 잘 생긴 아이를 '달덩이 같다'는 말로 칭찬을 하지만, 이 말을 직역하여 'She is like a moon.' 이라고 할 경우 영어권 사람들에게 원래의 의미를 전달하지 못하게 된다.

다섯째, 칭찬할 때에는 상대에게 마음에 없는 말은 삼가 하도록 유의해야 한다. 진실이 담긴 칭찬이나 감사만이 긍정적 효과를 거둘 수 있다. '과하면 안함만 못하다'는 말처럼 칭찬도 너무 잦으면 말의 진실성을 떨어뜨리거나 아첨한다는 인상을 줄 수도 있다. 한편 마음을 담은 칭찬이 커다란 의미를 지니고 감동을 선사한다. 임종을 앞둔 시아버지가 그동안 정성스럽게 병수발을 해온 며느리에게 던진 한마디 말은 칭찬이 갖는 의미를 잘 나타내주고 있다.

'시아버님께서 위암진단을 받고 6개월 동안 병원에 입원해 계실 때, 제가 자원하여 아버님의 병수발을 하였습니다. 임종을 맞으시며 아버님께서 전 식구들을 다 모아놓고 저에게 "아가야 고맙다"라고 하셨어요. 그 때의 그 진실한 마음을 담은 아버님의 말씀이 제게 가장 기억에 남는 칭찬입니다.'

● **남녀 간 칭찬행위에 있어서 드러나는 특징은 무엇인가?**

남성은 보통 일의 업적에 대해 칭찬하는 경향이 강하고 여성은 외모나 복장에 대해 칭찬을 자주 하는 편이다. "You did a good job, Well done!" 등의 칭찬은 남성들에게, "Your hair style is so nice.", " You look beautiful.", "이 스카프 네 분위기에 엄청나게 잘 어울리네.", "요사이 피부가 왜 이렇게 좋아졌니?" 등은 주로 여성들이 하는 칭찬어구로 볼 수 있다. 이처럼 남녀 간 칭찬 행위가 구분된 부계사회에서 남성들이 직업에 종사하는 일이 많았던 반면, 여성들은 가사와 외모 가꾸기에 더욱 많은 시간을 들인데 기인하는 것으로 보인다. 최근 들어 여성의 사회 참여가 늘고 직업에 종사하는 인구가 많아짐에 따라 향후 이 같은 칭찬어구에 있어서도 많은 변화가 있을 것으로 예측할 수 있다.

Summary of Culture Code

- 한국인은 집단 내 구성원들의 조화를 꾀하고 타인을 의식하여 칭찬을 비교적 적게 하는 편이다.
- 미국인은 칭찬의 다양한 기능을 최대한 활용하고 개인의 역량을 높이기 위해 일상에서 칭찬을 자주 하는 편이다.

Let's Talk

- 한미 문화 간 커뮤니케이션에서 칭찬 방식은 어떤 차이를 나타내는가?
- 다른 사람과 대인 접촉에서 보통 칭찬은 언제 하게 되는가?
- 한국과 미국에서 자주 사용하는 칭찬 어구에는 어떤 것이 있는지 예를 들어 보시오.
- '한국인은 칭찬에 다소 인색한 편이지만 미국인은 칭찬을 자주한다'라는 견해에 대해서 어떻게 생각하는지 각자의 의견을 나누시오.

7장 칭찬 반응
Don't Downgrade What You Did.

대화에서 너무 주제 넘거나 소극적인 태도는 피하라

– Cato

Opening of Culture Gate

한 번은 미국인 친구들과 농구시합을 하며 운 좋게 마지막 역전 골을 직접 넣은 적이 있다. 친구들이 기뻐 날뛰며 뛰어와 "You really did good job!", "Well done!(잘했어!)", "You were great!(대단했어!)" 등 온갖 칭찬을 퍼부어댔다. 나는 속으로는 뛸 듯이 기뻤지만 다소 멋쩍고 부끄러운 마음에 "No, I am not.(아냐, 내가 뭐 한 게 있다고.)"라고 대답했다. 일순간 분위기가 썰렁해지면서 친구들은 당황한 듯했다. 역전승의 주인공이 흥분의 도가니에 찬물을 끼얹은 격이었다. 친구들은 "What's the matter?(뭐가 문제야?)", "You are strange.(성격 참 이상하네.)"라며 고개를 갸우뚱거렸다. 이 같은 사례와 같이 한미 간에는 칭찬에 대한 반응에 있어서도 많은 차이를 보이고 있다. 이 장에서는 한미 간 칭찬에 대한 반응의 차이와 원인을 알아보고 갈등의 해소 방안에 대해서 살펴보자.

Cultural Key Terms

Ethnocentrism (자문화 중심주의): 자문화 중심주의는 다른 사람의 행동을 우리자신의 기준으로 해석하고 평가하려는 경향을 뜻한다. 모든 사람은 어느 정도 자문화 중심적이다. 즉, 자신의 행동 방식이 자연스럽고 올바른 것임을 여기도록 자신을 유도한다. 또한 사람들은 내집단의 행동 방식이 외집단의 행동보다 더욱 우월하다고 보는 경향이 있다. 자민족 중심주는 문화 간 커뮤니케이션을 방해할 뿐만 아니라 무의식적이어서 구별하기도 어렵다. 다만 우리가 다른 문화를 알게 됨에 따라 자연스럽게 자문화 중심주의를 줄여나갈 수 있게 된다.

Ethnogrphic awareness(민족지학적 인식): 다른 문화를 보는 관점에서 우리가 주관적으로 보고 있다는 것을 인식하는 데 도움을 줄 수 있는 지식을 말한다. Samovar와 Poerter(2007)는 다른 문화를 익히기 위해 유용한 여섯 가지 제안을 하였다. 고정관념에 유의, 공통의 인간성을 찾고 극단을 피하기, 다른 문화권의 다른 가치관을 인식하기, 인간의 감정이입(empathy)과 타인에 대한 적극적인 관심 제고, 언어와 문화 간의 상호관계 연구, 그리고 다른 문화권의 풍부한 사고와 생활을 알기 위한 연구를 포함한다.

Prejudice (편견): 상대에 대한 지식도 없고 검증도 하지 않은 상태에서 상대를 미리 판단에 버리는 것을 의미한다. 편견은 잘못된 신념이나 선입견에 입각해서 한 집단에 대해 내리는 감정적으로 경직된 태도로써 공정하지 않을 뿐만 아니라 비이성적인 것이지만 정작 본인은 이것을 변화시키지 않으려고 한다. 고정관념과 편견은 우리가 주어진 상황에서 자극을 선택적으로 의식하는 방식으로 우리의 인식을 구성하여 우리의 기존의 생각들과 일치되게 한다. Samovar와 Porter(1991)에 의하면 고정관념과 편견을 배우는 경로는 다음과 같다.

1) 우리의 부모, 형제, 친구 및 우리가 자주 만나는 사람들을 통해
2) 개인의 경험을 통해
3) 매스미디어를 통해

Objectivity (객관성): 사람들은 자신이 보는 것이 상식이고 객관적이라고 생각하는 경향이 강하다. 하지만 사람들은 자신의 문화적 관점에서 다른 문화를 고찰하기 때문에 문화 간 의사소통에 있어서 실제로 객관적일 수 있는 것은 거의 없다.

Empathy (감정 이입): 다른 사람이 겪는 것에 대해 지성적이며 정서적으로 참여하는 마음을 말한다. 만약 우리가 의사소통에서 다른 사람에게 이타심을 전달하게 되면, 다른 사람도 우리가 그들의 복지를 관심을 둔다는 것을 알게 될 것이다. 이 용어는 한자의 '역지사지(empathy)'를 의미하는 것으로 '다른 사람이 자신에게 해 주기를 바라는 것처럼 다른 사람에게 행하라'는 금언을 실천하는 것이기도 하다. 감정 이입이 되는 사람들은 다른 사람의 관점에서 판단할 수 있고, 그에

따른 자신의 행동을 변화시킬 수 있기 때문에 여러 장점이 있다.

Empathic perception (이타적 지각): 자신을 다른 사람의 처지에 놓고 보는 것으로써 다른 사람의 관점으로부터 그 사람의 세계를 볼 수 있게 해주는 것이다.

Sympathy (공감): 다른 사람의 세계를 자신의 관점에서 지각하는 것을 말한다. 이때 자신의 느낌은 다른 사람의 느낌과 반드시 일치하지는 않는다.

Situational Conversation : Compliment Response

Greg: Mr. Kim, I saw you playing tennis yesterday. Not bad! You're a pretty good player! You beat your opponent easily. Good job!

Kim: Oh, no. I'm really not that good. I still need to practice a lot more.

Greg: Ah, come on, Mr. Kim. Accept my compliment **'cause** it's true. You know, I've noticed since I've been here that most Koreans aren't comfortable when someone compliments them. I don't understand it. In American culture, when someone compliments us on something we have done we usually accept it. In fact, we like it when people say good things about us and we like complimenting people when they deserve it. If someone told me that I played tennis as well as you did in that match yesterday, I'd accept the compliment and say, "Thank you." I may even agree with the compliment by saying, "I did play well, didn't I?" or, "I tried my best." There is nothing wrong with accepting a compliment. When we praise someone, we expect that person to graciously accept the compliment. When someone doesn't accept a compliment, we're not always quite sure how to respond.

Kim: Greg, thanks for your kind explanation. But most Koreans see things differently. We value modesty and don't like to show off. When we do something well we don't often let others know about it. Maybe we see it as being arrogant or **cocky**. Besides that, we also sometimes feel that by

playing-up the things we do well, we are making fun of others who don't do something as well us. So, rather than risking appearing cocky or hurting someone's feelings, we tend to keep our accomplishments more **low-key** and to ourselves, or attribute our successes to someone else.

Greg: Yeah, I can understand most of that, except for giving someone else the credit for something we have done, unless they deserve some of the credit, you know, like a coach or a teacher who has helped us. We don't like arrogance any more than you do, but we don't think accepting compliments is arrogant.

Kim:: You're right. When I am with Americans, I will try to remember to follow American culture. I never knew that by not accepting their compliments I may have been making them feel uncomfortable. You know, there is a proverb that says, "When in Rome, do as the Romans do". Instead of being shy about my achievements, I will try to be proud of them and fully accept other's compliments.

Greg: I am happy to hear you say that, Mr. Kim. You're a good man!

Kim: Really? Thanks! I'm glad to hear you think that. You know, I think we are getting closer to understanding each other's culture.

Greg: Me, too. The cultural wall that stands between us is starting to show cracks. I think that's happening because of our understanding of each other.

Real Expressions

'cause: 접속사 because의 약어, 왜냐하면
cocky: 건방진, 자만심이 센
playing-up: 중시하다, 선전하다.
low-key: 남의 이목을 끌지 않도록 자제하는, 내색하지 않는

● 보통 한국인과 미국인은 다른 사람의 칭찬에 대해 어떤 반응을 보이는가?

일반적으로 한국인은 상대가 칭찬을 하면 "아직 부족합니다." "뭘요." 등으로 칭찬에 동의하지 않거나 별것 아니라는 식의 답변을 한다. 반면, 미국인은 칭찬에 대해서 적극적이고도 단도직입적으로 반응한다. 그들은 칭찬을 받으면 "I made it. (한 건 했어)" "Did you see? I did it (거봐, 내가 해냈어)!" 하며 마치 그러한 칭찬이 당연한 듯이 수용을 한다. 또한 미국인들은 칭찬에 대해서 종종 감사로 반응을 한다. 다음의 예는 미국인과 한국인이 칭찬에 답하는 방식을 나타낸 것이다.

칭찬어구: You study very hard.
　　　　　공부를 아주 열심히 하시는군요.
미국인: It's true, I really enjoy this!
　　　　맞아요, 정말 재미있거든요.
한국인: It is because I am not smart.
　　　　제 머리가 둔해서 그래요.

(한국인)　　　　　　　　　　　(미국인)
〈그림 6〉 칭찬에 대한 반응의 차이 비교

전통적으로 유교 문화의 영향을 많이 받은 한국인은 자신을 낮추는 것이 공손한 행동이라고 생각한다. 즉, 겸손을 중요시하는 한국인은 '칭찬받기엔 아직 부족하다.'는 의미로 칭찬에 동의하지 않거나 자기를 더 낮추는 경향이 있다. 이는 상대방의 칭찬을 부인하는 것이 아니라 그 칭찬을 수용하는 한국인 특유의 방식이다.

한편, 앞의 예에서 보는 바와 같이 미국인의 칭찬에 대한 반응은 자신감을 곧장 나타내려고 하고 직설적인 표현을 좋아하는 그들의 성향을 그대로 담고 있다.

미국인은 종종 상대의 말에 대꾸하는 데 있어 다양한 전략을 구사한다. 그들은 일방적(one-way) 대화가 아닌 쌍방향(two-way)의 대화를 중요시하다 보니 맞장구가 잘 발달했다. 미국인과 대화해보면 영어 실력이 다소 부족해도 의외로 대화가 잘 된다고 느끼는 경우가 있는데, 그것은 그들이 상대의 말에 적극적으로 공감하고 반응하기 때문이다. 우리말로 치면 '얼쑤' '옳거니' '잘한다'에 해당하는 영어의 That's what I meant!(내 말이 그 말이야!), Really?(정말?), Of course.(물론이지.), Exactly!(맞아!), I see. (그렇구나.) 등의 추임새는 말하는 사람의 흥을 돋우고 듣는 사람의 집중력도 높여준다.

● **한국인이 다른 사람의 칭찬에 대해서 나타내는 반응에는 어떤 사회 문화적인 배경이 있는가?**

한국인이 칭찬에 대해 표면적으로 미온적인 태도를 보이는 데에는 상대를 높이고 자신을 낮추는 겸양의 미덕이 내재해 있기 때문이다. 즉, 칭찬에 대해 보이는 반응은 굳이 칭찬을 부인하기 보다는 칭찬을 겸허하게 수용하는 방식으로 볼 수 있다. 특히 칭찬은 듣는 이가 우월감을 갖는다든지 버릇이 나빠질 수 있음을 우려하여 칭찬을 적게 하며, 그 반응 방식에 있어서 가능한 절제된 표현을 해주기를 기대한다. 명백한 언어적인 표현을 꺼리고 주위 상황을 통해서 의사전달을 하는 한국인들은, 비록 그러한 칭찬에 곧이곧대로 반응하지 않더라도 문맥 속에서 충분히 나름의 의사전달을 하는 것으로 볼 수 있다.

● **칭찬과 감사 혹은 사과에 대한 반응으로 따라야할 규칙은 어떤 것이 있는가?**

앞의 대화에서와 같이 Kim교수가 칭찬에 미온적으로 대응하거나 거부하는 형식의 답변을 하게 되면, 평소 칭찬을 적극적으로 수용하거나 감사로 답해 온 Greg으로서는 당연히 오해를 할 만하다. 언어는 문화와 불가분의 관계에 놓여있다. 이 문화 간 커뮤니케이션에서 칭찬에 대한 반응을 이처럼 달리하는 것을 모르고서는 아무리 정확한 영어를 쓴다고 하더라고 제대로 의사전달을 할 수 없게 된다. 따라서 '로마에 가면 로마법을 따르라.(When you are in Rome, do as the Romans do.)는 격언처럼 다른 문화에 가면 그 문화권의 의사소통 방식에 맞추어 행동하는 것이 차라리 마음 편하다. 다른 문화 간 대인 접촉에 있어 이 격언은 목표문화에서 지켜지는 언어규범이 있다면 그것을 잘 지키는 것이 현명한 행동임을 말해준다. 현지 사람들이 자신의 문화를 충분히 이해하고 따라줄 것을 기대하기는 어려운 일이므로 스스로가 현지의 문화를 따라 행동하게 되면, 그만큼 갈등을 해소하게 되고 문화 적응력도 높일 수 있게 된다.

● 문화 장벽이 존재하는 이유와 그 해결 방안은 어디에 있다고 보는가?

문화장벽이 생기는 이유는 자라온 환경과 교육, 관습이 서로 달라 의식의 차이가 생기기 때문이다. 두꺼운 장벽을 허물고 서로 상생하기 위해서는 차별화된 전략이 필요하다. 특히 대화를 해나가는 두 문화 간의 적극적인 통섭이 요구된다. 통섭이나 융합은 두 영역을 마구 섞어서 각자의 존재와 정체성을 포기하는 것이 아니라, 각 영역의 특성과 정체성을 더욱 강조해 드러내면서 새로운 영역을 개척하자는 것이다. 아울러 문화장벽을 해결하려면 우선 자문화 중심주의(ethnocentrism)에서 탈피해야 한다.

자문화 중심주의와 대비되는 것으로는 문화상대주의(Culture relativism)가 있다. 문화상대주의는 다른 문화권 사람의 가치를 자신의 가치와 비교하기 보다는 그 문화의 틀 안에서 연구하는 것이다.

다음 그림을 보고 각자의 지각에 따라 혹자는 두 얼굴이 마주 보고 있다고 하고, 혹자는 꽃병이라고도 할 것이다. 양자의 주장은 하나만을 보고 얘기하는 것으로 어느 정도 맞지만, 그렇다고 상대의 말이 전적으로 틀리지는 않다. 경험에 의해 흑색과 백색의 부분을 보는 지각이 변해 가는 것처럼 우리의 삶에 대한 지각도 변해간다. 이러한 지각의 차이가 문화를 형성한다. 문화 상대주의는 이와 같은 폭넓은 지각에 의해 상대가 보는 시각도 나름의 타당성이 있다고 보는 견해이다. 각자는 자문화 중심의 세계에서 태어나 교육받고 자랐으므로 문화상대주의의 연습은 이른 시기부터 시작하는 것이 효과적으로 보인다.

〈그림 7〉 지각에 따라 사물은 다르게 보인다.

Summary of Culture Code

- 한국인은 타인의 칭찬에 대해 거부하는 태도를 보이거나 스스로를 낮추는 겸손한 말로 칭찬에 반응을 한다.
- 미국인은 타인의 칭찬에 대해 감사를 보내고 스스로도 자랑스럽다는 식의 자신 있는 반응을 한다.

Let's Talk

- "칭찬은 고래도 춤추게 한다"고 하지만 칭찬을 받아들이는 태도는 문화권마다 다르다. 특히 아시아권 여러 나라 사람이 칭찬을 듣고 즉답을 피하는 근본적인 이유를 얘기해 보시오.
- '모호함의 인내'와 '감정이입'이 낯선 사람들과 의사소통하는 데 효과적인 이유는

무엇인가?
- 칭찬과 관련하여 "좋은 약은 입에 쓰다"라는 속담이 내포하는 의미는 무엇인지 얘기를 나눠보시오.

- 아래 자기 진단 표를 통해 자신이 어느 정도 자민족 중심주의에 속해 있는지를 파악해 보시오.

※ 다음의 각 진술에 대해 평소 자신이 생각하는 정도를 가장 잘 나타낸 수치(1-5)를 선택하여 _____에 답을 적으시오.
1. "항상 아니다"   2. 대부분 아니다   3. 가끔 맞거나 아니다
4. 대부분 맞다   5. 항상 맞다

_____ 나는 나의 가치관에 따라 다른 사람을 판단한다.
_____ 나는 나와 비슷한 사람을 고결한 사람이라고 본다.
_____ 나는 나와 다른 사람과는 협력을 하지 않는다.
_____ 나는 나와 비슷한 사람과 교제하는 것을 좋아한다.
_____ 나는 나와 다른 사람은 신뢰하지 않는다.

* 각 문항별로 1-5까지 우측에 적은 점수를 합산하면 5-25까지의 점수가 나온다.
* 점수가 높을수록 응답자가 더욱 자민족 중심적임을 의미한다.

(출처: Brewer, 1981; Gudykunst, 1991 재인용)

8장 사과

Earn Credits through Apologizing

아는 사람은 말하지 않고, 말하는 사람은 모른다.
- 아랍의 격언

Opening of Culture Gate

뉴욕의 복잡한 사람들 틈에서 걷다보면 가장 많이 들을 수 있는 말이 바로 "Excuse me!"이다. 그들은 조금만 옷이 닿거나 서로 어깨가 부딪힐 뻔해도 "Excuse me."라고 곧 바로 사과한다. 하지만 협상 테이블이나 사업상의 자리에서는 사적인 자신과 공적인 자신을 구분하여 섣불리 사과하지 않는 편이다. 일반적으로 한국인들은 사과를 잘 하지 않으며 미국인들은 사과를 잘 한다고 한다. 과연 '동방예의지국'의 한국인이 사과표현을 잘 하지 않는 것인가? 각 문화민족마다 다른 커뮤니케이션 방식을 제대로 이해하지 못해서 생기는 고정관념은 아닐까? 그렇다면 한미 양국의 커뮤니케이션 방식의 특징은 무엇일까? 이 장에서는 이에 대한 해답을 E. Hall이 동서 문화를 구분 짓는 주요한 기준으로 밝힌 고맥락 문화(high-context culture)와 저맥락 문화(low-context culture)를 통해서 찾아보자.

Cultural Key Terms

High-context (고맥락): 대부분의 정보가 외부상황이나 사람에게 내재되어 있어 메시지는 아주 적은 정보로 부분적으로만 전달되는 것을 의미한다. 문화에 따라 맥락(context)이 의사소통에 미치는 영향이 다르다는 사실에 주목하여,

Hall(1966)이 최초로 저맥락과 고맥락을 정의하였다. 고맥락 문화에서는 일의 절차에 대한 정보는 좀처럼 얘기되지 않고 구성원들은 오직 맥락에만 의존하여 행동하도록 기대된다. 한국을 비롯하여 동아시아, 라틴아메리카, 아프리카계 미국인, 아랍권 국가가 고맥락 문화권에 속한다.

Low-context (**저맥락**): 대부분의 정보가 명시된 말이나 글에 자세하게 담겨져 있고 절차는 명확하게 설명되며 다른 사람이 기대하는 바가 종종 토의되는 문화이다. 미국, 스위스, 독일, 스칸디나비아 등의 국가가 저맥락 문화에 속한다.

High-context communication (**고맥락 의사소통**): 의사전달자의 배경이나 정황에 더 많은 정보가 포함되어 있기 때문에 메시지가 거의 부호화 되지 않고 불분명하게 의사소통 하는 것을 말한다. 고맥락 의사소통은 '쌍둥이'처럼 말이 적은 가운데 의사 전달을 하지만, 저문맥 의사소통은 마치 '법관'의 진술처럼 조리 있고 명확하게 의사소통하는 행위이다. Hall(1966)이 의사소통 패턴을 High-context communication과 Low-context communication으로 구분 하였다.

Low-context communication (**저맥락 의사소통**): 저맥락 의사소통은 대부분의 메시지가 사람의 외부에 드러나거나 함축되어 상세하고 분명한 말로 표현하는 행위이다. 보통 저맥락 의사소통을 하는 사람은 비교적 말이 빠르고 말을 많이 할 뿐만 아니라 종종 언성까지 높인다.

Friend (**친구**): 영어에서 friend의 의미는 그냥 알고 지내는 사이에서 오랫동안 절친한 사이에 있는 사람을 포함하여 한국에서의 '친구'의 의미보다 폭이 넓다. 통상적으로 미국인이 일컫는 friend는 다음의 의미를 포함 한다 : Neighbor(이웃 사람); Acquaintance(소개는 했지만 잘 모르는 자), Best friend(절친, 자신이 의지하고 항상 도움을 청할 수 있는 편안한 친구), Boyfriend/girlfriend(남친/여친, 서로가 로맨틱한 감정을 갖고 깊은 정을 나누는 이성 친구), Girlfriend(동성 간 여자 친구), Classmate(급우), Colleague(직장동료)

Verbal Communication (**언어적 의사소통**): 의사를 전달하기 위해 단어와 억양의 사용을 포함하여 구두로 표현되는 의사소통을 말한다.

Nonverbal Communication (**비언어적 의사소통**): 제스처, 얼굴 표정, 시선접촉 및 대인거리 등의 사용을 포함하는 침묵의 의사소통을 의미한다.

Emblem (표상적 동작, 엠블렘): 제스처 중에서도 말을 대체할 정도로 형태와 의미가 확실한 동작을 지칭한다. 엠블렘은 어떤 집단의 공통 기호와도 같은 것으로써 의도적이고 말로 치환할 수 있는 것이기도 하다. 일례로 집게손가락과 가운데 손가락을 세워서 만드는 V사인은 한국, 일본, 독일, 스페인 등에서는 승리의 의미를 나타내지만, 손등을 다른 사람에게 향하는 V사인은 영국, 아일랜드에서는 모욕의 의미로 사용된다.

저맥락 사회에서는 분명한 말이나 글로 의사를 전달한다.

Situational Conversation: Apologizing

Kim: Hi, Greg. How was your weekend?

Greg: Hi, Mr. Kim. It was good. I went to Seoul to meet some of my friends.

Kim: Did you have good time?

Greg: Yes, I did. Hey, Mr. Kim, can I ask you a question?

Kim: Sure, Greg. **What's on your mind?**

Greg: Well, something a little embarrassing happened to me on the subway, and I'm not sure what to think.

Kim: What happened to make you feel so uncomfortable?

Greg: It was in the subway station. The station was a little crowded and I was waiting for the subway. Suddenly, the young woman next to me bumped into me. At first I didn't think too much about it because I remembered the conversation we had about personal space. The problem was that the same woman kept bumping into me. I think it was because other people were walking past and bumping into her. Still, after the third time, she looked at me and smiled. I didn't know what she meant, or how I should respond, so I didn't do anything. I thought that she should have apologized to me at least once. Instead, she only smiled shyly.

Kim: Oh, I see. I understand why you are confused with the woman's actions. I think a couple of things were happening at the same time. One of them is that the woman felt shy because you are a foreigner. She probably knew that her bumping into you was a little annoying. In that situation, she did apologize. She did this by smiling at you.

Greg: What do you mean?

Kim: In your culture, a verbal "I'm sorry" or "excuse me" is your way of politely apologizing. But here in Korea, there are many ways to express an apology, not just with words. In the woman's case, her smiling shyly was her way of expressing her apology. Koreans frequently express their apologies or thanks non-verbally.

Greg: Then how is the other person to know what the non-verbal action means?

Kim: Usually, Koreans interpret the action in the context of the situation. We call it "noonchi". So, the woman repeatedly bumped into you, saw you might have been getting a little annoyed, then smiled. That was her apology. It's a cultural thing that you will come to recognize the longer you live in Korea.

Greg: Okay, now I see. Wow, it's far different cultural behavior than I am used to. Usually, in a similar situation, Americans would expect a verbal apology. To us, speaking an apology is clearer. Thanks for **clearing that up for me**, Mr. Kim. Only, now I feel even more embarrassed.

Kim: More embarrassed? Why?

Greg: I thought that maybe she was smiling at me because she liked me!

Real Expressions

What's on your mind? : 마음에 걸리는 게 뭡니까?
clearing that up : 그것을 말끔히 정리하다.

● 한미 간 사과 행위에는 어떤 특징적인 차이가 있는가?

미국인은 길을 가다가 약간 몸이 부딪히든가 진로를 방해했을 경우에도 "Excuse me" "I'm sorry."라는 말로 자동적으로 사과를 표시한다. 상대가 발을 밟아도 마치 자신의 잘못인 양 사과를 하며 심지어는 기침이나 하품 등 생리적인 현상도 사과를 한다. 또한 미국인은 감사와 사과 표현을 많이 할 뿐만 아니라, 이를 직접적으로 전달한다 (우충환, 2008). 이와 달리 한국인들은 그러한 일상에서 자주 일어나는 작은 일에는 멋쩍은 웃음으로 대신하곤 한다. 정황에 따른 눈치 능력을 갖춘 사람이라면 그러한 멋쩍은 웃음이 사과임을 충분히 인식할 수 있다. 하지만 그렇지 않은 타 문화 사람들이라면 어쩌면 사과도 할 줄 모르는 사람이라고 오해를 할 수 있다. 특히 한국인은 시선을 마주치지 않고 사과하는 경향이 있어, 종종 이를 대하는 상대방으로 하여금, 그 저의와 달리, 오해를 불러일으키기도 한다.

한국인은 친한 사이에는 더더욱 표면적으로 사과하는 경우가 드물다. 영화 '친구'에서도 상택이 주인공 준석에게 말이 과했다며 "미안하다"고 사과하자 준석은

"(우리) 친구 아이가. 친구끼리 미안한 거 없다"라고 하며 도리어 사과를 어울리지 않는 행위로 보고 있다. 이는 서로가 충분히 가까운 관계에서 굳이 말로 표현하는 것이 도리어 불필요하다는 것을 의미한다. 이처럼 사과표현을 하지 않는 것은 친밀함을 나타내는 것이고, 반대로 사과를 하는 것은 서로 간에 아직 거리감이 있다는 표시이기도 하다. 하지만 이와 같은 문화에 익숙한 나머지 당연히 사과할 것으로 기대하는 문화권 사람들과 대화시 사과를 분명하게 하지 않을 경우, 자칫 무례하거나 교양이 없다고 오해를 받을 것이다.

Kaplan(1966)의 말처럼 영어의 논리는 직선적인 사고를 따르고 메시지 또한 직선적인 경로를 따라서 전달이 된다. 아울러 듣는 사람은 고속도로처럼 잘 포장된 길을 따라가기만 하면 된다. 하지만 한국인의 언어와 사고의 길은 포장된 고속도로가 아니라 종종 끊기거나 마치 징검다리처럼 듬성듬성 놓여 있다. 따라서 듣는 사람이 말해주지 못한 부분을 나름대로 메꾸어 가면서 메시지를 이해해야 한다. 이처럼 사고와 언어의 사용이 판이한 두 문화 간의 대인 접촉에서 실수와 오해가 생기는 것은 어쩌면 당연한 일이다. 하지만 이러한 문화차이를 인식하지 못해 저지르는 문화적인 실수는 문법적인 실수보다 훨씬 용인 성이 적어 의사소통의 어려움을 가중시킨다. 우충환(2007)은 한미 간 문화 차이로 인해 생기는 40여 가지의 실수를 분석하고 이해함으로써 영어 의사소통을 자연스럽게 향상할 수 있는 방안을 제시하고 있다.

(듣는 이가 말 안한 부분을 보충함)

(화자가 직선적으로 의사전달을 함)

〈그림 8〉 한미 간 메시지 전달 방식의 비교

● 한국인이 미국인과 달리 조목조목 표현하지 않는 데는 어떤 문화적 배경이 있는가?

한국인이 사과의 말을 잘 하지 않는 것은 한국인의 문화에 깊이 자리하고 있는 고맥락(high-context)을 통해서 설명이 가능하다. 한국과 일본이나 중국 등 대부분의 아시아 문화는 고맥락의 맨 끝단에 위치하고 미국은 저맥락의 맨 끝단에 위치하여 극명한 대조를 보인다. 이러한 저맥락과 고맥락 의사소통은 개인주의와 집단주의의 의사소통에서 현저하게 드러나는 형태이다 (Gudykunst, 1991). 고맥락에서는 의사전달자의 배경이나 정황에 더 많은 정보가 포함되어 있기 때문에 실제로 부호화된 메시지에는 정보가 적게 포함되어 있다. 따라서 한국인들은 조목조목 얘기를 하기 보다는 맥락을 통해서 메시지를 전달할 수 있고, 상대는 상황을 파악하는 능력인 '눈치'나 '감'으로 이를 받아들인다. 한국인의 눈치는 일본인의 대화방식에 '배꼽으로 얘기한다'는 '하라기'와도 유사하다. 한국이나 일본과 같은 고맥락 문화권에서 굳이 말로 표현하지 않아도 되는 이유는 사람들이 매우 동질적이기 때문이다. 단일사회(homogeneous)에 속해 있는 집단 구성원들은 서로 기초지식이나 배경을 충분히 공유하고 있어 비록 말을 직세 하더라도 많은 정보를 주고받을 수 있다.

(한국인: 눈치, 감, 느낌이 중요)   (미국인: 명백한 언어로 표현)

〈그림 9〉 맥락의존과 언어의존의 문화 비교

한편, 이민자들로 구성되고 끊는 용광로(melting pot)나 샐러드그릇(salad bowl)

로 비유되는 미국문화는 저맥락 문화에 속해 있고 그에 따른 커뮤니케이션을 한다. 그들은 주위 여건에 구애받지 않고 자기주장을 직설적으로 드러내며 말수도 많은 편이다. 이러한 의사소통 패턴에 익숙해져 있기 때문에 북미인은 종종 아시아권 유학생들은 과묵하다는 고정관념을 갖기도 한다. 이러한 의사소통 패턴을 그림에 비유한다면 HCC는 여백의 미를 강조한 '동양화'로, LCC는 꽉 채워진 '수채화'라고 할 수 있다.

● 고맥락 커뮤니케이션과 저맥락 커뮤니케이션의 특징과 맥락이 한미 간 대인 접촉에 미치는 영향은 어떠한가?

한국은 문맥에 더 많이 의존하고 말에는 신뢰를 덜 두는 고맥락 문화권에 속하지만, 미국문화는 맥락보다는 말에 더욱 신뢰를 두는 저맥락 문화권에 속해 있다. 양 문화권은 각각 저맥락과 고맥락 커뮤니케이션을 하게 된다. Stella Ting-Toomey(1985)는 이와 같은 저맥락 커뮤니케이션(LCC)과 고맥락커뮤니케이션(HCC)의 특징을 다음과 같이 나타내었다.

1) LCC는 화자가 인간관계를 희생해서라도 사람과 사안을 분리하려고 하지만, HCC는 이 둘을 분리하지 않으려고 한다.
2) LCC구성원들은 자신들이 이해하지 못하는 모호한 것은 좋아하지 않으나 HCC는 좀더 모호한 가운데서 살아간다.
3) LCC구성원들은 아주 직접적인 의사소통 스타일을 사용하지만 HCC는 좀더 간접적인 스타일을 사용한다.
4) 협상에 있어 LCC사람들은 '두뇌를 사용하여' 직선적인 논리를 내세우지만, HCC사람들은 느낌과 직관을 사용하여 부드럽게 흥정을 한다.
5) LCC는 사적이고 개성적인 것을 강조하는 화제를 찾지만, HCC는 비록 마음에 없더라도 집단에 대한 충성과 같은 사회적인 양상을 강조한다.

LCC와 HCC의 차이는 아래의 Hall(1976)이 제시한 저맥락과 고맥락의 개념에 잘 나타나 있다. 그는 의사소통시 맥락에 대한 의존도와 정도와 표현되는 메지지의 양의 관련성을 제시하였다.

〈표 4〉 맥락과 표현된 언어와의 관련성

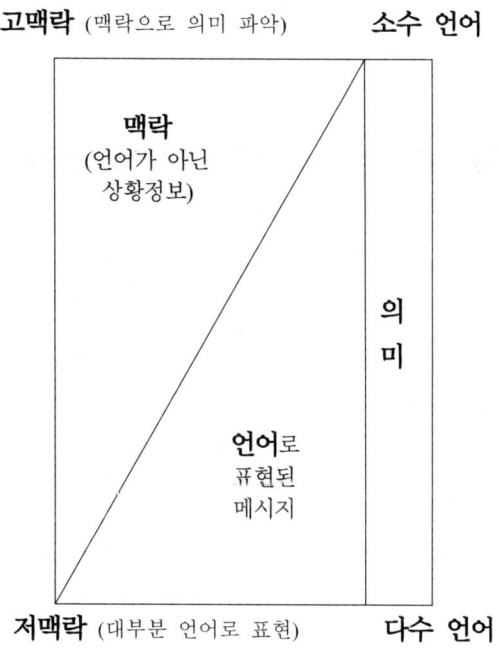

위의 그림과 같이 Hall은 맥락에 대한 의존도가 높으면 높을수록 언어에 대한 의존도는 적어지는데 그 정도는 다양하다고 본다. 고맥락에서는 사전에 정보가 수신자나 상황에 이미 프로그램이 되어있기 때문에 전달되는 메시지에는 최소한의 정보만 포함되어 있고, 화자는 말 자체보다는 맥락에 의해서 메시지를 이해한다. 반면, 저맥락에서는 대부분의 정보가 메시지에 나오며, 화자는 맥락에서 보다는 표현되는 말을 통해서 메시지를 이해하려고 한다. 미국과 같은 저맥락 문화에서는 개인주의가 발달해서 집단 귀속도가 낮기 때문에 정보를 맥락에서 얻기는 어려워 맥락에 의지하기 보다는 표현된 말 자체를 중시한다 (니시다 히로꼬, 2005).

한미 간의 의사소통에서 생기는 갈등의 주원인도 한국인이 고맥락적 마인드로 추측하고 행동하며, 미국인은 저맥락적 조건을 찾거나 설명을 기대하는 데서 비롯된다. 즉, 미국인은 대화의 빌미나 기대하는 행동에 대해서 자꾸 제시하려고 하지만, 한국인은 상대가 상황을 알아서 기대되는 방식으로 행동해주기를 바란다. 즉, 한국인은 충분히 말하지 않고도 상대가 눈치껏 그 의도를 다 파악할 것이라고 생각한다. 하지만 분명하게 표현되는 말을 통해서 메시지를 이해하는데 익숙한 미국인은 그러한 한국인의 메시지를 제대로 파악하지 못하는 경우가 많다.

● 글로벌 표준을 따르려면 이 문화 간 커뮤니케이션에서 어떤 변화가 필요한가?

한국인은 '고미안 운동'을 벌일 정도로 감사, 사과, 그리고 인사표현을 잘 하지 않는 경향이 있다. 또한 배우자, 부모나 자식에게 말로 애정표현을 하는 경우도 적은 편이다. 고맥락 문화에 속해 있는 한국인은 상황을 읽는 능력인 '눈치'에 있어서 우수한 능력을 보인다. 하지만 맥락에 너무 의존하여 의사전달을 하게 되면 다른 문화 사람들과의 의사소통에서 마찰이나 오해를 불러일으킬 수 있다. 점차 다원화되고 다문화 사회로 되어가는 세계에서는 출생, 배경, 지식, 정보의 다양화가 이루어지고 있다. 다문화 사회에서 맥락이나 비언어적 측면에 크게 의존하게 되면, 그것이 문화마다 상당부분 차이를 보이므로, 듣는 이의 주관적인 해석을 낳아 메시지를 제대로 전달하지 못할 가능성이 많다. 따라서 가능한 보편적이고 자주 사용되는 언어로 분명히 표현하는 것이 정확한 의사 전달에 더욱 효과적이다. 예컨대 사과행위만 보더라도, 상대방이 자신의 표정이나 정황을 고려하여 이해해 주기를 바라기 보다는 명확한 언어로 사과하려는 노력이 요구된다.

특히 유교 영향권의 한국사회에서는 아랫사람이나 동년배 혹은 가까운 친구에게 사과하기를 주저하는 경향이 있는데, 이는 글로벌 표준을 중시하는 저문맥 커뮤니케이션에 익숙한 사람들에게는 부정적인 영향을 줄 수 있다. 대인 관계에서 무척 중요한 감사표현 또한 충분히 말로 표현하지 않으면 저맥락 문화권 사람들은 우리가 의도하는 메시지를 잘 이해하지 못한다. 국제간의 교류가 한층 증대되는 글로벌 시대에 분명하고 가시적인 언어표현을 통해 많은 정보를 소화하고 소통할 필요성이 더욱 커지고 있다.

Summary of Culture Code

- 고맥락 문화권의 한국인은 정황에 따라 눈치껏 사과표현을 함으로써 저맥락 문화 사람들은 그것을 제대로 인식하지 못하는 경우가 있다.
- 저맥락 문화권의 미국인은 맥락보다는 언어에 치중하여 분명하게 말로 의사표현을 하고자 한다.

Let's Talk

- 대인관계에서 종종 '눈치'나 '이심전심'으로 의사전달을 하는 동아시아인은 저문맥 문화권 사람들과 의사소통을 위해서 어떻게 변화해야 하는가?
- Hall의 구분과 달리, HCC을 따르는 미국인이나 LCC를 따르는 한국인을 예로 들어서 그 특징을 얘기해 보시오.
- 특별한 친구와 함께 나누는 아주 중요한 커뮤니케이션 경험으로는 어떤 것이 있는가?
- 아시아권 사람들이 불안하거나 긴장될 때, 간혹 웃음이나 미소를 짓는 이유는 무엇인가?
- "대학을 졸업했으니까 어디 이 프로젝트를 알아서 잘 수행 해봐."라는 식의 지시와 "이 프로젝트를 완성하기 위한 절차와 방법은…"라는 지시 중 어떤 것을 선호하며 그 이유는 무엇인가?

9장 호칭

Address Shows Power and Solidarity

> 부자와 가난한 사람의 차이는 그들이 사용하는 말에 있다.
> – 로버트 기요사키

Opening of Culture Gate

정년퇴임을 앞두었던 Gebhard 교수는 매 학기 강의를 시작할 때마다 자신을 "Professor Gebhard", "Doctor Gebhard" 라고 부르지 말고 그냥 "Jerry"란 이름(first name)만으로 불러달라고("Just call me Jerry!") 했다. 대부분의 미국인 학생들은 그 교수를 스스럼없이 Jerry로 불렀지만, 나는 차마 백발의 노 교수를 Jerry라고 부르는 것이 거북했다. 물론 나뿐만 아니라 거의 모든 아시아계 학생들도 습관적으로 교수를 Doctor나 Professor 등의 직함(title)을 써서 성(last name)과 함께 부르곤 했다. 이 장에서는 한미 간의 호칭체계의 근본적인 차이점은 무엇이며, 그러한 차이가 생기게 된 문화적 배경을 살펴보자.

Cultural Key Terms

America (아메리카): 1499년 유럽인으로는 처음으로 남미 브라질에 도착한 이탈리아 탐험가 아메리고 베스푸치의 이름을 딴 것이다. 보통 아메리카라고 하면 아메리카 대륙 전체와 미국을 가리킨 것이다. 아메리카라고 하면 북미와 남미로 나누고 북미에는 미국과 캐나다, 그리고 멕시코가 있다. 중남미는 주로 스페인어와 포르투갈어를 쓰는 라틴계 국가들을 일컬어 '라틴 아메리카'라고도 부른다.

Immigration (이민): 아메리카 인디안을 제외하고 미국에 살고 있는 사람들은 모두 이민자들이기에 미국인은 이민자로 구성된 나라이다. 미국인들은 조상들이 부자가 되어 잘 살아 보고자 하는 아메리칸 드림을 갖고 미국에 와서 숱한 어려움을 겪고 나라를 이룩했다는 자부심을 갖고 있다. 1917년 이민법이 제정되어 이민국가와 이민자 수를 제한하게 되면서 이민자 수는 급격하게 줄어들게 되었다. 다민족들과 함께 살아온 경험을 토대로 미국은 다원주의를 흔쾌하게 수용하는 태도를 보인다.

Inner city (이너시티): 대도시의 저소득층이 사는 지역을 가리키는 말로 1980년대 초부터 사용되었다. 보통 이 지역에는 실업률과 범죄발생율이 높고 인종간의 갈등이 상존하며 폭력사태로 인해 경찰과 마찰이 자주 발생하는 곳으로써 생활환경이 비교적 열악한 지역이다.

Situational Conversation : Addressing

Kim: Hi! Greg. I was observing your class today and noticed something that I never really noticed before.

Greg: What's that, Mr. Kim?

Kim: Everyone addresses you by your first name, Greg, instead of Mr. Betts or even "teacher" like they would in a Korean classroom.

Greg: My students call me Greg because I asked them to do that. Because my students are university aged I prefer it that way. Also, in my classroom, I want my students to feel comfortable with me. Eliminating the formal address helps do that.

Kim: I remember my thesis advisor, Professor Jerry Gebhard, also asked us on the first day of class to, "Just call me Jerry instead of Professor Gebhard or Doctor Gebhard." For me, being Korean, that was very difficult to do.

Greg: Yeah, I'm sure it **took some getting used to**, especially you coming from such a formal Korean society.

Kim: Almost immediately, the American students started calling Professor Gebhard "Jerry". However, all the Asian students, including myself, still called him

"Professor Gebhard" or "Dr. Gebhard". Even today, all these years later, I still only address him as "Dr. Gebhard".

Greg: Why is it so difficult for you? I mean, he asked you to call him "Jerry".

Kim: That's true, but as you know, in Korea, it would be unthinkable to address a teacher - any teacher - by his or her first name. It is again part of Korea's very traditional Confucian and hierarchical culture. Since I am **deeply rooted** in our culture, I am more comfortable calling him "Dr. Gebhard", and I always will be. To my traditional way of thinking, I am paying him the respect his position as a teacher and professor deserves.

Greg: I can fully understand that, Mr. Kim, and I would never try to change your way of thinking. For me, having students, peers, and colleagues use my first name is what I prefer. Also, I am comfortable using whatever form of address other people prefer for themselves. For example, when you and I first met, you called me "Mr. Betts" and I called you "Professor Kim". But, as we became friends, I asked you to call me "Greg" and, likewise, you asked me to call you "In-su". I am comfortable with that, especially if that is how you want me to address you. But, if we were in a formal situation and I had to introduce you to a group of people, I would use "Professor Kim". There is a time and place for being formal and informal. I think that's why many Koreans think that Americans have less respect for elders; Koreans see age as a barrier to really getting to know each other. To Americans - and me - I value who you are and the type of person you are over how old you are. And hey, look at us; you're several years older than me, but we're pretty good friends. I think a little bit of my culture is **rubbing off on you**.

Kim: You're right, Greg. And I think I see a little bit more Korean traditional culture appearing in your mannerisms, too! I even notice you are eating a lot more kimchi during lunch!

> **Real Expressions**

took some getting used to : 익숙해져 가다.
deeply rooted : 깊이 뿌리박힌
rubbing off on you : (어떤 것을) 닦아내다. 덜어내다.

● 한미 간의 호칭체계에 있어서 큰 차이점은 무엇인가?

한미 간의 호칭에서 가장 큰 차이점이라면 이름(first name)과 성(last name)의 위치를 다르게 부르는 것이다. 아내가 남편의 성을 따르지 않는 것 또한 차이를 보인다.

또 다른 차이점은 한국인은 힘의 관계에 비중을 두는 반면, 미국인은 친밀감(intimacy)에 비중을 둔다는 것이다. Brown과 Gilman(1972)은 호칭은 힘(power)과 연대감(solidarity)에 따른다고 했지만, 문화에 따라서 그 정도는 차이가 있는 것으로 생각된다. 유교문화의 영향을 많이 받은 한국에서 '힘'이 여전히 대인간의 호칭에서도 큰 역할을 한다. 위계질서를 중시하는 한국인은 신분과 격식에 치중하여 10년이 넘어도 여전히 '000선생님,' '000씨'로 부른다. 아울러 친족 간 호칭에도 부계와 모계(이모/고모), 기혼과 미혼(도련님/서방님), 연상과 연하(형수/제수), 남과 여(오빠/누나) 등을 확실히 구분하여 부른다. 한국인의 친족명칭은 성별에 따른 구분도, 부계와 모계에 따른 구분도, 기혼과 미혼에 따른 구분도 없는 일본인의 호칭체계와 비교해도 큰 차이를 보인다. 이를 테면 일본에서는 오빠와 형은 "오니상"으로, 이모, 고모, 외숙모와 큰어머니는 "오바상"으로 부르면 끝이다(사이토 아케미, 2006). 이와 같이 한국인의 호칭은 서로의 친족관계나 사회관계에 대한 서열과 친분을 뚜렷이 드러낸다. 이러한 친족 호칭은 유교문화의 영향으로 신분을 나타내거나 친족 구성원 간 위계질서를 따지고 예의와 격식을 갖추게 하는 역할을 한다.

한편, 대등한 관계에 큰 가치를 부여하는 미국인들은 호칭에서도 불평등을 조장하는 표현은 최소화하려고 한다. 따라서 신분이나 상하관계를 나타내는 직함이나 경칭은 잘 사용하지 않는 경향이 있다. 그들은 호칭에서도 힘의 차이에 따른 '격식'

을 따르기 보다는 대인관계에서 '친근함'을 나타내고자 한다. 종종 만난지 5분도 채 안되어 직함을 생략하고 바로 이름(first name)을 부르고 친근하게 다가가고자 하는 것도 그러한 이유로 볼 수 있다. 친척이나 관계를 나타내는 호칭도 한국어에 비해서 비교적 간단하다. 한국어의 '오빠', '형님', '아우', '누나', '언니', '여동생' 등은 영어로는 'brother'나 'sister'로 표현하면 된다.

이와 같이 호칭에서도, 앞서 설명한 'Sapir-Whorf 가설'이 의미하는 바, 각 문화의 특성을 찾아 볼 수 있다. 이를테면, 한국어에 친족명칭이 세분화된 것은 한국이 혈연관계를 특히 중시해온 사회임을 나타내며, 영어에서 그것이 세분화 되지 않았다는 것은 그만큼 그들 문화가 위계질서나 격식을 덜 따진다는 의미로 볼 수 있다. 아울러 한국어는 존대어, 낮춤말들이 유난히 많은 데, 이런 특징으로 한국은 수직적 인간관계를 중시해온 것도 알 수가 있다. 이처럼 언어의 차이로 인해 사고의 차이와 문화의 차이가 생긴다고 볼 수 있다.

● 한미 간 호칭 구조는 어떠한 차이를 보이는가?

일반적으로 가족을 우선시 하는 한국에서는 성+이름의 순서로 부르지만, 영어권에서는 개인의 것인 이름을 가족의 것인 성보다 더 중시하는 개인주의의 특성을 따라 이름+성의 순서로 호칭한다. 더 나아가 미국인들은 수평적 인간관계를 중시하여 불평등한 관계를 암시하는 말을 최소화 하려고 한다. 따라서 Professor, Dr. Director 등의 신분적 타이틀 사용을 가능한 피하려고 한다. 또한 자신을 직접적으로 나타내는 것을 중요하게 생각하여 부부 간은 물론 형님이나 아저씨도 직함이나 성(last name)을 쓰지 않고 친구처럼 개인의 이름(first name)을 직접 부르는 것을 더 좋아한다. 이러한 영어권의 호칭 형태는 다음과 같이 한국어의 호칭 형태와 큰 차이를 보인다.

(한국인의 호칭 구조)　　　　(미국인의 호칭 구조)
〈그림 10〉 횡적 호칭구조 와 종적 호칭구조의 비교

● 한국인들이 상대의 이름(first name)을 잘 부르지 않는 이유는 무엇인가?

　한국인은 호칭할 때 상대의 이름을 부르지 않는 예가 종종 있다. 대신 '선생님', '사장님' 등 직함 나음에 성을 붙이지 않고 부르는 예가 허다하다. 이는 고맥락 문화에서 이미 이름을 부르거나 직함 다음에 성을 붙이지 않더라도 그 정황에서 누구를 지칭하는지를 충분히 짐작할 수 있기 때문이다. 또한 손윗사람을 이름을 부르지 않고 직함을 붙여 부르거나 OOO님이라 칭하는 것이 상대방에 대한 존중의 표현이라고 생각하기 때문이다.
　이처럼 한국인이 상대방의 이름을 잘 부르지 않고 직함이나 존칭어를 항상 같이 정해진 대로 부르는 것은 유교의 영향을 받은 바가 크다. 힘과 서열을 중시하는 문화적 가치기준은 호칭을 하는 데에도 크게 영향을 미친다고 볼 수 있다.
　한편, 미국인은 이름을 부르지 않으면 관심이 없어 이름을 모른다거나 거리감을 조장할 수 있다고 보아 가능한 이름을 부르고자 한다. 이러한 이유로 대인관계에서 이름을 익히고자 하는 동기도 고맥락 문화권 사람들보다 더욱 강하다고 볼 수 있다.

전통적으로 배는 여성으로 간주되며 여성의 이름을 사용한다.

● 미국인들은 이름 부르기를 어느 정도 좋아하는가?

미국인은 대인 관계에서 만난 지 얼마 지나지 않아 자연스럽게 이름(first name)을 부르고, 가까운 사이인 경우에는 'Honey', 'Sweetie' 등과 함께 사용하기도 한다. 그들은 이름을 부르는 것이 상대방에 대한 친근함이나 신뢰를 보여주는 것이라고 생각한다. 앞서 Gebhard교수가 학생들에게 한 요구는 자신을 교수라는 사회적 직위나 어떤 틀로 판단하지 말고 있는 그대로 자신을 바라봐 달라는 기대심리와 함께 '힘'보다는 친밀함에 가치를 두는 미국인의 사고를 잘 나타내고 있다. 아울러 다양성과 자유분방함에 가치를 크게 두는 그들 문화의 특성은 이름을 지어서 부르는 데에서도 잘 나타나고 있다.

우선, 영어권에서는 이름이 많다보니 이름을 간편하게 줄여서 부름으로써 친근함을 나타낸다.

● 친근함을 나타내는 짧은 영어 이름

Andrew → Andy,	Benjamin → Ben	Christopher → Chris
Charles → Charlie	David → Dave	Daniel → Dan

| Gregory → Greg | Jonathan → Jon | Kimberly → Kim |
| Michael → Mike | Sebastian → Seb | Stefany → Stef |

또한, 이름 부르기를 좋아 하는 미국인들은 대학, 회사, 배, 공항이나 도로명 등에도 관련된 사람이거나 존경을 받는 인물의 이름을 사용하고 있다.

- **기념할 만한 사람을 나타내는 이름**
  - 대학 명칭: 하버드, 예일, 카네기 맬론, 윌리엄스 엔드 메리, 존스 홉킨스, 줄리어드 음대
  - 회사 명칭: 휴렛페커드, 다우존스, 맥도널드, 베스킨 라빈스, 캘러웨이
  - 함정 명칭: 니미츠, 링컨, 로널드 레이건, 맥케인, 아이젠하워 함
  - 공항 명칭: 달라스, 레이건, 라구아디아, JFK공항

이 외에도 가족의 내력이나 직업, 재산상태, 심지어는 외모의 특징 까지도 이름으로 나타내고 있음을 알 수 있다.

- **가족의 내력을 나타내는 이름**
  - Johnson: John's son, 최초 이름 지을 당시 John의 아들임을 암시
    (예: Anderson, Gibson, Jackson, Jefferson, Robinson)
  - O'brian: of를 줄인 말로 시작하는 성으로서 아일랜드계임
    (예: O'conner, H'hara, O'Neil)
- **직업을 나타내는 이름**
  - Baker(제빵), Barber(이발), Butcher(도축), Cooper(통장이), Cook(요리), Miller(제분업), Hunter(사냥), Shoemaker(제화)
- **부동산 보유나 빈부 격차를 나타내는 이름**
  - Halfacre, Moreland, Rich, Richfield, Richman, Poor
- **피부색이나 신체특성을 나타내는 이름**
  - 피부색: Black, White, Brown,

- 얼굴생김새나 신체특성: Long, Longfellow, Short, Armstrong

평등에 가치를 두고 비교적 직업에 귀천을 두지 않는 영어권 사회에서 이름은 자신을 구체적으로 나타내는 수단으로써 비교적 다양하게 사용되었음을 알 수 있다.

Summary of Culture Code

- 위계 사회의 한국인들이 사용하는 친족명칭이나 지위와 관련된 호칭은 '힘'에 치중되어 있고 수직적인 구조를 보인다.
- 형평성에 가치를 두는 미국인의 호칭은 대인 간의 결속이나 친밀감을 중시하여 수평적인 구조를 보인다.

Let's Talk

- '사회적 관계'나 '혈연관계'를 중시하는 문화에서 호칭은 어떠한 특징을 나타내는가?
- 이름 배열방식(first name, last name)과 직함의 사용 등에서 영어권의 호칭과 한국의 호칭이 크게 차이가 나는 점은 무엇인가?
- 호칭체계가 차이 나는 다른 문화권 사람을 적절히 부르기 위해서는 어떠한 절차를 밟아야 하는가?
- 같은 문화권 내에서도 '힘'을 더욱 중시하여 호칭하는 기관이나 단체에는 어떤 곳이 있는지 얘기 나누시오.

Ⅲ
사고의 코드

르네상스 시대화가 Giuseppe Arcimboldo의 인물화

사람들은 지각에 의해 패턴(Pattern)을 형성한다. 과연 이 그림은 무엇을 패턴화했는가? 식물인가? 사람인가? 화분인가? 똑같은 사물을 앞에 두고 종종 언어가 다른 화자는 아주 다르게 이해한다.

10장 사고 유형
Don't Beat Around the Bush

훌륭한 사람은 말은 삼가되 행동에서 보여준다.
- 공자

Opening of Culture Gate

미국인 Gibson선생과 함께 한 학교에서 가르쳐 온지 어언 5년째 접어든 어느 날 Gibson 선생이 내게 "우리가 함께 지낸지 5년이 되었는데 혹시 제 스타일에서 바꿔야할게 있는지요? (We've been working for 5 years already. Do you see anything that needs to change with my style?)"라며 평소에 대답하기 곤란한 질문을 하였다. 예전이있다면 속으로 '그런 걸 어떻게 말하나.', '기분을 상하게 하면 어떻게 하나.'하고 많이 망설였을 것이다. 하지만 5년을 함께 지내며 그를 잘 알기에 나의 생각을 솔직하게 말해 주었다. 그러자 Gibson 선생은 솔직하게 말해준 것에 대해 내게 언짢아하는 게 아니라 거듭 고마움을 표시하지 않는가.

이 장에서는 곤란한 상황이나 상대의 호의를 거절하지 못해 모호하게 말하는 한국인과 타인의 시선에 아랑곳 하지 않고 자신의 의견을 분명하게 표현하는 미국인의 커뮤니케이션 패턴을 대조 분석해 본다. 아울러 이러한 차이가 생겨난 양국의 문화적 배경이나 사고 패턴을 살펴보고 상대를 배려하는 커뮤니케이션이 어떤 것인지를 알아보자.

Cultural Key Terms

Listener-centered speaking (듣는 이 위주의 말): 화자는 대화 시 듣는 이의 지위나 감정상태 등을 고려하여 말하는 행위를 뜻한다. 전통적으로 유교의 영향을 많이 받은 한국을 비롯해 동아시아 문화권 사람들의 커뮤니케이션 패턴을 지칭하는 말이다.

Speaker-centered speaking (화자 위주의 말): 말하는 사람이 위주가 되어 듣는 사람의 생각이나 감정을 크게 고려하지 않고 말하는 행위를 뜻한다. 대개 동아시아인에 대비되는 북미인의 커뮤니케이션 패턴을 지칭하는 말이다.

Melting pot (끓는 용광로): 인종, 문화 등 다양한 요소가 융합되어 하나의 집단으로 된 사회를 지칭하는 말이다. 수년 동안 미국은 용광로였고 용광로가 되어야 한다고 여겨졌는데, 이는 다시 말해 세계 각국에서 이민 오는 사람들은 미국에 와서 미국의 문화를 자신들의 문화로 받아들여야 한다는 것이다. 이 용어는 1908년 Zangwill이 미국을 지칭하는 용어로 처음 사용한 이후, 1900년대 중반까지 사용되었다.

Mosaic (모자이크): 각 문화 민족 집단이 각자 동질성(identity)을 유지하고 있지만 함께 큰 공동체를 이루어 사는 사회를 의미한다. 이 말은 미국을 여러 조각으로 만들어진 그림, 즉 모자이크에 비유해서 나온 용어이다. 미국의 힘은 미국의 다양성과 서로 다른 문화를 가진 사람들이 미국문화에 기여한 데서 모자이크에 비유된다는 주장이다. 미국의 다문화 사회를 지칭하는 이 말은 1970년대에서 1980년대까지 사용되었다. 흔히 일컬어지는 Asian-American, African-American, Mexican- American은 미국인이면서 다른 문화의 정체성을 가진 사람을 나타낸다.

Salad bowl (샐러드 그릇): 다양한 집단이 문화의 다양성을 풍부히 만들어 내면서 각자의 색채를 지니고서 공존하는 것에 비유한 말이다. 비교적 최근에 등장한 말로 미국사회를 지칭한다.

Cultural Pluralism (다문화주의): 다른 인종, 종교 및 정치적 신념을 가진 사람들도 동일한 사회에서 더불어 평화롭게 살 수 있다는 원리를 말한다. 미국에서도 20세기 후반부터 이 개념을 더욱 적극적으로 받아들이고 있다. 다문화주의를 위해 학교에서는 이중 언어 프로그램과 다문화 교과과정을 개발하고 있다.

인종과 피부색, 국적이 다르지만 각자의 색채를 지니고 공존하는 다문화 교실.

Situational Conversation: Thought Pattern

Greg: Hey, Mr. Kim! I am going to have a party this weekend. Would you like to come over?

Kim: Oh....hmm....Thank you for your invitation, Greg.

Greg: So, will you be there then?

Kim: Well, I am behind schedule on some things I have to get done.

Greg: Oh, I see. Well, I really need to know whether or not I can expect you there. I have to know how many people are coming so that I can prepare the right amount of food and drinks. If you don't tell me, I can't figure out how much to prepare.

Kim: Sorry about that. I actually can't join your party because I need to study for the TOEIC exam I'm taking next week. I didn't want to tell you that I couldn't come because I didn't want to hurt your feelings by saying "no". If I said I couldn't come, I thought that you would be a little angry.

Greg: Angry? I wouldn't be angry at you Kim. If you can't join, you can always just say so. You have something very important that you must do instead of going to a party. I'm sorry you can't go, but I'm not angry. I am just glad you told me you can't be there. If you told me you were going to be there and then didn't show up then I might be a little disappointed

Kim: I see. You know, most Koreans don't like saying no to an invitation or something like that, especially when the person is asking you face-to-face. We think it's impolite to say no so we often try to **beat around the bush** rather than say no directly to someone.

Greg: Yeah, Kim, I've noticed that and it's always been frustrating to me. Americans like clearer answers to questions rather than ambiguous ones. Often, ambiguous expressions have negative effect in conversation because they leave us wondering what we should think. Unlike Korea, it is perfectly acceptable to answer clearly in American culture. In fact, we usually expect it. No one would think it is impolite to say no to an invitation directly to the person who offered it, especially if they had something more important to do.

Kim: Okay Greg. Now that I understand things a little better I'll be sure to answer as clearly as possible when someone asks me something or invites me to do something. How does that sound?

Greg: Good. And thanks for helping me to understand Korean culture a little better. Oh, and good luck on your TOEIC exam next week.

Real Expressions

come over : 건너오다. 이주해오다. 방문하다.
behind schedule : 예정에 늦어, 정각에 늦어
beat around the bush : '덤불 주변을 치다'란 말로 '정곡을 찌르거나 요점을 말하지 않고 빙 돌려서 말하다.'라는 의미이다.

● 한국인이 면전에서 "No"라고 거절을 하지 못하는 이유는 무엇인가?

앞의 대화문에서 보는 바와 같이 가끔 파티초대를 받은 한국인은 참석할 여건이 안 되면서도 참석불가 의사를 분명하게 밝히지 않을 때가 많다. 이는 "I wish I could, but I don't want.(그랬으면 좋겠는데, 그러고 싶지 않아.)"라고 말하거나 간단히 "I'm sorry, but I can't."라는 표현을 몰라서가 아니다. 면전에서 거절을 하는 것이 상대의 호의를 무시하거나 심기를 거스르는 행위로 보기 때문이다. 따라서 아예 응답을 하지 않거나 알 수 없는 미소로 답하는 경우도 있다. 때로는 친구나 아는 사람의 제의를 받을 때도 "음...아직 잘 모르겠는데." 나 "알았어요.(I see.)" 혹은 "고마워요." 하고 불확실 하게 답변을 하는 경우가 많다.

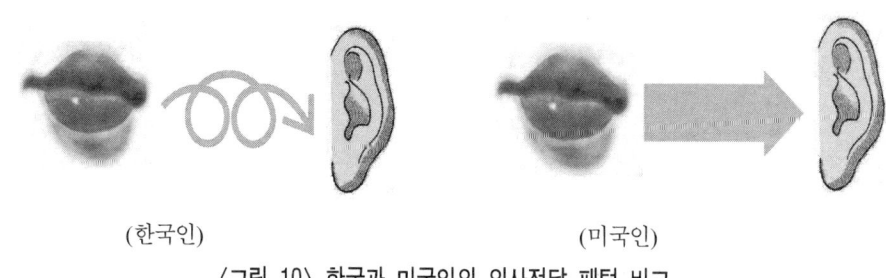

(한국인)   (미국인)
〈그림 10〉 한국과 미국인의 의사전달 패턴 비교

'돌다리도 두들겨 보고 건넌다.'는 속담에서처럼 한국인은 타인을 의식하여 비교적 조심스럽게 말하는 경향이 있다. Hofstead(2001)는 불확실성 지수에 대해 불확실하고 모호한 상황에 처했을 때 위협을 느끼는 정도로 문화구분의 기준이 되는 것이라고 정의했는데, 한국인은 비교적 이 지수가 높은 편이다. 불확실성 지수가 높은 문화권 사람들은 이러한 불확실성을 감소시키기 위해 안전을 추구하고 위험 감수를 피하려고 의사소통을 매우 조심스럽게 한다 (유수연, 2008). 예를 들면, 한국인들은 상대방과의 마찰을 피하기 위해서 '아닙니다.', '못합니다.' 라고 분명히 말하지 않으며 거절하기 어려운 경우 모호하게 말한다 (우충환, 2008). 때로는 대답하기가 난처하거나 말하지 않는 편이 낫기 때문에 잠자코 있거나 화제를 피해가기도 한다. 또한 한국에서는 유교의 전통에 따라 부모나 선생님에게 말대꾸하기보다는 경청하는 것이 바람직한 행위로 여겨진다. 아직도 한국이나 일본에는 '침묵은 금이다' '빈 깡통이 요란하다.'라는 말을 수용하는 사람이 적지 않다. 이처럼 상대의 신분이나 입장을 지나치게 의식하는 한국인은 '듣는 사람 위주의 말(listener-centered speaking)'로 의사전달을 한다고 볼 수 있다.

● 미국인은 상대의 제의를 거절하는 등 곤란한 상황에서 어떻게 행동하는가?

미국인은 초대에 응할 수 없을 때, 비록 상대방의 호의를 충분히 알고 있더라도, 주저 없이 'No'고 말하며 자신의 의견을 솔직하게 말한다. 그렇지 않고 분위기에 편승해 'Yes'를 연발하는 자는, 'Yes-man'으로 부르는 사례에서 보듯, 부정적으로 여긴다. 상대방의 참석여부를 묻는 RSVP는 미국인의 명확한 의사표현 방식의 한 방편이다. 물론 이들 간에도 거절 할 때에 상대의 심기를 거스르지 않기 위해 다양한 방식으로 양해를 구하고 심지어 변명으로 하얀 거짓말(white lie)을 하기도 한다. 하지만 대부분은 상대방과 반대되는 의견이나 사적인 문제도 허심탄회하게 털어놓으며 만약 문제가 생기면 피하지 않고 문제에 직면해서 해결하고자 한다.

미국인은 상대방에게 'No.'를 어렵지 않게 표현하지만, 일본인이나 한국인은 상대방의 호의를 거스를까봐 직접적으로 거절하지 못하고 우회적으로 표현하려고 한다 (우충환, 2007). 일본인들은 'Yes'에 해당하는 말을 했더라도 그것은 종종 'No'를 의미하며, 'No'라는 말을 좀처럼 하지 않는다 (Condon & Yousef, 1975). 이와 같이 한미 간 커뮤니케이션에서 문제 해결 방식은 큰 차이를 보인다.

한미 문화 간 커뮤니케이션 패턴의 차이는 Yes와 No의 대답 방식을 보더라도 잘 드러난다. 한국인은 "아직 아침 안 먹었어요?"라는 질문에 "예, 아직 안 먹었어요."나 "아니오, 먹었어요."라고 대답한다. 대인관계에서 항상 상대방의 기분을 고려해서 듣는 사람 중심으로 말하기 때문이다. 그러나 영어에서는 "Didn't you have breakfast yet?"이라고 물으면 "No, I didn't." 혹은 "Yes, I did."라고 대답한다. 'Yes'나 'No'는 뒤따라오는 대답과 항상 일관성을 가지고 있기 때문에 그 의미에 오해가 생기지 않는다. 이와 같이 미국인은 대화에서 화자가 제일이라는 생각에서 '화자 위주의 말(speaker-centered speaking)'을 한다고 볼 수 있다 (Yum,1988).

모호하게 말하거나 너무 분명하게 말하는 데서 오는 한미 문화권 사람들 사이의 오해나 갈등은 서로 다른 커뮤니케이션 패턴이나 문제 해결 방식을 조금씩 이해함으로써 해소될 수 있을 것이다.

● 각 문화에 따라 언어와 사고는 어떠한 연관성을 보이는가?

앞서 기술한 한국인과 미국인의 언어표현은 양 문화 간 언어와 사고의 깊이에 연계되어 있음을 말해주고 있다. 일찍이 Kaplan(1966)은 학생들이 글을 써 나가는 수사유형(rhetoric pattern)을 통해 문화에 따라 다른 사고구조가 언어사용에도 영향을 미친다는 연구 결과를 도식적으로 나타내었다. 그가 나타낸 각 문화민족의 사고구조를 보자.

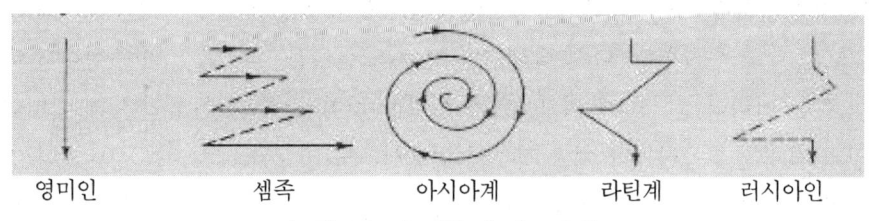

〈그림 11〉 각 민족 별 사고 유형

위의 그림에서 동양인은 우회적인 사고를 하며 글의 결론에 가서야 명확한 의미를 드러내는 반면, 영어사용자들은 직선적 사고구조에 따라 글을 쓰는 것을 알 수 있다. 이에 따라 한국인은 간접적으로 표현하려는 경향이 강하며, 미국인은 단도직입적(straightforward)으로 표현하는 경향이 강하다고 볼 수 있다.

● 한미 간 공손행위는 어떠한 차이가 있는가?

앞의 예처럼 초대 거절과 같은 화행(speech act)에서 상대방의 심기를 건드리지 않고 담화의 목적을 달성하기 위해 화자는 공손하게 행동해야 한다. 공손함 (politeness)은 상호 신뢰와 존중으로 대화자 간 상호작용을 높여준다. 그런데 한 문화에서 익숙한 공손한 행위가 다른 문화에서는 다르게 이해될 수 있다. 한미 문화 간에서도 그와 같은 차이는 예외가 아니다.

일반적으로 공손 행위는 "대화 상대를 방해하지 않고, 선택권을 주며 기분을 북돋우는 행위(Lakoff, 1977)"이다. 공손 행위에 대한 Lakoff의 견해는 한국인과 미국인 모두에게 문화 간 보편적으로 적용될 수 있는 것으로 보인다. 앞에서 초대를 거절 하는 표현에 있어서 한국인은 '아니오'라고 하며 부정적인 반응을 보이기보다 다소 모호하게 말함으로써 공손함을 표시하고자 하였다. 물론 미국인도 듣는 사람의 감정이 상하지 않도록 부정적인 반응을 누그러뜨려 표현함으로써 공손함을 나타내지만, 한국인과 달리 'No'라는 메시지를 직접 전하는 것을 간과하지 않는다.

Blum-Kulka(1987)는 미국인의 공손행위에는 분명하게 표현하는 명확성 (clarity)도 포함된다고 주장한다. 다시 말해, 미국인은 공손함을 나타내기 위해 상대를 배려할 뿐만 아니라 분명하게 의사표현을 한다는 것이다. 한편, 한국인은 때에 따라 타인의 기대에 부응하거나 예를 갖추기 위해서라도 미묘한 메시지를 보내거나 간접적인 표현방식으로 커뮤니케이션을 하는 경향이 있다. 이와 같이 한미 간에는 공손 행위에 대한 인식이 다소 다르다고 볼 수 있다

공손함을 표시하기 위해 불확실하거나 미묘하게 메시지를 전달하는 한국인과 명확한 표현을 중시하는 미국인의 언어행위는 두 문화 간 커뮤니케이션 차이를 이해하는 데 주요한 요소가 되고 있다. Gudykunst와 Kim (1989)은 문화 간 커뮤니케이션에서 모호함을 참는 것 (tolerance of ambiguity)이 도움이 된다고 주장한다.

Summary of Culture Code

- 한국인들은 곤란한 상황에서 상대방의 호의를 생각해서 모호하거나 우회적으로 공손하게 의사 표현을 한다.
- 미국인들은 상대방을 크게 의식하지 않고 직접적이고 분명한 의사표현을 한다.

Let's Talk

- 타인의 제의에 대해 일단은 두세 번 거절을 하고 난 후 받아들이는 행동은 주로 어떤 문화권에서 빈번하며, 그러한 행동의 배경은 무엇인가?
- 과거 일본 수상과 여러 차례 얘기해 본 한 미국대통령은 "일본인의 Yes는 더 이상 Yes가 아니다"라고 했다. 이 말이 함축하는 의미는 무엇인가?
- 보통의 미국인이 한국인에게 "Don't think too much"이나 "You're thoughtful"라고 했을 경우 이 말이 함축하는 의미는 무엇인가?
- 다른 문화권 사람에게 공손하게 한 행동이 도리어 기대에 못 미치는 결과를 초래했던 경험을 예로 드시오.
- 일상의 대화에서 모호하게 표현하는 말에는 어떤 것이 있는지 얘기를 나누시오.

11 언어와 사고
Same Thing, Different Meaning

> 사람은 사고력이 언어를 지배하고 있다고 믿는다.
> 그러나 언어가 사고력을 지배한다.
> – Roger Bacon

> 지구는 벌통이다. 우리는 모두 같은 문으로 들어오지만
> 각각 다른 방에서 산다.
> – 아프리카 격언

Opening of Culture Gate

모 신문의 영어 블로그에 삼강오륜(三綱五倫)을 영어로 옮겨 놓은 것을 본 적이 있다. 그 중에서 장유유서(長有幼序)를 "Younger brothers should yield to older brothers (이선호, 2011)"로 번역하였다. 그런데 미국인들이 이 문장을 본다면 과연 어떻게 생각할까?

드넓은 태평양을 사이에 두고 위치해 있는 한국과 미국, 한국이 밤이면 미국은 낮이다. 양국 간에는 지리적 환경의 차이만큼이나 사고의 차이가 크며 그것이 우리가 영어를 익히는 데에 어려움을 더한다. 파티에 있어서도 예외가 아니다. 이 장에서는 '파티의 나라'라고 하는 미국의 파티 방식과 내용이 우리와 어떻게 다른지 살펴본다. 아울러 같은 표현인데 문화에 따라 다른 의미를 갖는 말이나 속담을 통해서 양 문화 민족의 의식을 살펴보자.

> **Cultural Key Terms**

Sapir-Whorf가설: '개인의 어휘구조나 문법이 그 사람의 세계관을 형성한다' 는 가설이다. 이 가설에 따르면 공동체의 언어습관이 어떤 해석의 틀을 미리 정해놓고 그 틀에 맞추어서 보고, 듣고, 경험한다고 본다. 예를 들어 이뉴이트인들은 눈과 얼음을 구별하여 인지하고 driven snow, slushy snow, snow on the ground, hard-packed snow로 이 분야의 어휘가 많이 발달하였다. 비근한 예로 영어에서는 'rice'라는 한 단어가 '쌀'을 주식으로 하는 한국에서는 모, 벼, 쌀, 밥 등으로 각각 달리 불린다. 아울러 '모'에서 모내기, 모판, 모심기 등 수많은 세분된 단어가 생기게 되었고, '쌀'로 만든 음식에도 떡, 누룽지, 찰밥, 쌀 막걸리 등 무수한 단어가 생기게 되었다. 미국 서부 호피족의 어휘에서 'masa'ytaka'는 비행기, 곤충, 비행사를 의미하며 'lightening' 'noise' 'flame'은 명사가 아닌 동사로 간주된다. 이러한 사례는 언어가 다른 화자들은 똑 같은 사실을 경험하지만 아주 다르게 이해할 수 있음을 말해 준다.

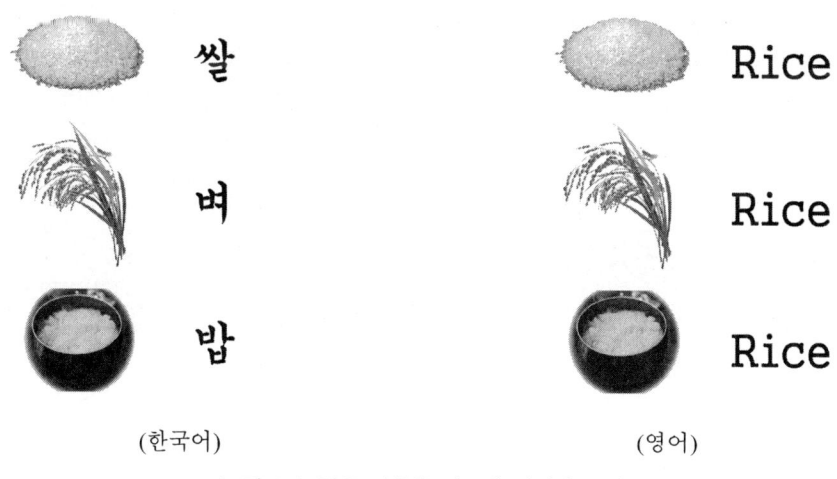

(한국어)　　　　　　　　　(영어)

〈그림 12〉 같은 사물을 다르게 인지하는 예

World view (세계관): 우주의 자연과 그것이 우리 사회의 환경에 미치는 영향에 대한 신념을 말한다. 세계관은 문화가 우주의 힘, 인간의 본성, 해가 되거나 선이 될 수 있는 인간영혼, 철학적 문제 등을 설명하는 방법을 포함한다. 세계관의 개념은 또한 행운과 운명, 주요한 힘, 시간의 역할 및 우리의 외부적이고 자연적인 자원의 본성 등을 포함하는 것으로 우주 속에서 우리의 위치와 위상을 찾게 하는 데 도움을 준다.

Ritual (의례): 종교와 관련된 오래되고 복잡하며 지속적인 상징 활동이다. 의례는 많은 축하행사는 물론 죽음과 같은 위기를 덜 파괴적인 것으로 바꾸어 준다. 의례는 성인식이나 할례 등의 통과의례에서부터 시작해서 촛불켜기, 기도, 무릎 꿇기 등과 같은 공간과 관련된 의례와, 성탄절이나 부활절 등 시간과 관련된 의례가 있다.

인도인들이 날마다 갠지스 강가에서 행하는 종교 의식

Situational Conversation: Language & Thought

Kim: Hi, Greg. Wow, a lot of people came to your party tonight!

Greg: Yes. Everybody I invited **showed up**. I'm glad you **made it**, Mr. Kim.

Kim: Me, too. Thanks for inviting me.

Greg: Here, take this glass. I am going to make a toast in a few moments to congratulate Gerry on his recent promotion.

Kim: That's strange…You are going to make toast?

Greg: Make toast!? No, Mr. Kim not make toast but make **a** toast. You know, when everybody holds up their glass and wishes someone good luck or best wishes or congratulations; make a toast. Make toast means to put bread in a toaster and cook it for a little while. They are not the same things.

Kim: Oh, I understand that now. Boy, sometimes I find that the more English I think I know, the harder it is to fully understand the language completely. This reminds me of a story my friend told me about his visit to America. It was his first time ordering food alone in a restaurant. After looking at the menu for a few moments the waiter asked him what dish he would like to order. He thought the waiter meant dish as in a plate. So, because he misunderstood, he pointed to a shelf with many plates on it and told the waiter, "I like that dish very much." The waiter meant what food my friend wanted to order, not what plate he wanted. When my friend finally realized his mistake, he was very embarrassed. Now, whenever we talk about how easy it is to misunderstand things when trying to learn English, we just laugh about it.

Greg: That's a pretty funny story, Mr. Kim. I can completely understand how difficult it can be to learn English, especially when so many of the same words have different meanings. We also use a lot of idioms when we talk, so I'm sure many of those are difficult to understand as well.

Kim: Yes, they are. But, the more I speak with you and other native English speakers the more I understand. I guess practice makes perfect. By the way, Greg, **how is your Korean coming along**?

Greg: Pretty good, Mr. Kim. I'm learning a little more every day, and speaking with you and other Korean friends and colleagues is helping. Like you said, practice makes perfect.

Real Expressions

make a toast : 건배 제의를 하다.
show up : 나타나다.
make it : 약속을 지키다, 수행하다.
how is your Korean coming along? : 한국 생활은 어떠세요?

● 미국에는 어떤 파티가 있으며 한국과 비교해서 어떤 차이가 있는가?

  파티를 자주 하는 미국은 종종 '파티의 나라'라고도 불린다. 한미 간에는 파티문화에서 있어서도 많은 차이를 나타낸다. 우선 파티의 종류만 하더라도 일일이 해당하는 한국어를 찾기가 쉽지 않을 정도로 다양하다. 다음은 미국의 대표적인 파티이다.

    Halloween party - 할로윈 파티
    Baby shower - 아기출산을 맞아 축하하는 파티
    Costume party - 가장 무도회
    Grand opening party - 개점 파티
    Wedding reception - 결혼 피로연
    Silver anniversary- 결혼 25주년
    Golden anniversary- 결혼 50주년
    House warming party - 집들이
    Bachelor party - 총각 파티 (결혼식 전)
    Bachelorette party - 결혼식전 여자들끼리의 파티
    Bridal shower - 신부 축하 파티 (결혼식 전)
    BYOB party - 각자 술을 가져오는 파티(Bring Your Own Booze or Bottle)

Mardi Gras - 사순절 전날 여는 파티
Pot luck - 각자 음식을 가져오는 파티

파티의 풍속도도 한미 간에 차이가 있으며 이와 같은 차이로 인해 종종 대인 접촉에 오해가 생길 수 있다. 한국인은 파티에서 잘 차려진 음식을 먹으며 그동안 알고 지내는 사람과 어울려 유대를 돈독히 하는 데 중점을 준다. 일명 한국인의 '끼리끼리 문화'는 파티에서도 그대로 적용되고 있다. '팔은 안으로 굽는다'라는 말처럼 사실 집단문화에 속한 한국인이 자신의 집단 내 구성원들과 강한 유대감을 갖고 어울리고자 하는 것은 자연스러운 일이다.

이와 달리 미국인은 파티의 목적 자체를 새로운 사람을 알아가는 데 둔다. 한국에서는 음식이 중심이 되지만 미국인들은 디너파티가 아니라면 파티에서의 음식은 그리 중요치 않다. 종종 초대장을 보내고 크게 홍보했지만 막상 가보면 의외로 간단하게 차린 파티를 보고 실망하는 이도 없지 않다. 낯선 사람과도 쉽게 얘기하고 사귀는 미국인들에게 파티는 자연스런 교제의 장으로도 이용이 된다. 때로는 낯선 사람과 만나 포도주 한 잔을 들고 서로 대화를 나누며 끝내는 파티가 미국인의 파티이다. 심지어 pot luck은 초대받은 사람들이 직접 음식을 가져오는 파티이며, 피자를 주문해서 콜라와 함께 먹는 것도 우리에게 익숙한 '피자파티'가 된다. 이러한 파티문화는 격식을 별로 따지지 않고 비교적 자유롭게 사람들을 사귀는 미국인의 가치관을 반영하는 것으로 볼 수 있다.

파티에서 나누는 음식에서도 동서 문화 간 차이를 보이는데, 그 중에서도 서구의 뷔페식 식사와 동아시아권의 밥상 문화가 큰 대조를 보이고 있다. 물론 오늘날 한국에서 행해지는 여러 파티에서도 점차 뷔페식으로 바뀌고 있지만, 이러한 식습관은 한국과 미국 문화가 보이는 특성을 잘 반영하고 있다.

사람들은 문화적 색안경(culture lens)을 끼고 어느정도 자문화 중심으로 세상을 본다.

● 다른 표현이지만 같은 의미를 가진 속담은 어떤 것이 있는가?

앞에서 우리는 같은 말이지만 개인에 따라 아주 다르게 이해한다는 것을 보았다. 한편, 우리는 그 반대의 경우도 속담을 통해서 살펴 볼 수 있다. 각 나라마다 오랜 기간에 걸쳐서 해당 문화의 관습과 선조의 지혜를 담은 속담이 있다. 속담을 통해 우리는 각 문화권 사람들의 공통의 관심사를 알 수 있고, 그들의 세계관과 가치관을 배울 수 있다. 보통 사람들은 문화는 다르지만 공통된 경험을 함께 나누고 있다. 따라서 각 문화권에서 사용하는 속담은 비록 다른 말로 쓰였지만 같은 의미로 해석이 되는 경우가 많다. 일례로 "호랑이도 제 말 하면 온다"라는 우리나라 속담도 미국인은 'Speaking of wolf, wolf comes.(늑대도 제 말 하면 온다.)'로 표현한다. 또한 농경문화를 바탕으로 하는 사람들은 '소 잃고 외양간 고친다.'고 표현하고, 목축업을 하는 사람들은 'It is no use crying over spilt milk.(우유를 쏟아놓고 울어도 소용없다.)'라고 표현하는 것이다. 이렇게 속담을 문화상대적인 시각으로 이해하게 되면 의사소통을 더 쉽고 빠르게 할 수 있다.

문화에 따라 다른 표현이지만 같은 의미를 나타내는 다음의 속담을 통해 생활 속에서 사람들이 보편적으로 갖는 경험과 지혜를 찾아 볼 수 있다.

Heaven helps those who help themselves. ☞ 지성이면 감천이다.
When the cat is away, the mice will play. ☞ 호랑이 없는 숲에 토끼가 왕 노릇 한다.
One bad apple spoils the whole barrel. ☞ 미꾸라지 한 마리가 우물을 흐린다.
The pot calls the kettle black. ☞ 똥 묻은 개가 겨 묻은 개 나무란다.
Wisdom and humility go hand in hand. ☞ 벼는 익을수록 고개를 숙인다
She killed two birds with one stone. ☞ 님도 보고 뽕도 딴다.
He wants a free ride. ☞ 손 안 대고 코 풀기
Clothes make the man. ☞ 옷이 날개다
It's a piece of cake. ☞ 식은 죽 먹기다.
Once bitten, twice shy. ☞ 자라보고 놀란 가슴 솥뚜껑 보고 놀란다
Don't count your chickens before they're hatched. ☞ 떡 줄 사람은 생각지도 않는데 김칫국부터 마신다.
The grass always looks greener on the other side of the fence. ☞ 남의 떡이 더 커 보인다.

Summary of Culture Code

- 한국어와 영어에서 같은 말이지만 아주 다르게 이해되거나, 속담처럼 다른 말이지만 같은 의미를 갖는 말이 있다.
- 한국인은 파티를 잘 차린 음식을 들며 기존의 알고 지내던 사람과 유대를 돈독히 하는 데 중점을 두는 편이다.
- 미국인은 파티를 처음 만난 사람과의 자연스럽게 교제의 장으로 활용하며 음식은 부차적이다.

Let's Talk

- 한국인이 이해하기 어려운 영어의 관용구는 어떤 것이 있는가?
- 한국어와 같은 뜻으로 보이지만 다르게 쓰이는 영어 표현은 어떤 것이 있는가?
- 다른 말로 쓰이지만 같은 의미를 나타내는 말에는 어떤 것이 있는지 예를 드시오.

- 다음의 질문에 대한 응답에서 보는 바와 같이, 동일한 사물에 대해 동서 문화권 사람들이 얼마나 다르게 생각하는 지에 대해 서로 의견을 나누시오.

Q3. 파란하늘을 날아가는 풍선이 있다. 이 풍선이 날아가는 이유는 무엇일까?

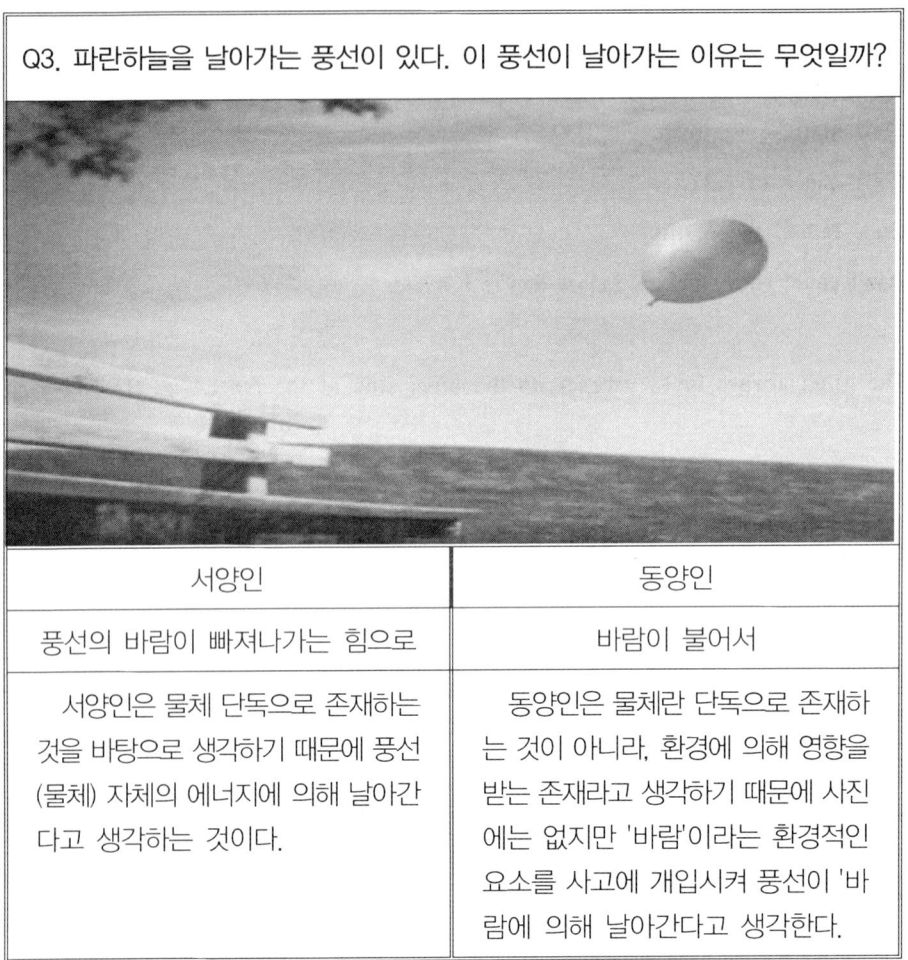

서양인	동양인
풍선의 바람이 빠져나가는 힘으로	바람이 불어서
서양인은 물체 단독으로 존재하는 것을 바탕으로 생각하기 때문에 풍선(물체) 자체의 에너지에 의해 날아간다고 생각하는 것이다.	동양인은 물체란 단독으로 존재하는 것이 아니라, 환경에 의해 영향을 받는 존재라고 생각하기 때문에 사진에는 없지만 '바람'이라는 환경적인 요소를 사고에 개입시켜 풍선이 '바람에 의해 날아간다고 생각한다.

12장 의사 전달
Getting to the Main Point

간결화의 비결은 필요한 것은 빼지 않고 불필요한 것은 넣지 않는 것이다.
— Hemingway

'DNA'라고 말하고 집에가서 자면 되는데 누가 구태여 'Deoxyribouncleic acid'라고 발음하느라 밤을 새우고 싶어 하겠는가?
— Russel Baker

Opening of Culture Gate

가끔 미국인 점원이 계산을 마친 후 "Paper, or Plastic?(종이봉지를 드릴까요, 비닐봉지를 드릴까요)"라고 물으면 별 생각 없이 "무엇이든 좋아요.(Anything would be fine.)"라고 대답하였다. 그러나 무엇을 선택할지를 분명하게 밝히지 않는 이러한 답변에 그 점원은 의외로 난색을 표명했다. 점원에게 좀 더 많은 재량을 주어 공손함을 표시하고자 했던 나의 의도와 달리, 점원은 예기치 않은 고객의 답변에 어쩔 줄 몰라했던 것이다. 다른 문화 사람들은 각자 자문화 속에서 익힌 사고 체계에 따라 상대가 행동해 주기를 기대하고 있는 것이 아닌가. 한국인은 이처럼 양자택일 방식에 있어서 미국인과 아주 다른 사고를 함으로써 대인관계의 갈등을 일으키기도 한다. 이 장에서는 한미 간 의사소통에서 사고의 차이로 생기게 되는 갈등의 해소방안을 살펴보고 한미 간 협상 방법의 차이가 어떠한지를 알아보자.

Cultural Key Terms

all-Americn (올 아메리칸): '외형적으로나 정신적으로 전형적인 미국의 가치를 지니고 있다는 뜻'이다. 전통적으로 내려오는 미국의 가치를 대표하는 백인 중산층을 이른다. 또 다른 의미로는 미식축구나 농구 등의 스포츠에서 국가 대표급, 특히 대학선수 가운데서 뽑힌 선수를 가리킨다 (정정호, 2007).

General American English (GA. 미국표준영어): 중서부 지방에서 쓰는 말로서 오늘날 대부분의 공중파 방송에서 들을 수 있는 말이다. RP가 특정 사회계급의 발음을 기준으로 삼는 반면, GA는 특정 지역의 발음을 기준으로 삼고 있다. 스코틀랜드 출신의 미국인이었던 John Witherspoon이 1781년 *Pennsylvania Journal*에서 내렸던 다음의 미국어법에 대한 정의는 아직도 그 가치를 인정받고 있다.

> "나는 귀족들과 지식인들 사이에서도 같은 용어가 어구 또는 유사한 문자의 구문에 대한 영국식 용법과 구분되는 용법을 미국어법이라고 생각한다."

Received Pronunciation (RP. 영국표준영어): 영국의 기숙학교(boarding school)에서 유래된 영어로 특정 사회 계급의 발음을 기준으로 삼고 있다. 현재 영국영어와 미국영어에서 가장 많은 차이를 보이는 분야 중 하나인 어휘에 대해서 많이 연구되고 있다.

Situational Conversation : Message

Kim: So, Greg, what did you think about that meeting? I think some good things may come from it.

Greg: I don't know, Mr. Kim. I'm not sure I understood what the division chairperson was trying to say. I know he was talking about making improvements of some kind, but I **couldn't put my finger on** exactly what needs to be improved and why. Most of the time I was wishing he would just stop beating around the bush and say exactly what he wanted to say.

Kim: Yes, Greg, I think I understand your frustration. How Koreans structure, or build a conversation can sometimes be quite different from the way Westerners do so. A famous linguist whose name is Kaplan noted in his studies that it isn't uncommon for Oriental to come to the main point at the end, when they are nearly finished.

Greg: I've noticed that several times since I've been in Korea, especially during important faculty meetings and official gatherings. That is far different from what my culture taught me. For Americans, it is very important to know what the main point of a topic is as soon as possible. This way, we fully understand what the speaker is saying and why it is important. After knowing what the main point is, the rest of what the speaker is saying makes more sense.

Kim: I guess I can see how this can be confusing to you. I was watching you during the meeting and I couldn't understand why you looked so confused. Usually, you actively listen and participate in all of our meetings.

Greg: That's probably because in our other meetings, all of the participants usually have a mutual understanding of each other's cultural protocols, specifically regarding meetings. So, in our department meetings we are aware that some of us are foreigners and some of us are Koreans. I don't think today's speaker has much experience with conducting meetings with a culturally diversified group.

Kim: I think you're right. But, it wasn't too long ago that you and I were making a lot of cultural mistakes around each. I guess only time, understanding, and a desire to learn the **ins and outs** of a different culture are the remedy towards making fewer cultural mistakes.

Greg: You're right, Mr. Kim. You and I are pretty good examples of two people trying to **bridge the cultural gap** that exists between us.

> **Real Expressions**

put my finger on : 나의 정보를 제공하다.
ins and outs : 안팎으로
bridge the cultural gap : 문화적인 격차를 메우다.

● 한미 간 커뮤니케이션에서 나타나는 대조적인 차이는 무엇인가?

한국의 고맥락적 의사소통은 듣는 사람이 맥락을 고려해 눈치껏 잘 알아들을 것이라는 가정을 하기 때문에 분명한 말보다는 모호하거나 반어적 표현을 즐겨 사용하기도 한다. 이러한 의사소통 패턴에 대해서 미국인들은 'Get to the point', 'Dont beat around the bush.', 'Let's get down to business!' 등과 같은 말로 용건을 분명히 나타낼 것을 기대한다. 한국어는 가장 핵심 되는 부분을 뒤에 위치시키는 반면 미국인은 용건을 가장 앞에 두고 대화를 시작하여 신속하게 의미를 전달하고자 한다. 때로는 서론을 장황하게 말하기보다 결론부터 말하는 경우도 많다. 따라서 미국인과 대화할 때는 단도직입적으로 하고 싶은 말을 먼저 할 필요가 있다.

미국인의 'No'는 맥락과 상관없이 No이고, 한국인의 언어 습관에서는 '예'라고 말했지만 '아니오'를 의미할 때가 있다. 고맥락적 집단주의 문화에서 사람과 사안은 분리 될 수 없기에 자신이나 상대와의 체면 손상 없이 공개적으로 반대하는 것은 어렵다 (Gudykunst, 1991). 따라서 직접적인 '아니오'보다는 '글쎄요', '생각해 보겠습니다' 등으로 우회적으로 거절을 표현한다. 어떤 한국인 기업인이 외국인의 제의에 대해 거절의 의미로 "생각해 보겠습니다.(I will consider.)"라는 답변을 했지만, 상대방은 이를 승낙의 의미로 해석하여 후속조치를 기다렸다는 경우도 있다 (김숙현 외, 2001). 이처럼 한국인들은 곤란한 상황에서 체면 손상을 우려해서 우회적으로 접근하지만, 미국인들은 문제를 피하지 않고 단도직입적으로 표현한다. 한국인들은 화자의 어조나 상황을 고려하여 의미를 파악해 내지만, 주로 언어적 표현에만 의지하는 미국인들은 이러한 한국인의 메시지를 잘 이해하지 못한다.

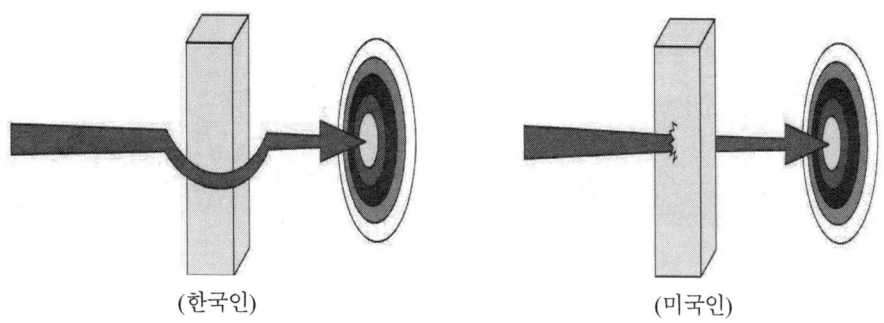

(한국인)　　　　　　　　　　　　(미국인)

〈그림 13〉 한국인과 미국인이 문제에 접근하는 방식의 비교

한국어와 영어의 어순 또한 메시지 전달에 있어서 상당부분 차이를 보인다. 일례로 'I love you'는 '나는 너를 사랑한다'처럼 영어는 주어 + 동사 + 목적어/보어 순으로 되어 있지만, 한국어는 주어 + 목적어/보어 + 동사 순이다. 따라서 영어는 주어 뒤에 나오는 동사를 통해서 사랑하는지 않는지를 곧 바로 알 수 있지만, 한국어에서는 말이 다 끝나봐야 알 수 있다.

● 한국인과 미국인 간 사고 차이에 따른 언어사용의 차이는 어떻게 나타나는가?

앞에서 동양인과 영어권 사람들의 사고구조에 현저한 차이가 있는 것을 알 수 있고 이것이 언어표현에서도 차이를 나타내고 있음을 보았다. 한국인은 전체적인 것을 먼저 말하지만, 미국인은 구체적인 것을 먼저 언급한다. 미국인들은 사물과 그 사물에 속한 범주에 주목하는 한편, 아시아인들은 좀 더 총체적으로 보고 미국인들보다 상황에 더욱 주목한다 (Shea, 2001). 물론, 이러한 사고의 저변에는 집단이나 전체를 중시하는 동양인의 집단주의와 개인의 가치를 중시하는 서구인의 개인주의가 자리잡고 있다. 아래의 그림처럼 한국인은 전체적인 데서 구체적인 데로 가고, 미국인은 그 반대로 나아간다.

(한국인: 전체에서 개체로)　　　(미국인: 개체에서 전체로)

〈그림 14〉 한국인과 미국인의 사고의 차이 비교

　위에서 기술한 한국인과 미국인의 사고구조는 일상의 언어사용에서도 찾아볼 수 있다. 즉, 한국에서는 도, 시, 군, 면 순으로 개인에게서 먼 것부터 시작해서 가까운 것으로 주소를 표기한다. 이는 개인보다는 전체를 중시하는 한국인의 사고가 반영된 것으로 볼 수 있다. 반면 미국에서는 주소를 표기할 때, 이름을 맨 처음에 쓰고 도시, 주, 그리고 국가명을 표기하여 개인에게 가까운 것이 앞에 나오도록 한다.

　아울러 한국어와 영어는 양국 간의 지리적·역사적인 차이만큼이나 반대인 것들이 많다. 예를 들어 보자.

Turn right at the corner.(도시오 오른쪽으로 모퉁이에서) ☞ 모퉁이에서 오른쪽으로 도시오
Ten to five　(분-시 단위 순으로 표기) ☞ '5시10분 전' (시-분 단위 순)
Three days and two nights ☞ 2박 3일　　back and forth ☞ 전후
in and out ☞ 출입　　food and drink ☞ 음식
right and left ☞ 좌우　　young and old ☞ 노소
vice and virtue ☞ 선악　　Dr. Kim ☞ 김 박사
Mother Teresa ☞ 테레사 수녀　　Mt. Everest ☞ 에베레스트 산
Ladies and gentleman! ☞ 신사숙녀 여러분!

앞의 예와 같이 한국어와 영어단어의 표기 순서의 차이만 보더라도 해당 문화를 고려하지 않은 번역은 곧 '반역'이 된다는 것을 알 수 있다. 따라서 영어를 한국어로 번역하기를 원한다면 우선 '영어식으로 사고'하는 것이 요구된다. 근본적으로 다른 한국 문화와 미국문화를 제대로 알게 되면 영어를 이해하고 숙달하는 데에도 많은 도움이 된다.

● 한미 간의 협상전략에 있어서의 차이는 어떻게 다른가?

일반적으로 협상(negotiation)을 할 때 거치는 단계는 아래와 같다 (우충환, 2007).

1. 신뢰 형성 단계 : 스포츠나 날씨 등 가벼운 화제로 신뢰를 쌓고 긴장을 완화한다.
2. 정보 교환 단계 : 각자가 바라는 일에 관한 정보를 교환한다.
3. 설득 단계 : 다양한 '설득' 기술로 상대방의 마음을 열려고 한다.
4. 통합 단계 : 세부적으로 의견이 일치된 것부터 통합한다.

한국인은 협상에서도 집단주의의 특징인 상대방과 친근한 관계를 형성하는 데 더욱 많은 시간을 투자한다. 그들은 상호 간의 돈독한 유대관계와 부드러운 분위기가 협상의 성공을 보장한다고 믿는다. 따라서 단도직입적으로 협상에 들어가기 보다는 인사와 친교의 시간을 더욱 늘여 잡는다. 또한 대립을 피하고 집단 내 유대감을 형성하기 위해 초기 단계에서 한국인들은 말을 적게 하고 비교적 조심스럽게 협상에 임하는 편이다.

이에 비해 미국인은 인간관계 형성보다 일 자체를 성취하는 데 우선을 두는 편이다. 따라서 협상에 나서면 비교적 짧은 인사시간을 가진 후 곧바로 본론으로 들어가 합의점을 찾기를 바란다. 신뢰형성단계는 될 수 있으면 빠르게 진행하고 곧장 설득 단계로 들어가며 가능한 빨리 합의서에 서명하기를 바란다. 또한 저맥락의 미국인은 개방적이고 말을 많이 하는 편에 속한다. 따라서 미국인과 협상을 할 때는 가능한 빠른 시간에 본론으로 들어가고 설득단계와 통합단계에 더 많은 시간을 할당하고 메시지를 교환할 필요가 있다.

● 미국인의 협상 방식의 특징은 어떠한가?

　미국인이 협상(negotiation)을 해나가는 방식은 자못 저돌적이고 단도직입적이어서 한국인의 협상방식과 차이를 보인다. 그들은 자기주장을 협상에서 거침없이 펼쳐나가기를 선호하며, 협상 자체를 타협하기 위한 것이라기보다는 이기기 위해서 하는 것으로 여긴다. 영어의 'argument(논쟁)'가 종종 '전쟁(war)'에 비유되는 점도 바로 이와 같은 협상의 특성을 잘 말해준다. 그럼에도 불구하고 그들은 격렬한 논쟁이 끝나면 언제 그랬나 싶을 정도로 기분 좋게 악수를 하고 헤어진다. 한마디로 뒤끝이 없다. 즉, 미국인들은 자신의 의견을 최선을 다해 주장하는 한편, 결과에 대해서는 깨끗이 승복하는 자세를 덕목으로 삼는다.

　반면, 한국인은 상대방의 생각을 먼저 들은 후 자신의 의견을 조심스럽게 제시하는 편이다. 협상에서도 구성원들과의 조화와 화합을 중시하여 반대 의견이 있을 때도 직접적으로 자신의 의견을 주장하기보다는 간접적으로 돌려서 말을 하거나 시간이 지난 후에 조용히 이야기를 해준다. 이러한 문화에서 자기주장이 강하다는 것은 종종 약점으로 작용하기도 한다.

　한미 간의 문화 차이는 문장 표현에서도 잘 나타난다. 영어는 대부분의 문장 앞에 주어 'I'를 내세워 화자 자신이 중심임을 드러내지만, 한국어에서는 '나'라는 주어가 문장에 함축되어 잘 나타나지 않는다. 아울러 자기 주장을 할 때조차도 'maybe', 'perhaps', 'probably' 등의 어구를 사용하여 표현의 강도를 완화하려고 한다. 김숙현 외(2001)는 이와 같은 한국인의 '아마도' '글쎄'라는 표현은 불확실성을 회피하기 위한 전략으로 사용하는 것으로 본다. 이에 반해, 미국인은 대인 의사소통에서 I (나)를 앞세워 자기주장을 내세우는 것을 주저하지 않는다. 자기주장과 설득(persuasion)을 주로 하는 미국인들은 상대방의 기대에 부응하기 보다는 상대가 자신의 논리와 설득에 따라 주기를 기대한다. 이와 같은 행동은 미국이 한국에 비해 불확실성지수가 낮은 데서도 기인하는 것으로 보인다. 불확실성의 회피정도가 낮은 문화권의 사람들은 소수의 사람들의 적은 정보를 가지고 신속한 의사결정을 내리고 일을 처리하며 위험을 감수하는 경향이 강하다 (김숙현 외, 2001).

Summary of Culture Code

- 고맥락 문화권의 한국인은 메시지를 간접적으로 전달하며 용건은 나중에 내세우는 경향이 강하다.
- 저맥락 문화권의 미국인은 메시지를 직접적으로 전달하며 용건부터 말하는 경향이 강하다.

Let's Talk

- 외국인이 단도직입적으로 말 하는데서 당혹감이나 문화 차이를 느꼈던 경험에 대해 얘기해 보시오.
- 협상이나 거래에서 한국인이 북미인과 차이를 보이는 행동방식은 어떤 것이 있는지 설명하시오.
- 용건을 전달하면서 공손함을 전달할 수 있는 대화 방식은 무엇인지 얘기해 보시오.
- 영어로 번역하기가 어려운 한국어 표현에는 어떤 것이 있는지 예를 드시오.
- 한국인이 이해하기 어려운 영어 관용구를 찾아 서로 얘기 나눠보시오.

언어의 코드

외국인 선생님과 즐겁게 대화를 나누고 있는 초등학생들

미국인의 말 주고받기나 한담을 나누는 습관은 한국인과 많은 차이가 있다. 이를 이해하고 대화에 적용하게 되면, 영어 지식이 다소 부족해도 얼마든지 외국인과 커뮤니케이션을 할 수 있다.

13장 말 주고 받기
Talking Itself is Enjoyable Work!

대화는 영혼을 위한 음식이다
- 멕시코 속담

Opening of Culture Gate

영민이는 어릴 때부터 말이 너무 많다고 어른들로부터 충고를 자주 듣곤 했다. 학교에서는 수업시간 중에 급우들로 부터도 질문을 많이 한다고 핀잔을 듣기도 했다. 부모님을 따라 이민을 와서 워싱턴 D.C. 근교의 학교에 다니게 된 영민이는 그곳에서도 자신의 생각을 적극적으로 펼치고 의문 나는 것을 묻기를 주저하지 않았다. 얼마 지나지 않아 영민이는 교사나 급우들로부터 칭찬을 많이 들었고 급기야 스피치상을 수상하는 영예까지 안았다.

한미 문화 간에는 언어적·비언어적 행위뿐만 아니라 이러한 행위를 대하는 태도와 가치에 있어서도 많은 차이가 있다. 이러한 차이를 비교 분석해 봄으로써 커뮤니케이션의 문제 해결과 문화교육에 대한 통찰력을 얻을 수 있다. 이 장에서는 한국인과 미국인의 말 주고받기의 특징에 대해서 알아보고자 한다. 특히 말을 주고받는 중 빈번한 침묵이나 한담에 대한 양 문화 간 인식 차이가 얼마나 큰지를 알아보자.

Cultural Key Terms

'No gap no overlap' 규칙 : 미국영어의 특징으로 간주되는 규칙으로 말 순서 교대(turn-taking) 시 미국 중류층의 백인은 대화 사이에 침묵시간 없이, 서로의 말이 겹치지 않도록 잦은 말 주고받기가 일어난다는 것이다. Schegaloff(1972)가 제정한 말로써 'No gap, no overlap'규칙은 미국과 다른 문화권의 커뮤니케이션 패턴을 비교하는 데에도 자주 사용 된다.

Social perception (사회적 지각): 우리가 주위에서 접하는 사회적 사물과 사건에 의미를 부여하는 과정으로서 의사소통에 아주 중요한 요소이다. 개인이 사회로부터 자극을 선택하고 평가하며 조직하는 과정을 의미한다. 보통 우리는 자문화에서 익혀온 대로 주로 해오던 방식에 따라 자극에 반응한다. 다른 사람들의 말과 행동을 이해하기 위해서는 먼저 그들이 세상을 어떻게 지각하는지를 이해하는 것을 배워야 한다 (Samover and Porter, 1981).

Attitude (태도): 어떤 것을 좋아하고 싫어하는 것을 말한다. 우리가 좋아하는 것과 싫어하는 것은 우리의 정서와 행동, 그리고 우리에게 미치는 사회적 영향에 뿌리 박혀 있다.

Value (가치관): 일어나기를 바라는 바람직한 사건이나 상황들을 의미한다. 각 집단이나 개인은 이러한 가치관의 중요성을 각각 다르게 둔다. 효과적인 의사소통을 하기 위해서는 가치관의 차이를 알고 그러한 가치관의 갈등을 조정할 수 있어야 한다. Macionis는 '가치관은 문화적으로 규정된 바람직함과 선과 미의 기준으로서 사회생활을 위한 일반적인 지침서로 사용된다'고 보았다.

Belief (믿음): 개인의 문화에 의해 형성된 것으로 사고, 기억, 그리고 사건의 해석에 있어서 우리의 과거 경험의 내용을 담는 저장체계로 사용되는 것이다. 좀 더 열린 마음의 신념체계를 갖춘 개인이나 집단은 다른 신념체계를 갖춘 자들 보다 훨씬 잘 이해하려고 할 것이다. 믿음은 어떤 사물의 진실에 대한 확신으로서 증거를 요구하거나 의의 제기를 하지도 않고 간단히 받아들일 수도 있다 (Samovar & Porter, 2007).

Situational Conversation : Turn-taking

Greg: Hi, Mr. Kim. How's everything?
Kim: Everything is going well.

Greg: What did you do last weekend?

Kim: I just slept most of the weekend.

Greg: You just slept? You didn't do anything else? You must have been pretty **wiped-out**! Do you have any plans for your summer vacation?

Kim: ....No, nothing special.

Greg: You sound a little **down**. Is something bothering you?

Kim: ....No...

Greg: Mr. Kim, come on! You don't sound like you want to talk to me. Why? What's the matter?

Kim: Well…actually…I don't have anything special to tell you.

Greg: So what! Everything we talk about doesn't have to be special or important. In American society, we do a lot of "small talk" which is really nothing more than just casual conversation of no real importance. You know, things like the weather, what have you been doing, things like that. We enjoy small talk. It's a great way to **strike up a conversation** with friends or with people you have just met. In fact, it's a pretty big part of our everyday conversation. It strengthens our relationships and develops a stronger bond between people. So, you see, even though there isn't anything special to talk about, we still enjoy talking to each other.

Kim: I don't think most Koreans are used to small talk. Many of us are uncomfortable with it because we think it is useless. I am not used to small talk so it is difficult for me to come up with something to talk about. Would you mind telling me a few of the topics that people frequently use in small talk?

Greg: Well, like I said before, small talk is just casual talking, right? Therefore, people talk about casual matters such as weather, sports, hobby, food, and things like that. The conversations aren't very important and we usually don't talk about deep things like politics, religion, or other personal things.

Remember, it's just small talk…a way of striking up a conversation or **breaking the ice** or just **killing time**. Many times, small talk leads to more important discussions.

Kim: Thanks, Greg. I think I understand a little better now. Next time I see you, I will try to answer your small talk questions a little better. I'll probably even have a few questions of my own. How's that?

Greg: Terrific! I will see you soon, then.

Real Expressions

wiped-out : 지친, 피곤한
down : (기분이) 처진
strike up a conversation : 대화를 트다.
breaking the ice : 어색한 분위기를 깨트리다.
killing time : 시간을 허비하다.

● 한국인과 미국인이 말을 주고받을 때 대화 스타일은 어떤 차이가 나는가?

 일상에서 기분이 좋지 않다던가 말을 많이 하고 싶지 않을 경우, 대화 스타일에 있어서도 차이를 보이고 있다. 사회 언어학자인 Deborah Tannen(1984)은 이러한 대화 스타일이 문화에 크게 영향을 받는다고 한다. 예컨대, 보통 미국인은 기분이 좋지 않으면 그 상황자체를 어떻게든 표현하고자 하지만, 한국인은 가급적 갈등을 피해 침묵하는 경우가 많다.

 종종 한국인의 대화 스타일은 '볼링경기'에 비유된다. 볼링식 대화는 한국이나 일본과 같이 유교권 문화에서 두드러진다. 볼링식 대화에서 대화의 참가자들은 자신이 말할 차례가 올 때까지 기다린다. 이때 말하는 차례는 주로 나이나 지위, 상대방과의 관계에 의해 결정된다. 한사람이 말할 순서가 되어 말을 하면 이 때 다른 사람은 그 이야기가 끝날 때 까지 말하지 않는다. 그들은 자신이 말을 많이 하는 것 보다는 상대가 무슨 말을 하는가에 더욱 주목한다. 이와 같은 대화에서는 말교대가 빠르게 오가지 않기 때문에 침묵기간이 길며 대화자는 이러한 침묵에 그다지 불편을 느끼지 않는다.

한편, 미국인의 대화스타일은 '탁구경기'에 비유된다. 이는 마치 탁구공이 쉴 새 없이 오가는 것처럼 끊임없이 말을 주고받는다는 말이다. 이러한 대화스타일에서는 말 주고받기가 활발하게 이루어지며, 질문에 대해 생각할 수 있는 시간도 비교적 짧은 편이다. Sacks 외(1972)는 말 순서 교대(turn-taking) 시 미국 중류층의 백인은 'No gap, no overlap' 규칙을 잘 따라, 말의 간격이 적고 말이 겹치지 않는다고 한다. 미국인, 브라질인, 일본인의 토론진행 과정을 연구한 Adler(1991)도 일본인은 한 사람이 끝나면 바로 다음 사람이 발언하기까지 짧은 침묵을 두지만 미국인은 한 사람이 끝나면 바로 다음 사람이 발언을 시작한다고 한다. 미국 인디언들 또한 질문에 답하거나 말 순서 교대 전에 몇 초간 침묵을 지키고자 한다 (Saville-Troike, 1982). 하지만 미국인들은 말을 주고받는 중 침묵이 3초 이상 길어질 경우, 상당히 초조해 한다. 이러한 초조함을 덜기위해 미국인들은 종종 대수롭지 않은 얘기인 한담(small talk)을 꺼내 말 공백을 메우려고 한다 (우충환, 2007).

이러한 탁구식 대화 스타일을 따라 미국인들은 대화에 적극 참여(active participation) 하고 활발하게 상호작용(interaction)을 한다. 대화 속도와 목소리의 강약 등은 사회적 관계유지와 권위를 나타내는 것인 바, 미국인들은 빠르고 강하며 변화를 많이 주는 목소리에도 더욱 가치를 둔다. 'No gap no overlap.'의 원칙에 따라 미국인들의 대화는 진행속도가 빠르고 또 대화 참여자들 간에 화제의 교환도 잦다. 이러한 미국인들의 인식은 천천히 말하는 것이 권위가 있다고 여기는 한국의 의 인식과도 차이를 보인다.

미국인은 말 주고받기가 잦고 침묵 시간을 거의 두지 않는다.

● **침묵이나 다변에 대한 동서 간의 인식과 태도는 어떠한 차이가 있는가?**

앞의 대화스타일에서 보듯이 한국인과 미국인은 침묵에 대해서도 현저한 인식의 차이를 보인다. 한국인을 비롯한 동양인은 말을 많이 하는 것을 그다지 좋아하지 않는다. '빈 수레가 요란하다'는 속담에서처럼 말이 많으면 그만큼 내실이 없는 사람으로 간주한다. 과거 한국인은 '말이 많으면 복이 나간다'는 믿음에서 식사 중에도 가능한 조용히 하도록 하였다. 최근에는 많이 달라졌지만 과거엔 여자가 시집가면 '귀머거리 3년, 벙어리 3년'이 되어야 한다는 충고를 듣기도 했다. 사랑 고백도 너무 많이 하면 헤프다고 생각하는 것도 한국적인 특징이다. 이러한 사례는 바로 한미 문화 간 선호하는 대화스타일이 얼마나 다른지를 잘 나타내주고 있다.

수다스러움에 대한 한미 간 인식 차이는 양 문화를 꿀벌 집과 칸막이로 비유하는 데서도 나타난다. 즉, 미국인은 꿀벌처럼 어떤 사안에 대해 열린 공간에서, 다소 혼란스럽고 부산하게 보일 정도로 대인 접촉을 하려고 한다. 이에 반해 한국인들은 칸막이로 비유되는 내집단에만 국한하여 사안을 처리함으로써 칸막이 밖의 외집단은 필요한 정보를 제대로 파악할 수 없게 된다.

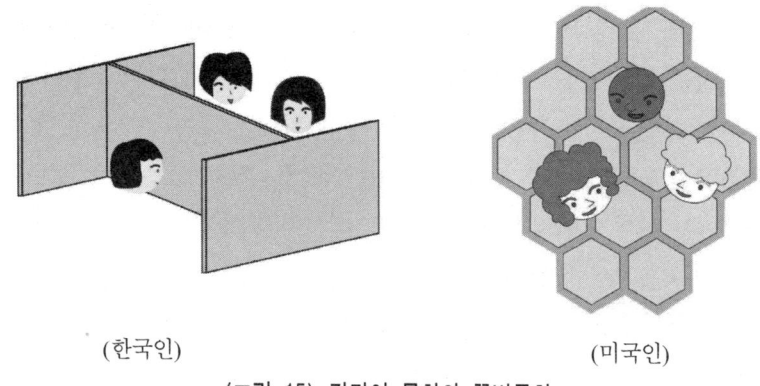

(한국인)   (미국인)

〈그림 15〉 칸막이 문화와 꿀벌문화

전통적으로 도교, 유교, 불교가 동양인의 지각과 커뮤니케이션에 미친 영향을 살펴보자. 이들 종교에서는 예의를 지키거나 열반으로 들어가기 위해 침묵이 요구되는 것으로 보고 있다. 일례로 도교에서는 진리로 들어가는 길은 "언어를 잊고, 말없이 머무르며, 지식을 배제하며, 아무것도 하지 않는 것이다"고 믿는다. 선불교 사상도 일상사에 대한 얘기를 일제 거부하고 침묵 속에서 명상하는 가운데 진리가 감지될 수 있다고 본다. 유교는 다른 사람의 느낌을 헤아리는 능력인 '감정이입'이란 개념을 가르치고 직설적인 언어보다 간접적인 언어의 사용을 권장한다(Samovar & Poter, 2007). 이와 같은 종교적인 교리는 대인간의 의사소통에 있어서 동양인의 언어사용 행위에 크게 영향을 미쳤으리라 생각된다. 때때로 침묵은 상대의 체면을 존중하고 논쟁을 피함으로써 조화로운 관계를 유지하는 데 사용된다. 한국인은 잘못된 것을 말한다든가 실언을 하여 바보 취급을 당하지 않기 위해 종종 침묵하게 된다. 일본인들에게 있어서도 겉으로 말해진 것은 중요하지 않다. 도리어 동의는 닫힌 문 뒤에서 이루어지기 때문이다. '이심전심'은 바로 침묵 속에 담겨진 다른 사람의 마음을 읽기 위한 것임을 알 수 있다.

한편, 미국인은 종종 침묵하는 사람을 성격적인 결함이 있거나 무식하거나 반항적인 태도를 드러내는 것으로 보아 침묵하는 행위에 대해 비교적 부정적인 시각을 갖고 있다. Condon (1984)도 미국인은 보통 침묵을 부정적인 긴장, 적의, 비겁함이나 부끄러움 등과 동일시한다고 본다. 서양속담에서 'No wisdom to silence.(가만히 있는 자에게 현자는 없다.)'라든가 'Beware of silent dog and still water!(짖지 않는 개와 고인 물은 위험하니 주의하라!)' 등과 같은 말이 침묵과 관련해서 나올 정도이다. 그들은 타인의 침묵에 대해 일종의 불만을 나타내고 있는 것으로 본다. 또 과묵한 자들은 부끄럼을 많이 탄다거나 기질이 약하거나 혹은 아는 것이 없다고 본다. '구르는 돌에는 이끼가 끼지 않는다.'는 속담에서처럼 미국인들은 역동적인 언어행위에 더욱 가치를 부여한다.

Samovar와 Poter(2007)는 미국인이 언어 커뮤니케이션에 우선순위를 두는 것은 기독교가 언어를 강조하는 종교이기 때문이라고도 한다. 두 문화를 비교하면, 한국 문화에서의 침묵은 긍정의 대답일 수도 있는 데 반해, 미국에서 침묵은 'No'의 뜻이거나 상대방의 말을 잘 이해하지 못한 경우로 받아들여진다. 그러므로 만약 이러한 침묵에 대한 인식의 차이를 문화 간의 커뮤니케이션에서 고려하지 않는다면 서로 간 의사소통의 불일치나 부정적인 감정 등을 불러일으킬 수 있다.

● **익숙하지 않은 사람과의 만남에서 한국인과 미국인은 어떤 태도를 보이는가?**

한국인은 대화라고 하면 특별한 화제에 대해 얘기하는 것이라고 생각한다. 일례로 "우리 대화 좀 하자"라고 말할 경우 그 대화를 제안한 사람은 상대방에게 특별히 전할 말이 있을 것으로 기대된다. 따라서 그리 익숙하지 않은 사람과 대화할 경우, 한국인들은 화제를 선정하기가 힘들 수밖에 없고 그와 같은 상황에서 마음을 열고 말을 트는 데도 어려움을 겪는 경우가 많다. 아울러 한국인은 한담에 익숙하지 않아 대화의 흐름이 자주 끊기는 경우가 많다.

하지만 미국인은 특별한 화제 거리가 없더라도 자연스럽게 대화를 이어가는 편이다. 서로의 빈 시간을 침묵으로 보내기 보다는 날씨나 안부와 같은 사소한 화제로 이야기를 하는 데 익숙하기 때문이다. 때로 미국인은 다소 낯선 관계에 있는 사람들과도 서슴없이 대화를 해나간다.

종종 미국인은 버스를 기다리거나 마트에서 줄을 서서 기다리는 동안 주위사람들과 얘기를 나누고자 한다. 파티에서도 서 있는 사람들과 자주 자리를 이동해가면서 여러 사람들과 대화를 나누게 되는데 이 때 가벼운 한담을 통해서 대화를 시작하게 된다. 그들은 한담 중 대화자들 간 어색함을 없애고 서로 공감할 수 있는 주제를 찾는다. 그들은 대인관계에서 짧고 정겨운 대화를 나누는 것이 사회생활에 있어서 중요한 권리요 능력이라고 믿는다. 따라서 만약 상대가 사소한 대화거리도 찾지 못하고 침묵시간이 길어지면 미국인은 불편해하거나 친화감이 없는 것으로 오해하기도 한다. 한편, 미국인은 중요한 말을 할 때에는 대화자들의 어조와 태도부터 달라진다. 그러한 용건에 대해 더욱 상대방의 집중을 요구하며 천천히 확인 여부를 물어 가며 얘기하게 된다. 따라서 대화 참가자는 대화 정황을 통해서 한담과 중요한 얘기의 구분을 적절히 하고자 한다.

● 한미 간 대인 접촉에서 말을 주고받을 때 나타나는 차이는 어떤 것인가?

앞의 대화문에서 Kim교수가 제대로 대응하지 못해 Greg의 오해를 산 것도 바로 'No gap'의 원칙을 지키지 않았기 때문이다. 미국인은 이러한 원칙을 대단히 중시하기에 질문에 대해 심사숙고하는 한국인과 달리 즉각적으로 반응하고자 한다.

말 순서 교대에서의 한미 간의 비교 연구는 아직 많지는 않지만, 한국인은 미국인보다 비교적 반응시간이 길고, 발화량도 적은 것으로 보인다. 필자의 연구에서도 미국 수업에서 다른 문화권 사람들의 발화량을 비교해 본 결과, 동아시아권 학생들이 미국인의 발화량에 1/3에 못미치는 것으로 나타났다 (우충환, 1995). 이러한 결과는 당시 연구 참여자들의 외국어 능력의 한계도 있지만 무엇보다 화제의 선택이나 한담의 기술이 동서양 간에 차이가 있기 때문인 것으로 판단된다.

한국인은 'No overlap'의 규칙을 어기는 경우도 적지 않다. 종적관계의 서열을 중시하는 문화에서 연장자나 신분이 높은 자가 연소자나 하급자가 말하는 도중 어렵지 않게 말을 가로채거나 대화를 점유함으로써 말의 겹침이 생기게 된다. 한국인 간의 이러한 말 가로채기는 아주 친한 관계에서도 서로 흉금을 털어놓고 얘기할 때 종종 일어나기도 한다. 이러한 한국인의 대화 스타일은 아무리 친하더라도 상대가 얘기하는 도중에는 좀처럼 끼어들지 않고 말이 끝나기를 기다려 대답을 하는 미국인의 대화 스타일과 다소 차이를 보이고 있다.

● 한담의 주제로는 주로 어떤 것을 다루면 좋은가?

한담의 주제를 한정짓기는 어렵다. 그것은 한담이 특정 주제에 관해 특별한 목적을 가지고 하는 것이라기보다 용건을 말하기 전 가볍게 나누는 얘기이기 때문이다. 따라서 한담이 서로의 공감을 나눌 수 있는 화제라면 무엇이든 좋다. 음악, 스포츠, 예술, 그리고 그날의 날씨나 교통상황도 좋은 주제가 될 수 있다. 또한 셰익스피어의 작품과 같이 서로 잘 아는 특정 주제에 대해서 공감을 나누는 것도 좋은 한담거리가 될 수 있다. 한담을 잘하기 위해서는 신문, 잡지, TV등 다양한 매체를 통해 대화를 편하게 지속시켜주는 주제들을 알아 놓는 것도 좋다. 스포츠나 연예 이야기(텔레비전 프로그램이나 영화), 취미에 관한 것들이 그것인데, 이러한 주제들은 서로에게 부담을 없애고 딱딱한 분위기를 부드럽게 하는 데에도 도움이 된다. 서로 친한 사이가 아니라면 종교, 정치, 사적인 주제는 피하고 가볍고 시시콜콜한 이야기로 대화를 트는 것이 좋다. 다음은 미국인들이 흔히 사용하는 한담의 주제이다.

How do you like this weather? (이런 날씨 어때요?)
Do you have the time? (몇 시쯤 되었나요?)
Excuse me, have you got a light? (담뱃불 좀 빌릴 수 있습니까?)
How have you been lately? (요즘 어떻게 지내세요?)
I like your dress shoes. Where did you get them? (구두가 참 멋지네요. 어디서 사셨죠?)
Have you watched the movie starring Brad Pitt? (브래드피트 주연 영화를 본 적이 있나요?)
Did you see the soccer game last night? (어젯밤 축구경기 보셨나요?)
Do you play golf? What is your average score? (골프 치세요? 평균 타수는요?)
Can you recommend any restaurant in New York?
(뉴욕에 가 볼만한 식당을 추천해 주시겠어요?)

Summary of Culture Code

- 한국인은 말을 주고받을 시 침묵기간이 길고 한담을 부차적인 것으로 여기고 한담기술과 화제도 적다.
- 미국인은 말을 주고받을 시 침묵기간이 짧고 한담을 대화의 기본으로 생각하며 다양한 화제로 한담 자체를 즐기고자 한다.

Let's Talk

- 한국인의 상호작용 패턴이 다른 문화권 사람들의 상호작용 패턴과 어떠한 차이를 보이는지 구체적인 예를 들어 설명하시오.
- 애들러(Adler)의 회화패턴을 기준으로 하여, 만약 한국인이 미국인과 대화를 한다면 어떠한 점에서 갈등이 생길 수 있을지 설명하시오.
- 보통 다른 사람에게 말의 순서를 넘겨주기 위해서 화자는 어떠한 행동을 취하는가?
- 한국어권과 영어권 사람들은 말 순서 취하기에 있어서 어떤 차이를 보이는가?
- '시집가면 벙어리 3년 귀머거리 3년'이라는 말이 대인 의사소통과 관련하여 함축하는 의미는 무엇인가?
- 간혹 다른 사람들이 자신의 말을 가로챌 때 어떻게 느끼고 대응을 하는지 설명하시오.

14장 질문 하기
Questions are above Test Score

실수를 전혀 하지 않는 사람은 아무 것도 하지 않는 사람이다.
― Theodore Roosevelt

Opening of Culture Gate

관광지에서 안내자가 설명하면 쉴 새 없이 질문하고 대답하는 풍경. 어려운 용어로 설명을 하는 의사에게도 묵묵히 듣지만 않고 묻는 환자의 풍경. 수업시간에도 누가 선생님이고 누가 학생인지 모를 정도로 당당하게 반론을 펴는 학생들. 이와 같은 행동은 미국인에게서 쉽게 찾아 볼 수 있다. 미국에서는 질문을 많이 하고 거리낌 없이 말하는 사람을 적극적이고 영리한 사람으로 여긴다. 아울러 교사의 질문에 신속히 답하는 학생은 칭찬을 받지만, 답변을 곰곰이 생각하거나 심사숙고 하는 학생들에 대해서는 문제가 있다고 여기는 편이다. 하지만 한국에서는 위와 같은 상황에서 좀처럼 질문을 하지 않으며 특히 상대가 상급자일 경우 웬만해서는 토를 달지 않는다. 이 장에서는 이처럼 한미 문화 간에 질문 하는 패턴이 어떤 차이가 있는지 살펴보고 그 문화적 배경을 분석해 보고자 한다. 아울러 현 한국의 교실 문화를 진단해보고 장차 학생들의 의사소통 능력을 향상하기 위해 어떻게 개선 발전 되어야 할지를 살펴본다.

Cultural Key Terms

Politeness (공손): Brown과 Levinson (1978)은 공손 (politeness)에 대한 기본원칙을 다른 사람의 감정을 배려하거나 체면위협행위 (face threatening act, FTA)를 하지 않는 것으로 본다.

Face (체면): '공적인 자기 이미지'로서 우리가 포함되거나 자율을 위한 우리의 필요에 의해 생겨난 것이다. 집단주의 문화에서 체면에 대한 관심은 전적으로 다른 사람에 달려있다. 반면 개인주의 문화에서 체면에 대한 관심은 자신에 달려있다. 개인이 집단주의자와 만나 체면을 세워주지 못할 때 오해가 생기게 된다.

Positive face-saving (적극적인 체면): 남에게 인정받고 싶은 욕구를 의미한다. Brown과 Levinson(1978)은 체면문화를 적극적인 체면과 소극적인 체면으로 구분하고 있다.

Negative face-saving (소극적인 체면): 타인에게 방해받고 싶지 않은 욕구를 말한다. 종적인 관계문화에서 한국인은 상대방으로부터 인정받고자 하는 '적극적인 체면 세우기(positive face-saving)'와 격식을 따지는 의식이 팽배하다. 하지만 서구인은 다른 사람에게 방해받고 싶지 않은 '소극적인 체면 세우기(negative face-saving)'를 더욱 중시하며 비교적 격식에 매이지 않음으로써 동양인과 상반되는 인식을 보이고 있다 (우충환, 2001).

Display question (전시형 질문): 답을 이미 알고서 묻는 질문을 말한다. 보통 교사가 수업 중 묻는 질문은 교사가 이미 답을 알고서 학생들에게 이해 검증을 위해서 묻는 경우가 많다. 전시형 질문으로는 대화자산 상호작용을 유발하기 어렵다. referential question은 교사가 답을 모르는 질문으로 이 경우 답변자는 좀더 능동적으로 대응할 수 있어 상호작용이 가능하게 된다.

Situational Conversation : Classroom Discourse

Kim: Hi! Greg. So, how was your first day of classes for this new semester?

Greg: Oh, hello, Mr. Kim. **Things went very well.** It looks like my students are very interested in their English Literature classes. I clearly saw the eagerness and enthusiasm in their faces. I love to see that positive attitude, especially on the first day of class.

Kim: That's good to hear. You have a very good reputation among the faculty and students, so I'm sure that your students are happy to have the opportunity to learn from your classes.

Greg: Well, thanks, Mr. Kim. That's nice to hear. While I've got you here, I'd like your advice on something I've noticed. I've never had any problems with students, but I have noticed that being active in class isn't very natural for Korean students. Most seem very content to just listen to me lecture. This is difficult for me because my classes are always designed to be active learning environments. I want the students to always feel free to speak, and I especially want them to be free to ask as many questions as they like, but rarely do they do so. I know there are things they don't fully understand, yet they don't question me.

Kim: This is something that other foreigners have asked me before. You see, Greg, there are several reasons why the students rarely ask questions. One of the biggest reasons is that asking too many questions is considered impolite to the speaker. Korean students also think that they will embarrass the teacher because if they ask questions it implies that the teacher isn't doing a very good job. Another reason for not asking questions is that students believe they look ignorant. They don't want to lose face in front of the teacher or other students.

Greg: Mr. Kim, I understand that not losing face is a very thing in Korean culture, and as a teacher I would never put my students in such a situation. But as a teacher who was educated and taught in America, when students don't ask questions in class it's hard for me to accept, especially when I am sure that many of them have questions. In fact, I am pretty sure that if one student has a question or doesn't understand something, others have the same questions. Students should never feel that their questions are stupid. We have a saying, "The only stupid question is the question you don't ask."

Kim: You know, Greg, this conversation **reminds me of** the time I first studied in the U.S. I remember going to my classes and thinking how different they were from Korean classes. I **was a little shocked** at how often the students asked questions or made comments or offered their opinions on things. I was even more shocked when I realized that this was accepted behavior in the classroom and that the teachers and professors encouraged it. It was a very different learning experience from what I was used to. It took me awhile before I became comfortable with that type of active classroom participation. And, like me, I am sure that your students will learn that it is perfectly okay to ask questions and **actively participate in** your classes. Just give them time to get comfortable with the idea, okay?

Greg: You're right, and I will give them time. It's interesting. It seems that almost every day I am learning something new about Korean culture, and today I learned that cultural differences can even be seen in the classroom. Thanks for the lesson, Mr. Kim.

Kim: You're welcome, Greg. I'm sure this won't be the last time we have questions about the differences between our cultures. It's good to know that we can learn from each other; all we have to do is ask each other.

Real Expressions

things go well: 일이 잘 되어 가다.
reminds me of: 생각나게 하다.
be shocked at: 깜짝 놀라다
actively participate in: 적극적으로 참여하다.

● 수업 행위에 있어서 한국과 미국의 교실문화 간에 어떤 차이를 보이는가?

최근 필자가 1년 동안 30여회에 걸쳐 고교생의 수업현장을 참관해본 결과 가장 특징적인 발견은 수업시간 중 학생들은 교사에게 거의 질문을 하지 않는다는 사실이었다. 지금까지의 여러 연구에서도 미국을 비롯한 서구 여러 나라에 비해 한국의 학생들은 교실 수업에서 교사와 학생 간 상호작용이 활발하지 않다는 것이 반복적으로 보고되고 있다. 여기서 필자는 우리의 교실을 다른 문화권의 교실과 단순 비교해서 그들과 같은 방향으로 가야 한다는 논리를 내세우자는 것은 아니다. 그러한 접근 보다는 우선 한국의 전통문화에 뿌리를 둔 우리의 교실문화를 있는 그대로 충분히 이해하고, 다른 나라의 교실과도 좀더 폭넓게 비교분석을 거친 후에 개선방안을 마련하는 것이 더욱 현실적이라고 본다. 우리 문화에 대한 충분한 이해가 없이 다른 문화의 잣대만을 기준에 두고 맹목적으로 따라갈 경우 진정 힘 있는 변화를 기대하기는 힘들 것이다. 이러한 점에서 문화적인 요인을 충분히 감안하지 않고 교육의 '개혁'이나 '혁신'을 성급히 시도하는 것은 자칫 혼란을 가중시킬 수 있다고 본다. 때로는 '작은 변화가 큰 결과를 가져온다.(Small changes can have a big consequence.)'라는 말이 더욱 시사적으로 들린다.

한국과 미국의 교실수업 간에는 교사의 질문에 답변하는 데 있어서도 많은 차이를 보이고 있다. 보통의 한국 교실 수업에서 교사는 묻고 학생은 답변을 하며 학생의 답변에 대해서 교사가 평가하는 식의 교실 담화 형태를 보이고 있다. 그런데 금번 수업 관찰에서 보면 수업 중 교사가 묻는 질문은 "알았지?" "맞지?" 등 전체 학생을 대상으로 하여 이해를 확인하기 위해 묻는 질문이 대부분을 차지했다. 물론 교사의 질문은 교사가 이미 그 답을 알고 있는 전시형 질문(display question)이 대부분이었다. 상대적으로 개별 질문이나 내용을 묻는 질문은 수업 내내 없는 경우가 많았다.

흥미 있는 것은 한국의 수업에서는 교사의 이해를 확인하는 질문에 학생들이 몰라도 한 목소리로 그냥 "예"라고 대답한다는 것이다. 물론 이러한 답변은 학생들이 수업내용에 대해 잘 모르는 부분이 있더라도 교사의 말에 수긍하려는 행동으로써 앞서 언급한 자신을 낮추는 의례적인 행위임을 알 수 있다. 혹 수업내용에서 논란거리가 있더라도 학생들은 교사의 체면과 예의를 지켜주기 위해 이를 논박하기를 피하고자 했다. 이는 비록 어떤 사안에 대해 논란을 벌이더라도 그것이 필연코 교사와 연관이 되어 체면을 손상시키는 행위라고 생각하는 성향이 있기 때문이다. 아울러 학생들은 끊임없이 교사나 다른 사람들이 자신에 대해서 어떻게 생각하는지에 관심을 갖고 상급자에게 격식을 차리며 예의를 다하는 경향을 보이고 있다.

이와 달리, 미국인은 자기주장을 잘 드러내고 대화와 질문을 좋아하며 직접적으로 의사전달을 한다 (우충환, 2008). 한미 문화 간 특성의 차이는 Hall(1976)이 제시하는 HCC와 LCC에 관한 이론과도 일치하고 있다. 즉, 미국의 교실 수업은 주로 질문과 질문에 대한 답변으로 이루어지며 학생들은 얼마만큼 적극적으로 질문에 답하고 질문을 하는가에 따라 수업 참여도 점수가 매겨진다. 일례로 고등학교의 수업 참여도를 평가하는 기준으로는 학년이 올라갈수록 수업 참여가 평가에 많이 반영되며 고교 3년생인 경우, 수업참여도 비율을 전체 성적의 30% 정도를 반영하는 학교도 있다. 혹 교사와 학생 간의 지리한 논란이 있더라도 그것이 사람과 연관되어 교사의 체면손상까지 확대되지 않으며, 일과 인간관계를 엄격히 구분하는 편이기 때문에, 이후 서로의 관계에도 그리 영향을 미치지 않는다. 흔히 학생들이 교사에게 나타내는 공손함도 서로가 상호작용하는 가운데 비교적 즉흥적이고 친근한 분위기에서 표출된다.

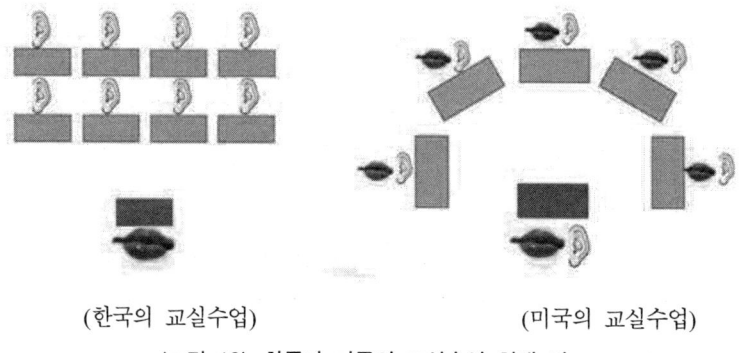

(한국의 교실수업)　　　　　　　(미국의 교실수업)
〈그림 16〉 한국과 미국의 교실수업 형태 비교

교사가 중심이 되어 수업내용 전달에 중점을 두는 한국의 교실과 달리, 미국의 교실에서는 수업내용의 전달뿐만 아니라 학생들의 대화를 이끌어내고 활발하게 수업을 진행하는 데에도 많은 비중을 둔다. 필자와 10년을 함께 근무 해온 Greg의 수업은 무척 역동적이며 활기가 넘치고 스스로도 자신은 배우가 '연기'를 한다는 기분으로 수업에 임한다고 한다. 이처럼 '활동'에 중심을 두는 미국인 교사들은 상호작용을 중시하며 게임 등 다양한 방법과 기술을 사용하여 수업하는 것을 선호한다.

● **한국과 미국 학생들의 질문 행위에 영향을 미치는 문화적 요인은 무엇인가?**

한국인 학생들이 수업 중 질문을 자주 하지 않는 이유로는 한국인의 문화적 특성이 깊이 자리하고 있다. 전통적으로 동아시아권의 위계사회에서 손아래 사람은 윗사람의 말을 경청하도록 교육을 받는다. 교실에서도 한국인들은 수동적으로 듣고 비록 의문이 나더라도 좀처럼 묻지 않는 편이다. 그 이유는 질문을 했을 경우, 동료들로부터 잘난 체 한다던가 교사의 체면을 손상시킨다는 오해를 받을 수도 있기 때문이다.

체면에 관한 의식 또한, 한미 문화 간에 상당한 차이가 있는 것으로 보인다. 한국인은 적극적인 체면의식이 강하여 집단의 인정을 받는데 관심을 가지며 그렇지 못할 경우 수치심을 느낀다. 한국이나 일본을 포함한 동아시아인들은 다른 사람의 느낌을 먼저 생각하고 말하며 일단 말을 하더라도 집단 내 구성원 간의 화합을 강조하여 다른 사람의 반응을 보고 대응하려고 한다. 또한 다른 사람에게 가능한 공손하게 보이기 위해 서로 맞서는 것은 바람직하지 않은 일로 여긴다. Hofstead(1980)는 집단주의 사회에서 개인은 내적인 동기에서 행동하기 보다는 체면을 손상하지 않기 위해 행동한다고 보았다. 이러한 환경적인 영향으로 인해, 한국 학생들은 윗사람인 교사의 말을 수동적으로 듣고 조용히 있는 것을 선호하는 것으로 보인다.

이와 달리, 개인주의자들은 체면의 손상에 그리 개의치 않는다. 그들은 어떤 집단의 사람에게 어떻게 받아들여진다는 것이 삶의 주요한 목표가 아니라고 생각한다. 학생들은 의문이 나는 것을 묻고 설명과 논쟁을 통해서 자신을 방어한다. 또한 교사들은 다소 불편한 질문이라도 허심탄회하게 답변하며, 질문내용과 질문자는 구분해서 받아들이려고 한다.

가정에서도 미국 부모들은 아이들에게 "Ask, ask, ask"라는 말을 하며, 학생들이 묻고 논쟁하는 분위기를 조장한다. 그들은 의문점을 해소하고 상대를 설득하는 것이 아주 중요하다고 보기 때문이다. Heath(1982)는 트랙톤 마을과 루이스빌 마을의 아이들을 관찰하면서 가정에서 부모가 어떤 식으로 묻고 답하는 가가 장차 학교에서 상호작용하는 데 큰 영향을 미칠 수 있음을 보여주었다. 트랙톤 마을의 흑인 아이들은 부모가 사물 인식에 대한 질문을 전혀 하지 않았는데, 그러다 보니 이후 학교에 가서도 거의 수업에 참여하지 못하는 결과가 나타났다. 이와 같이 환경적 요인이 학생들의 질문 행위에 미치는 영향은 적지 않다고 본다.

● **질문의 종류와 교실 상호작용을 위한 방식에는 어떤 것이 있는가?**

앞서 언급한 바와 같이 서구인들의 정신은 어떤 사안에 대해서 탐구하려는 자세를 갖고 있다고 볼 수 있다. 그들은 질문을 통해서 의혹을 해소하고 자신을 감동적이고 설득력 있게 나타내 보이고자 한다. 따라서 그들의 일상 대화에서도 묻고 답하는 방식이 잘 발달되어 있다. 일반적으로 질문을 하는 방식은 다음의 세 가지로 나누어진다.

- **상대방(you)이 나의 말을 제대로 이해했는지 확인한다.**
"Do you see what I'm saying?" (제 말이 무슨 뜻인지 아셨나요?)
"You got it?" (내 말을 제대로 이해하셨나요?)
"Is that clear?" (제 말이 명확히 이해됩니까?)
"OK so far?" (지금까지 이해하는 데 문제없지요?)

- **상대방이 하는 말을 제대로 알아들었는지 확인하기 위해 구체적으로 되묻는다.**
"Oh, so you are saying that you arrived at the Pittsburgh airport at 2 o'clock?"
(어휴, 그렇다면 피츠버그 공항에 새벽 2시에 도착했다는 말인가요?)

"Did you say 2 o'clock?" (새벽 2시라고 했나요?)

"Could you be more specific?" (좀 더 구체적으로 들려줄 수 있나요?)

- **상대방의 말을 잘 이해하지 못했을 때, 추가 정보나 협조를 구하기 위해 묻는다.**

"I am not sure what you mean."(당신이 한 말을 정확히 모르겠군요.)

"Are you saying that …" (…라고 말하시는 건가요?)

"Would you like to tell me more about it?"(그것에 대해 더 자세히 말해 줄래요?)

위의 세 가지 형태의 질문 중에서 한국의 교실에서는 첫 번째 질문, 즉 교사의 이해 확인 질문이 가장 많다. 외국어 교실에서 의사소통 능력을 향상하기 위해서는 무엇보다도 언어교육과 문화의 연계가 필요하다. 그 이유는 의사소통 능력에 관한 주요 연구에서도 잘 나타나 있다. Canale(1983)은 의사소통 능력을 문법능력, 사회문화적인 능력, 담화능력 및 책략적 능력으로 보고, Saville-Troike(1982)는 상호작용 기술, 언어 기술 및 문화지식을 포함한다고 주장한다. 이들의 주장은 의사소통 능력이 단순히 언어나 메시지의 전달기능 뿐만 아니라 타 문화에 대한 인식이 필수적임을 말해준다.

앞의 교실 담화의 예에서 보듯이, 단순히 학생들이 수업내용에 참여 하지 않는다는 사실만 보고 선진 외국의 사례에 맞추려고 한다면, 문화의 속성을 감안하지 못한 채, 피상적인 조치 밖에 되지 못하므로 실제 효과를 보기 힘들다. 의사소통 능력을 향상하기 위해서는 자문화의 충분한 이해를 토대로 타문화와의 교실 상호작용을 비교분석하고 대안을 마련하는 것이 더욱 효과적이라고 본다.

Summary of Culture Code

- 강의 중심의 한국의 교실에서는 질문이 적으며, 시험점수와 같은 결과 위주의 평가를 주로 한다.
- 탐구활동 중심의 미국의 교실에서는 교사와 학생의 질문이 많으며, 수업참여에 비중을 많이 두는 과정 중심의 평가를 한다.

Let's Talk

- 한국의 고교수업에서 특징적으로 드러나는 상호작용 패턴은 무엇인지 설명하시오.
- 한국의 외국어 수업에서 소그룹 대화가 잘 이루어지지 못하는 이유는 무엇인가?
- 교실에서 학생들의 질문기회를 늘리고 활발한 수업참여를 위해 교사는 어떻게 수업운용을 해야 하는가?
- 교실에서 교사와 학생, 학생들 간의 상호작용을 높이기 위한 방안은 어떤 것이 있는지 얘기를 나누시오.
- 다음의 질문에 대한 응답에서 보는 바와 같이, 동서 문화권 사람들이 얼마나 다르게 지각하는지에 대해 서로 의견을 나누시오.

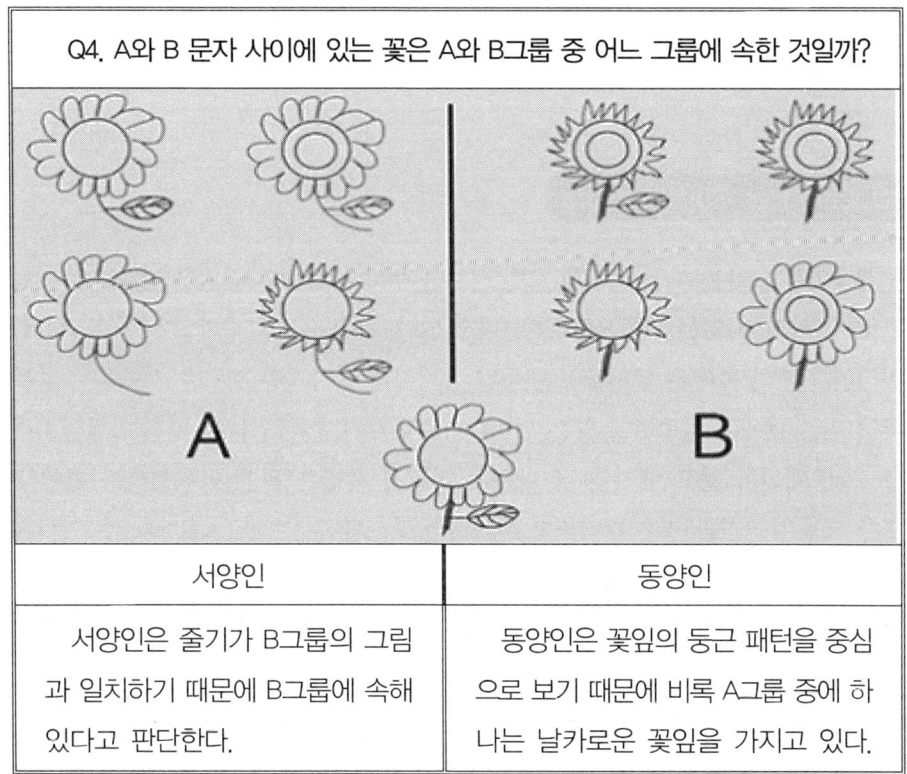

서양인	동양인
서양인은 줄기가 B그룹의 그림과 일치하기 때문에 B그룹에 속해 있다고 판단한다.	동양인은 꽃잎의 둥근 패턴을 중심으로 보기 때문에 비록 A그룹 중에 하나는 날카로운 꽃잎을 가지고 있다.

15장 말문 트기
No Talk, No Gain.

우리가 가장 좋다고 생각하는 노래는 우리 귀에 가장 익숙해져 있는 노래이다.
— 영국 속담

친구를 가지는 유일한 방법은 먼저 친구가 되는 것이다.
(The only way to have a friend is to be one)
— Emerson

Opening of Culture Gate

한국인은 고마운 사람에 대해 오랜 시간을 두고 보답하고 긴밀한 관계를 유지함으로써 '의리'가 있는 민족으로 잘 알려져 있다. '관포지교', '죽마고우'라는 말처럼 한국인들은 한번 맺은 인연을 오랫동안 유지하려고 하지만 새로운 사람을 두루두루 사귀는 데에는 익숙하지 않은 편이다. 이와 달리, 미국인들은 낯선 사람일지라도 그리 개의치 않고 얘기를 잘 나누며 비교적 폭넓은 관계를 유지하는 편이다. 또한 그들은 감사할 일은 즉각적으로 표현하고 보답하는 'Give and take(주고받기)'를 미덕으로 삼는다. 'Go dutch (각자 지불하기)' 문화가 잘 보여주듯이, 미국인들은 상대방으로부터 정신적으로나 물질적으로 신세를 지면 가능한 한 빨리 답례를 하고자 한다.

이 장에서는 한국인과 미국인이 속내를 드러내고 낯선 사람과 어떻게 상호작용하는지를 알아보고 이 문화 간 커뮤니케이션에서 생길 수 있는 제반 문제의 해결방안을 찾아보자.

Cultural Key Terms

Uye-ri (의리): 한국인이 중시하는 '의리'의 개념은 오랫동안 지속되는 인간 관계 속에서 이번에 진 신세를 훗날 갚는다는 전제를 깔고 있다. 의리는 집단 내 구성원들을 긴밀하게 유지시키는 근원이 되지만, 다른 집단과 구분 짓는 요소도 되기에 당파를 구성하는 등의 심각한 문제를 야기하기도 한다. 서구의 개인주의 문화권에서 의리는 대칭적 상호교환의 성격을 띠며 일시적으로 받은 호의에 상응하는 형태로 보상하는, 흔히 '주고받기(give and take)'의 의미로 통한다.

Minority (소수민족): 1) 전체 수에서 반보다 적은 수를 의미한다. 2) 다수나 더 많은 권력을 가진 집단에 끼지 못하는 집단을 의미한다.

Majority (지배민족): 1) 전체 수에서 반보다 더 많은 수를 의미한다. 2) 다른 집단보다 더욱 크거나 더 많은 권력을 가진 집단을 의미한다.

Glass ceiling (유리천장): 위를 보면 끝없이 올라갈 수 있을 것처럼 투명해 보이지만 어느 정도 이상 높은 곳으로 올라갈 수 없도록 막는다는 의미다. 마릴린 로덴이 만든 신조어로, 여성과 소수민족의 승진에 대한 차별을 나타내는 말이다. 겉보기에 남녀평등이 실현된 것으로 보이지만 실제는 전혀 그렇지 않은 현실을 비유하는데 쓰인다.

Mainstream Culture (지배문화): 사회적으로 힘을 가진 집단으로서 힘을 가진 사람들이 문화의 전체적인 분위기를 형성하는 집단을 말한다. 미국에서 백인 남성들은 34% 밖에 되지 않지만 지배문화의 중심역할을 하고 있다. 지배문화는 획일적이지 않고 그 속에는 수많은 공동문화와 세분화된 문화가 존재한다. 사람들의 지각이나 커뮤니케이션 유형, 믿음 그리고 가치관에 커다란 영향을 미치는 지배집단은 모든 문화의 특성이다 (Samovar & Porter, 2007).

Co-culture (공동 문화): 두 개 이상의 문화에 속하며 다른 집단이나 공동체 지배문화와 확연히 구별되는 독특한 문화를 보여주는 집단이나 사회공동체를 말한다. 공동문화의 일원들은 지배문화와 상호교류하며 지배문화의 일원과 다름없이 자신들만의 독특한 의식과 가치관, 믿음, 의식, 커뮤니케이션 유형과 생활 방식을 공유한다. 대부분의 공동문화는 미국문화(American culture)처럼 지배문화의 유형이나 인식을 공유하면서, 아프리카계 미국인(African-American), 아시아계 미국인(Asian-American), 멕시코계 미국인(Mexican-American) 등의 표현이 말해주듯이, 자문화 속의 일원으로 습득하는 독특한 커뮤니케이션 유형도 갖고 있다.

African-American (아프리카계 미국인): 17세기에서 19세기까지 노예로 아프리카에서 미국으로 끌려온 흑인과 그 후손을 가리키는 신조어이다. 이 말은 1990년대부터 새로 유행했으며 그 이전에는 주로 'Black'으로 일컬어졌다.

Situational Conversation : Opening Conversation

Greg: Hey, Mr. Kim! What's up? You seem **lost in thought**.

Kim: I was just noticing all the young couples out for a walk on campus this evening, and it reminded me of the time I **blew it** with this girl I met many years ago when I was a student in the States.

Greg: Tell me about it.

Kim: There was this girl who sat next to me in one of my classes. I thought she was very pretty, but I never had the courage to **strike up a conversation** with her. One day, as she sat down at her desk, she turned to me and asked me if I'd noticed anything different about her.

Greg: Well…what did you say?

Kim: Because her question **caught me by surprise**, I didn't know what to say. I remember I just **mumbled** something like, "I don't know." Her face told me that she was a little disappointed with my response.

Greg: Why? What did she expect you to say?

Kim: After waiting a few more seconds for me to notice something different about her, she finally told me that she **did her hair**. Immediately after she told me that I saw that her hairstyle was different and it looked really good. Even then, the only thing I said was, "Oh, yes." I think I hurt her feelings a little bit.

Greg: You're probably right about that. Mr. Kim, what I think is that she was looking for a reason to talk to you. Maybe she liked you and wanted to get to know you a little. If you had complimented her on her new hairstyle she would have been pleased and it could have **opened the door** to a conversation, which would have given both of you a chance to get to know each other. Also, by complimenting her new hairstyle, you would have made her feel good about herself. I remember that we had a conversation similar to this before.

Kim: Yes, I do too. That's what I was thinking before you came over. If I had understood then why Americans offer compliments so easily maybe I would have gotten to know that girl.

Greg: Yeah, Mr. Kim, compliments and praise serve many functions in American culture. They can be motivators; they can be conversation starters; they can make people feel good; and, as in your case, they can show that you have an interest in another person. Besides that, it's always nice to receive a compliment **every now and then**.

Kim: I guess you're right, Greg. Thanks.

Greg: You're welcome, Mr. Kim. Have a good afternoon.

Kim: You too, Greg.

Real Expressions

lost in thought : 멍 때리다.
blew it : '불다' 라는 뜻으로 사람을 놓치다.
strike up a conversation : 대화를 시작하다.
caught me by surprise : 갑자기 나를 붙잡다.
mumbled : 중얼거리다.

did her hair : 머리를 하다. 즉 머리 모양을 바꾸다.
opened the door : '문을 열다' 로 여기서는 '어떤 계기를 만들다' 란뜻
every now and then : 그때나 지금이나

● 낯선 사람을 만날 때 한국인과 미국인들이 보이는 태도는 어떻게 다른가?

한국인은 낯선 사람과의 대화를 비교적 꺼리는 편이다. 동일민족으로 이루어진 한국인은 평소 알고 지내는 사람과는 얘기를 잘 나누지만 잘 모르는 사람과 얘기할 때는 다소 어색해 한다. 따라서 길가다가 낯선 사람을 만나더라도 좀처럼 인사를 하지 않는 편이다. 낯선 사람과는 간혹 눈 맞춤이나 제스쳐 등 비언어적인 경로로 의사전달을 하는 경우는 있지만, 이 경우에도 명시적인 말로는 잘 표현 하지 않는다. 사회적인 조화와 상대방의 체면손상을 피하기 위해 상황을 파악하는 능력인 '눈치'를 많이 보는 편이다. 말로 하기보다는 직감적으로 느끼는 능력인 '눈치'는 서로간의 체면손상(lose face)을 피하고 상대방에게 공손함을 나타내 주기도 한다.

문제는 이러한 한국인의 소통 방식을 다른 문화 사람들은 잘 이해하지 못한다는 데 있다. 미국인들은 산책하면서 만나는 사람마다 "Hi"나 "Good Morning"이라고 인사하며, 대형몰에서 줄을 서서 기다리면서도 낯선 이에게 말을 거는 것이 다반사이다. 그들의 관점에서 비록 낯선 사람일지라도 이전에 알고 지내는 사람과 달리 대하는 행위는 개인주의의 가치인 공정성과 평등의 규칙을 어기는 것이다. 표현방법에 있어서도 미국인들은 명확한 말을 선호하며 말을 하지 않는 사람들에 대해서 무뚝뚝하다거나 부정적인 태도를 가진 자로 여기기도 한다. 종종 한국인은 과묵한 사람을 '점잖다', '입이 무겁다', '신중하다' 라며 대부분 긍정적으로 받아들이지만, 반대로 미국인이 갖는 태도는 그리 긍정적이지 못하다. 대화문에서 언급된 여학생의 태도도 바로 이와 같은 미국인의 가치나 신념에 따라 상대에 대해 평가를 내린다는 것을 보여주고 있다.

● 미국인이 대화를 여는 스타일은 어떠한가?

미국인은 모든 사람에게 두루 열려있고 주장이 강해서 자신을 공적으로 나타낼 때에는 비언어적인 행위나 정황의 단서에 그리 관심을 두지 않는다. 그들은 비언어적 행위보다는 명확한 언어표현에 더욱 의존한다. 아울러 마음속에 있는 걸 거리낌 없이 말하는 것을 중요하게 여긴다. 저맥락 문화에 속한 미국인은 비교적 말수도 많으며 여러 사람에게 열린 태도를 취하고, 사적인 일들로 얘기를 꾸려간다. 따라서 그들은 자신을 좀처럼 드러내지 않는 사람에 대해서 비우호적이라고 인식한다. 또한 얘기 도중 어느 정도의 위험 부담은 더 나은 것을 얻기 위해서 불가피한 것으로 본다. 다만 그러한 실수는 적합한 설명을 통해서 수정될 수 있는 것으로 본다.

● 남녀 간의 의사소통 방식에는 어떠한 특성이 있는가?

각 문화 안에는 많은 공동 문화(co-culture)와 세분화된 문화가 있다. 이 문화 간 의사소통은 같은 사회 속에 살지만 문화적 배경이 다른 사람들 간의 상호작용을 포함한다. 미국에는 노인, 여성, 동성애자, 장애자, 재소자들뿐만 아니라 아프리카계나 아시아계 미국인 등의 공동 문화가 있고, 국가는 문화 간 의사소통을 위해서도 이들에 대해 주목을 한다. 한미 간에는 남녀 간의 의사소통에 있어서도 차이가 나타난다. 전통적으로 남성중심의 문화가 팽배했던 한국에서는 여성이 먼저 남성에게 예의를 갖추는 편이었다. 아직도 유교의 가르침은 '남녀 칠세 부동석' '부부유별'과 같은 말에서 보는 바, 남녀 간의 의사소통에도 지대한 영향을 미치고 있다.

한편, 보통의 서구인들은 대인관계에서 여성을 우선시하는 편이며 그러한 행동은 언어사용에서도 나타난다. 예를 들어 한국어에서는 "신사숙녀 여러분"이라고 하지만 영어에서는 "Ladies and Gentleman"으로 부르는 등 사회 전반에 걸쳐 '여성 우선'(lady first)의 정신이 잘 나타나고 있다. 여성의 취업 인구비율만 보더라도 미국은 여성취업자가 1960년대에서 1980년대까지 꾸준히 증가하다가 1990년대에는 안정적으로 되었다. 현재 여성의 취업인구 구조를 보면, '유리천장'에 비유되어온 여성 차별이 점차 해소되고, 전체 취업인구의 반을 여성이 차지하고 있다.

남성과 여성을 구분해서 입장하도록 조성해 놓은 인도의 유적지 입구 도로

현재 한국에서는 이러한 서구의 'lady first' 문화를 받아들여 적용하는 데 다소 어색한 면도 있지만, 여성의 사회참여의 비중이 커짐에 따라 여성을 사회적으로 동등시하거나 우대하는 경향이 점차 확산되고 있다.

● 지배 문화에 들어간 소수민족이 대인관계에서 모색해봐야 할 일은 무엇인가?

다른 문화에 들어갔을 때 보통 사람들은 상대가 자신을 이해하고 배려해주기를 바란다. 하지만 이러한 기대는 더욱 상황을 악화시키는 역할을 할 뿐이다. 때로는 주류문화 사람들이 다른 문화권에서 온 자신을 알아주기는커녕 도리어 배신감을 갖게 하는 경우도 있기 때문이다. 지배 문화(mainstream culture)는 그 흐름을 그대로 유지하려는 속성을 지닌다. 따라서 상대를 변화시키기 보다는 자신이 스스로 변하는 것이 가능한 빠른 시간에 적응하는 데 도움이 된다. 목표 문화에 가면 다른 사람이나 외부의 변화를 기대하기 보다는 자신 내부에서 스스로가 변화를 시도 하는 것이 상황을 호전시킬 수 있다.

아울러 다른 문화의 규범은 물론 자문화와의 공통점을 찾는 노력도 병행할 가치가 있다. 이러한 공통점을 통해서 낯선 자와 좀더 효과적으로 인간관계를 맺을 수 있다. Gudykunst와 Kim(1991)은 인간관계를 맺기 위한 보편적인 규칙을 다음과 같이 보여주고 있다.

1) 다른 사람의 프라이버시를 존중한다.
2) 다른 사람의 눈을 쳐다본다.
3) 다른 사람의 비밀을 말하지 않는다.
4) 성적인 관계에 탐닉하지 않는다.
5) 다른 사람을 공개적으로 비판하지 않는다.
6) 아무리 작더라도 다른 사람에 대해 진 빚, 은혜 혹은 칭찬은 되갚는다.

한미 문화코드 요약

- 한국인은 맥락에 의존하여 말수가 적은 편이며, 듣는 사람이 부족한 부분을 보완해서 메시지를 이해해야 한다.
- 미국인은 명백한 언어적·비언어적 표현에 의존하기에 말수가 많고 메시지를 분명하게 전달하고자 한다.

Let's Talk

- 낯선 사람과의 의사소통을 위해 요구되는 태도는 무엇인지 얘기하시오.
- 남녀 간 의사소통을 위해 우선적으로 요구되는 행동은 무엇인지 얘기하시오.
- 과거 전통적인 남성중심의 사고방식이 최근에는 어떻게 변화하고 있는가?

- 아래 진단표를 보고 낯선 사람과의 갈등을 해소해 나가는 능력을 스스로 진단해 보시오.

※ 낯선 사람과의 갈등을 조정해가는 자신의 방법이 맞다고 생각하는 정도를 나타낸 수치를 각 사항에 매겨 보시오.

1. "항상 아니다"   2. 대부분 아니다   3. 가끔 맞거나 아니다
4. 대부분 맞다   5. 항상 맞다

_____ 나는 낯선 사람과의 갈등을 조정할 때 이성과 감정의 균형을 꾀한다.
_____ 나는 나와 갈등을 빚고 있는 낯선 사람을 이해하려고 노력한다.
_____ 나는 낯선 사람에게 영향을 미치는 사안을 결정하기 전에 그들과 상의를 한다.
_____ 나는 낯선 사람과의 갈등을 조정하려는 노력을 지속적으로 행한다.
_____ 나는 낯선 사람과 갈등이 있을 때 타인의 설득을 열린 마음으로 받아들인다.

* 각 사항 별로 우측에 적은 수치를 합하면 5-25까지의 점수가 나온다.
* 점수가 높을수록 낯선 사람과의 갈등을 성공적으로 조정할 수 있는 잠재력이 커진다.

(출처: Fisher and Brown, 1988: Gudykunst, 1991 재인용)

16장 비대면 대화
Understanding beyond Language

당신의 지위를 결정짓는 것은 능력이 아니라 태도에 달려있다.
- Zig ziglar

Opening of Culture Gate

한번은 Mike집에 전화를 하여 상대방의 "Hello"라는 말을 듣자마자 나의 용건을 다 말해 버렸다. 내 말을 한참 듣고 있던 상대는 "Who are you?" "I'm not Mike, I am his brother."라고 하지 않는가? 평소 지인들끼리만 전화를 하던 터라 상대방을 미처 확인하지 않고 통화를 한 나로서는 무안함을 금할 수 없었다. 한미 문화 간에는 전화 통화를 하는데 있어서도 차이를 보이고 있다. 세부적인 대화 절차나 말 자체를 중요시하는 저맥락 문화권의 미국인과 고맥락의 한국인의 전화대화 방식에도 차이가 있을 수 밖에 없다. 이 장에서는 한미 간의 전화대화 방식의 차이와 절차는 물론, 두 문화권에서 충고하는 방식이 얼마나 다른지 살펴보도록 하자.

Situational Conversation : Telephone Conversation

Kim: (Answering the telephone.) Hello.
Greg: Hi. May I ask to Mr. Kim, please.
Kim: This is he.
Greg: Oh, hi Mr. Kim. This is Greg. How are you?
Kim: I'm good, Greg. What's up?

Greg: Well, Seok-Jae and I are going to a show this Saturday evening at the Fine Arts Center. Seok-Jae's friend gave him three tickets, so he asked me to ask you if you'd like to join us. So, what do you say? It's been a while since Seok-Jae has seen you and he'd really like you to come out with us.

Kim: Sure, I'd love to go.

Greg: Great. I'll tell Seok-Jae. He'll be glad that you can join us.

Kim: Oh, Greg, before you **hang up**, I have a question for you. One of the hardest things for me to do in English is speak on the telephone. It is very different from speaking to a person **face to face**. Often, I make mistakes. Is there anything you can suggest to make phone conversations a little bit easier?

Greg: Well, Mr. Kim, I'm not sure there is a big cultural difference between a Korean phone call and an American phone call. Usually, the first thing is the greeting. The person answers the phone and the caller asks for whomever he wants to speak to. Also, he may give his name at the same time. After the greetings, the caller will give a reason for making the call. Maybe it's business, maybe it's personal, or maybe it's just to chat.

Kim: I remember one time when I called a university in America I forgot to tell the person at the other end of the line my name. I just started speaking and asking questions. After a few moments, he politely interrupted me so he could ask me my name. I was embarrassed. I had practiced what I was going to say in English so whomever I spoke to would be able to understand me. But, after he asked my name, I forgot everything I was going to say, so I hung up the phone. Back then my English ability was much lower than it is now. Still, English conversations on the phone can sometimes be difficult for me.

Greg: Mr. Kim, I am having the same problems when I speak in Korean on the phone. But I learned how to **deal with it** more effectively. Usually, when I'm speaking to a Korean on the phone in Korean, they assume that I will understand them easily, so they speak quickly, as if I were a native Korean speaker. They don't immediately know that my Korean skill is not native level. So, the first thing I do after my greeting is to tell them that I don't speak Korean fluently and to please speak to me more slowly and clearly, especially if what we have to talk about is very important, business related, or complicated and confusing. Every Korean I've asked to do this has been very understanding. I think that you, too, should tell whomever you are speaking with on the phone to slow down a little and speak clearly.

Kim: I know that I should do that, but sometimes I feel embarrassed to admit that my English isn't always perfect. I sometimes I think I will lose face.

Greg: That sounds similar to Koreans not asking questions if they don't understand something. Relax Mr. Kim, that will not happen. And, you never have to be embarrassed because of imperfect English. Speaking on the telephone is more difficult, so understanding is more difficult. You have nothing to be embarrassed about. It's more important that you understand each other when speaking on the phone. Trust me, most people will be patient and speak more slowly and clearly if you ask them to.

Kim: Thanks for that advice, Greg.

Greg: No problem. Okay, I've got to go. So, I'll pick you up at around 7:00 Saturday night.

Kim: Okay, Greg. See you then.

Real Expressions

hang up : 전화를 걸다
face to face : 대면해서
deal with it : 다루다. 문제를 처리하다.
lose face : 체면을 잃다 (save face ; 체면을 세우다)

● 전화대화가 일상의 대화와 달리 메시지를 전달하는데 어려운 이유는 무엇인가?

앞에서 언급한 바와 같이 한국은 고맥락, 미국은 저 맥락 문화에 속해 있으며 맥락(context)이 커뮤니케이션에 미치는 영향은 문화에 따라 다르다. 고맥락의 한국인은 회화에서 표현되는 말보다도 맥락에서 보다 많은 정보를 얻으려고 한다. 일상의 대화에서도 자기 마음속에 있는 이야기를 평소 맥락에 의존하여 상대가 다 알고 있다고 여기고 분명하게 말하지 않는다. Hall(1976)에 의하면 맥락에 대한 의존도가 높을수록 언어에 대한 의존도는 낮아진다. 전화통화는 얼굴을 직접 보지 않고 음성언어만으로 대화를 해야 한다. 따라서 수신자는 음성만 주고받는 전화통화만으로는 맥락을 파악하기가 더 어려워진다. 즉, 수신자는 주위의 정황은 물론 말 순서를 넘겨주는 신호, 표정, 제스처, 눈맞춤, 대인간의 거리 등의 비언어적인 메시지를 알 수 없다. 더구나 전화통화에서 한국인은 동일문화권에 있는 상대가 조목조목 말하지 않더라도 상대가 잘 이해할 것이라고 기대하고 전화통화의 절차를 생략해서 말하는 경향이 있다. 또한 '빨리빨리 문화'에서 대부분이 그러하듯 전화 통화에서도 비교적 신속하게 용건을 전달하고자 한다. 그러한 예는 대화문에서 Greg이 Kim교수에게 한국인에게 천천히 말해달라고 요청하는 데서도 잘 나타나고 있다. 이와 같이 고맥락 의사소통(high-context communication)을 해온 한국인이 다른 문화권 사람들에게 전화를 통해 메시지를 전달하는 일은 더욱 어려운 일이 될 수 있다.

● 영어로 전화 통화시 지켜야 하는 대화 절차는 어떠한가?

전화 통화는 가장 단순하게 문화적인 차이를 나타내는 유형이다. 보통 프랑스인들은 전화건 사람이 "여보세요"하며 대화를 시작하지만 독일인은 전화 받은 사람이 자신의 이름을 말함으로써 대화를 시작한다. 영어로 전화대화를 하는 절차는 한국어 전화대화보다 좀더 구체적이다. 그것은 전화대화에서 상대방을 호칭하고 인사를 하며 용건을 말하는 데서 더욱 잘 드러난다. 보통 미국인들은 전화통화를 할 때 인사를 하고 상대방과 자신을 밝히며 전화를 건 용건을 분명히 밝힌다. 이때 한국인의 대화 방식과 현저하게 차이가 나는 것은 평소 대화체에서 사용하지 않는 상투어를 사용한다는 점이다. 예를 들어 평소 대화에서는 자신을 소개할 때 "My name is...."혹은 "I am....."이라고 하지만 전화통화에서는 "This is...(Speaking)."라는 표현을 사용한다. 또한 수신자에게 "May I speak(ask) to... ?" 나 "May I leave a message?"라고 하고 다른 사람이 전화를 받았을 때는 "Hold on a moment." 등으로 응대하는 것이 바로 그러한 예이다.

● 한미 간 대인 접촉 시 충고를 하는 방식에는 어떤 차이가 있는가?

Kim교수와 Greg의 전화대화에서는 종적 사회에 기반을 둔 한국인과 횡적사회에 가까운 미국인이 충고를 하는 방식에서도 차이를 보여준다. 위계질서가 엄격하게 구분되어 있는 한국에서는 지위에 맞게 충고를 하면 상대가 크게 부담을 느끼지 않는다. 부모는 자식에게, 남편은 아내에게, 연장자는 연소자에게, 상급자는 하급자에게 직접 충고하는 것은 그리 어렵지 않은 일이다. 윗사람이 손아랫사람을 위해 "~하는 것이 좋다"라는 식의 충고는 비록 명령조가 되더라도 그리 실례가 되지 않는다. 이러한 문화에서는 과거 어른들이 잘 모르는 사람에게도 복장이나 행동에 대해 충고를 하는 것이 흔한 풍경이었다. 또한 한국인은 우선 단체가 잘되어야 개인도 발전한다고 보기에, 전체의 이익이나 목적 달성을 위해 개인의 잘못을 바로 잡아주거나 조언을 해주는 일도 흔하다. 이처럼 단체나 개인에 대한 의식 또한 충고하는 방식에 영향을 미친다.

미국인은 충고를 할 때, 비교적 조심스러워 한다. 개인주의 문화에서 간혹 상대방의 자유를 제한하거나 타인으로부터 방해받고 싶지 않은 욕구, 즉 소극적인 체면을 구길 수 있다고 생각하기 때문이다. 미국에서는 나랑 전혀 무관한 사람에게 충고를 해주는 일은 거의 드물다. 미국인은 개개인이 풍족해지면 사회도 점차 나아진다고 본다. 따라서 부득이 충고할 만한 사항들이 있으면 따로 규칙을 정해 서면으로 공지할 뿐, 아랫사람들에게 개별적으로 직접 충고하지 않으며 섣부른 충고는 개인 영역을 침범하거나 자유롭고 싶다는 개인의 심리에 상처를 줄 수 있다고 본다.

실제로 미국인들은 누구든 자신의 운명(fate)은 자신이 책임진다는 자립심(self-reliance)을 가지고 있기 때문에 다른 사람의 생각과 말은 그다지 중시하지 않는다. 미국의 부모들은 자녀의 머리 스타일에서부터 방 모양, 더 나아가서 진로 선택에 이르기까지 함부로 간섭하지 않는다. 부득이 충고를 해야 할 경우, 미국인들은 명령하듯 충고하기보다 가능성을 제시하는 수준에 그친다. 이러한 인식으로 인해 그들은 언어 사용에서도 명령조로 들릴 수 있는 'have to'나 'must'와 같은 용어사용은 피하고, 제안형식이나 우회적으로 의사전달을 하고자 한다.

Summary of Culture Code

- 맥락에 의존함으로써 암시적인 대화에 익숙한 한국인은 전화대화에서는 상황판단이 쉽지 않아 커뮤니케이션에 어려움이 커진다.
- 평소 분명한 표현을 주로 하는 미국인들은 전화대화에서도 커뮤니케이션 상의 어려움은 비교적 적은 편이다.

Let's Talk

- 전화통화 중 대화 중단이 생기거나 의사전달이 제대로 되지 못했던 경험에 대해서 얘기를 나누시오.
- 친구와 사적으로 전화를 할 때와 공공기관의 업무 담당자와 전화 대화를 나눌 때 양자 간의 대화에는 어떤 차이가 있는지 살펴보시오.
- 보통 한국인과 미국인은 대화 시 제스처를 어느 정도 빈번하게 사용하는가?

비언어 코드

카메라 앞에서 V사인을 하며 즐겁게 포즈를 취하고 있는 아이들.

이 같은 비언어적 커뮤니케이션은 몸짓 언어, 제스처 외에 개인공간의 사용, 시간 개념까지도 포함한다. 다른 문화권의 비언어 코드를 이해함으로써 효율적인 메시지 전달이 가능하다.

17장 개인 공간

Personal Space is My Own Area

비록 바른 길에 있다고 하더라도
그곳에 가만히 서있기만 하면 사고가 난다.
— Bill Rogers

Opening of Culture Gate

자식의 방에 들어갈 때도 노크를 하며 개인의 사생활을 존중하는 미국인, 개방적인 나라에서 온 이국의 원어민 선생님이 무조건 개방적일 것이라는 생각에 원어민 선생님의 공간을 불쑥 방문하는 한국인. 자식의 방에 들어가며 노크하는 것이 한국인들에게는 불필요한 행위로 여겨지지만, 사전약속도 없이 방문할 경우 외국인 선생님의 입장에서는 한국인 학생들이 다소 매너가 없다고 느낄 수 있다. 미국인들은 극장에서 자기 좌석에 갈 때도 일일이 "Excuse me"라고 양해를 구하고 자동차를 주차할 때도 대개 다른 차와 가까이 주차하는 것을 꺼린다. 아울러 엘리베이터처럼 협소한 공간에서는 팔을 자기 몸쪽으로 끌어당기고 시선은 바닥을 쳐다보거나 천장을 올려 보는데 이는 타인의 개인공간(personal space)을 침해하지 않기 위함이다. 이 장에서는 개인공간에 대한 한미 간의 인식의 차이와 그로 인한 갈등 및 해결 방안에 대해 살펴보자.

Cultural Key Terms

Cultural Relativism (문화상대주의) : 모든 사회는 자신의 특별한 가치체계를 유지하고 있고 이러한 것이 특별한 사회질서와 행동 방식을 지지한다는 것을 의미한다.

Proxemics (대인공간학) : 상대와의 거리, 좌석배치, 가구 배치, 영역행동 등, 인간의 공간 사용법을 연구하는 학문을 말한다. 미국의 문화인류학자 Hall이 이 분야의 선구자이다. 대인공간학 중에서도 특히 연구가 많이 진척된 분야는 '대인거리'이다. 대인거리는 상대와의 인간관계에 따라 적절한 거리가 정해진다는 것이다.

Contextualization (맥락화) : 내면적인 인지과정이 문화권마다 다르다는 것을 의미한다. 맥락화의 이러한 차이는 Shea(2001)가 예를 들어 보이고 있다. 즉, 갈매기, 하늘과 개의 세 단어 중 두 단어를 한 데 묶도록 하는 과제에서 미국인은 갈매기와 개를 함께 묶은 반면, 아시아인들은 갈매기와 하늘을 함께 묶었다. 또 다른 예로 펜, 공책과 잡지의 세 단어 중 미국인들이 공책과 잡지를 한데 묶은 반면, 아시아인들은 펜과 공책을 함께 묶었다. 미국인들은 사물과 그 사물에 속한 범주에 주목하는 한편, 아시아인들은 좀더 총체적으로 보고 미국인들보다 상황에 더욱 주목한다.

Situational Conversation : Personal Space

Kim: Hey, Greg! This is a nice surprise! I never expected to see you here at Namdaemun. What are you up to?

Greg: Hey, Mr. Kim! What a coincidence! I'm supposed to meet my friend here in about an hour. I thought I'd do some shopping before I meet him. What are you up to?

Kim: I'm on my way home. Hmm…is there anything bothering you? You seem a little angry.

Greg: I'm not angry, just a little annoyed.

Kim: Annoyed? Why?

Greg: Well, it's nothing serious. You see the huge crowd over there at the street market? That's where I was doing some shopping. What annoyed me was that for the entire time I was there, people kept bumping into me. It was almost as if I weren't there or I was invisible or something. I understand that there are a lot of people, but what bothers me most is that no one said "excuse me" or "I'm sorry" or anything to me. Maybe I'm being too sensitive or overly critical, but to me, that's very rude. I don't know... is this normal in Korea? Do you get annoyed when people bump into you and don't apologize?

Kim: Well, actually, it is normal in Korea. Unlike Americans, Koreans do not have the same ideas on "personal space". Look at what happened to you, for example. Yes, many people bumped into you because they entered into your personal space. But, at the same time, you intruded upon their personal space just as much. They didn't get angry with you and most wouldn't understand why you would get angry with them. Culturally speaking, personal space is vastly different between Americans and Koreans. Like we talked about once before, I think it has something to do with American individualism versus Korean collectivism; 'my' space versus 'our' space. I understand how confused you feel right now. I remember how hard it was for me to get used to personal space when I first stayed in America. It took me awhile, but I finally came to understand it. I think also that you too will get used to the idea that personal space is less important to Koreans. Please, just remember that Korean's are not being rude to you.

Greg: Yeah, Mr. Kim, that makes sense to me now. I should have realized that nobody was being rude. I'm glad I didn't get really angry and yell at someone or say something I would regret. You know, the longer I live here, the more I learn about the many cultural differences between you and I.

Kim: The same with me, Greg. I've learned a lot in the time I have spent with you.

Greg: Thanks, Mr. Kim. You know, now that I understand things a little better, I'm ready to spend a little more time shopping among the crowds at

Namdaemun before meeting my friend. **Care to join me?**
Kim: Thanks for the offer, but I have to meet someone also. **Maybe next time?**
Greg: Sure. See 'ya later.

Real Expressions

Care to join me? : 같이 할까요?
Maybe next time? : 다음이 어때요?

● 한미 간 '대인거리'의 인식에는 어떤 차이가 있는가?

각 개인마다 어느 정도 사적공간을 가지고 있는데 문제는 친밀함의 정도나 문화에 따라 사람들이 접근을 허용하는 범위가 다르다는 데 있다. 한국인은 미국인에 비해 개인 간의 거리가 짧은 편이다. 미국인과 대화하다 보면 간혹 그들이 뒷걸음을 치는 경우가 있는데 이는 바로 우리의 문화권에서 익힌 개인 간의 거리가 그들보다 짧은 데서 나온 행동이다. 간혹 길에서 마주 오는 사람을 보면 몸이 닿지나 않을까 멀찌감치 길을 비켜가는 미국인을 볼 수 있는데, 이 또한 개인공간을 침해받지 않기 위해 나타내는 행동으로 볼 수 있다.

Hall(1969)은 미국의 백인 중산층을 대상으로 <상대방과의 관계에 따른 거리>를 연구하고 대인거리를 다음의 네 가지로 나누어 구분하였다.

1. 밀접 거리 (Intimate distance) : 0~30cm
   애무나 보호 및 위안을 해줄 때 적당한 정서적인 거리
2. 개인적 거리 (Personal distance) : 0.5~1m
   친구나 오래 전 부터 알아온 사람들끼리 두는 거리, 작은 보호공간의 역할을 한다.
3. 사회적 거리 (Social distance) : 1~3m
   사업상 만남, 강의 및 공적인 교제 시에 편안하게 대할 수 있는 거리

4. 공적 거리 (Public distance) : 6~7m
 연사가 청중에게 강연할 때 두는 거리, 행동이나 말이 명확히 전해질 수 있는 거리

 미국의 지역신문에서 간혹 볼 수 있는 일로 남의 집 아파트를 엿보았다는 이유로 이웃으로부터 고발당한 주민에 관한 이야기가 기사화된다. 다른 사람에 대한 지나친 호기심에서 나온 행동이 자칫 사생활 침해로 인식될 수도 있음을 보여주는 예이다. Halloween Day에 가면을 쓴 채로 남의 집 앞마당에 잘못 들어갔던 일본인 교환학생이 주인의 경고를 제대로 알아듣지 못해 결국 총에 맞아 사망한 일이 있었다. 놀랍게도 총을 쏜 그 주인의 행위는 정당방위로 인정되었는데, 미국인과 일본인의 인식에 커다란 큰 차이가 있음을 보여 주었던 사례이다. 북미인은 재산을 사실상 자신과 동일하다고 여기는 경향이 있다 (Condon & Yousef, 1975).

● 한미 간 대인거리 (personal distance)에 대한 인식이 다르게 형성된 배경은 무엇인가?

 대인 거리가 문화마다 다르게 형성된 배경에는 우선 지형적인 요인이 작용했으리라 볼 수 있다. 한국인이 미국인에 비해 대인거리가 짧은 것은 무엇보다도 좁은 국토에 많은 인구가 조밀하게 살다보니 자연스럽게 개인공간을 좁게 잡은데 그 이유를 둘 수 있다. 출퇴근 시 복잡한 서울의 지하철이나 콩나물시루 같은 만원 버스의 모습에서도 한국인의 대인 거리에 대한 인식이 어떠하리라는 것은 쉽게 이해 될 수 있다. 아울러 전통적으로 농경사회에서 함께 협동하며 작업을 하던 환경적 요인도 작용했을 것이다. 대인 거리는 집단주의와 개인주의 문화권 간에도 차이를 나타내고 있다. 집단주의 문화에서 각 개인은 동일민족으로 서로가 잘 알고 있기에 가까이 다가가도 별로 어색해하지 않는다. '개인주의 문화권 사람들은 서로 간의 근접성에 있어서 더 멀리 거리를 둔다'(Anderson, 2003). 한편 같은 집단주의 문화권 사람들 간에도 개인공간의 차이는 있는데, 사이토아케미(2006)는 한국인의 개인공간은 일본인보다도 30% 더 가깝다고 한다.

미국인은 한국인과 대인거리에 대한 인식에 있어서도 많은 차이를 보인다. 드넓은 국토에서 생활해온 그들은 일상생활에서도 비교적 공간을 넓게 쓰며, 자동차나 대형 마트 등에서 보듯 비교적 '큰 것'을 선호한다. 유목민의 전통 또한 그들의 개인공간에 대한 인식과 관련되어 있다고 본다. 보통 유목민은 수렵과 목축을 위해 자주 이동을 함으로써 다른 사람을 잘 모르는 경우가 많아 타인에 대한 경계심도 커지게 된다. 따라서 다른 사람의 침해를 받지 않으려고 스스로가 안전하다고 여기는 거리를 넓게 확보하려고 했을 것이다.

● '개인공간 (personal space)'에 대한 인식의 차이로 인해 생길 수 있는 갈등과 해결방안은 무엇인가?

개인 공간에 대한 인식의 차이로 인해 한미 문화권 사람들의 접촉에서 간혹 갈등이 유발되기도 한다. 한국인은 전혀 모르는 사람들과의 우연한 신체접촉에 비교적 익숙한 편이다. 길을 걸으며 행인과 가까이 스치거나 몸이 닿는 것도 예사롭게 생각하며, 북적이는 거리에서 사람들과 한두 번 어깨를 부딪히는 일은 대수롭지 않게 여긴다. 한편, 이 경우 미국인은 "Oh, I'm sorry.", "Ooops."나 "Excuse me." 등과 같은 말로 사과하며 아주 어색해하거나 불편해한다. 그들은 복잡한 장소에서는 자신의 신체주위에 약 1인치 정도의 투명 벽을 갖고 있는데 이 벽이 낯선 자에 의해 깨어져서는 안 된다 (Datesman 외, 2005).

공공장소에서도 미국인은 개인공간을 넓게 잡는다. 일례로 화장실에서 다른 남성이 용변을 볼 때, 한 칸 띄우고 용변을 보며, 극장에서도 동성인 관객의 바로 옆 좌석에는 가능한 앉지 않는다. 한 번은 미국교실에서 인사 정도는 나누고자 다소 낯선 급우의 옆 자리에 다가가서 앉은 적이 있다. 그러자 그 학생은 가까이 앉은 나를 별로 반기지 않는 눈치였다. 아차, 싶었지만 당시에는 영문을 알 수 없었다. 이후 미국인은 보통 자리에 앉기 전에 "Is this seat taken?"이라고 묻거나, 한 칸 정도는 띄어서 앉고, 테이블인 경우, 맞은 편에 앉는다는 것을 알게 되었다. 자리를 잡는 사례에서 보듯 한국인은 아는 사람들과 가까이 앉아 얘기하려는 경향이 강하지만, 미국인은 타인들에게 방해 받지 않으려는 소극적인 체면의식이 강하여 비록 아는 사이일지라도 아주 친한 관계가 아니면 떨어져서 앉으려고 한다.

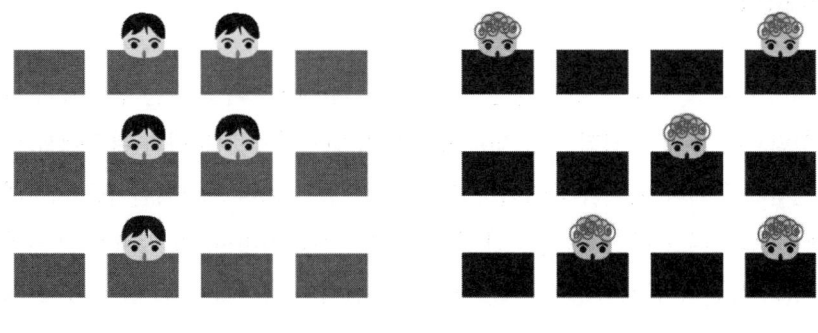

(한국인)   (미국인)
〈그림 17〉 한미 간 개인 공간의 사용 패턴 비교

　주위를 둘러보면 자신의 공간을 지키고 타인을 배려하는 다양한 행위를 찾을 수 있다. Caroll(1988)은 미국인은 오솔길, 엘리베이터, 극장 등 다소 불편할 수 있는 상황에서는 서로 이야기를 시작하면서 적응한다고 한다. 엘리베이터 안에 서 있을 때 미국인은 보통 문을 보거나 작은 소리로 얘기하며 다른 사람의 몸에 닿지 않도록 한다. 만약 다른 사람이 들어오면 안에 있던 사람은 반대편으로 물러난다(Datesman, 2005). 소노 아야코는 <당당하게 늙고 싶다>에서 '애도의 몸짓 중에는 뒤에 온 사람이 앉을 수 있도록 허리를 들어 자리를 당겨주는 '허리들기'가 있고, 길에서 남들과 부딪치지 않도록 어깨를 오므리는 '어깨 오므리기'가 있다'고 한다. 종종 북적이는 지하철에서 책이나 스마트폰을 보거나 음악을 듣는 것도 좁혀진 대인거리로 인한 불편함을 해소하고 자신의 공간을 지키려는 행위로 볼 수 있다. 최근 한국의 엘리베이터에는 거울을 설치한 곳이 있는데, 이것은 낯선 사람과 좁은 공간에 있을 때 시선을 둘 곳을 자연스럽게 제공함으로써 이용자들을 편하게 해주고 있다.

● 이 문화 간 대인 접촉 시 상대의 프라이버시를 침해하지 않기 위해 유의해야 할 사항은?

각 문화마다 다르게 갖는 개인 공간은 상대방과의 친밀도와도 깊은 관계가 있어 가까운 사람과는 밀접한 거리를 유지하기도 한다. 하지만 비교문화의 관점에서 보자면 보편적으로 미국인은 비록 가까운 사이일지라도 서로의 프라이버시를 여간해서 침해하지 않으려고 한다. 개인 공간은 이와 같은 프라이버시와도 밀접한 연관이 있다. 자신의 공간을 중시하는 만큼 미국인은 자신의 사생활을 간섭 받는 것을 꺼린다. 이는 개인주의 문화의 특징으로도 볼 수 있다.

일례로 미국인은 보통 자신의 연봉, 사회적 지위 등 개인의 신상과 관계되는 일이나 인종적인 이슈, 구입한 물건의 가격 등에 관해 타인에게 좀처럼 얘기하지 않는다. 특히, 성인 여성의 몸무게를 묻거나 혼자 사는 이유, 자녀를 갖지 않는 이유 등을 묻는 것은 큰 실례가 된다. 심한 논쟁거리가 될 수 있는 개인의 종교나 정치적 신념에 관련된 질문도 되도록이면 피해야 한다.

1. How old are you?   몇 살이세요?
2. Why are you single?   왜 결혼을 하지 않으세요?
3. How's your marriage life?   결혼생활은 어떠세요?
4. What was your college GPA?   대학 성적은 어때요?
5. Why you don't have baby?   왜 아이를 갖지 않나요?
6. How much do you make a year?   1년에 얼마를 벌죠?
7. How much is your watch?   얼마짜리 시계입니까?
8. How much do you weigh?   몸무게가 어느 정도입니까?
9. What's your religion?   무슨 종교를 믿나요?

종종 가까운 사이에서 친근함을 드러내고자 "머리가 왜 그리 많이 빠졌어?", "그동안 뚱뚱 해졌네."라며 상대의 신체에 관한 특징을 말하는 경우, 이러한 표현은 우리에게 대수롭지 않은 말로 인식되기도 하지만 미국인에게는 프라이버시에 관련된 것으로 불필요한 간섭이나 모욕이 되기도 한다.

Summary of Culture Code

- 인구 밀도가 높으며 정착문화에 기반을 둔 한국인은 개인공간을 비교적 좁게 잡고 다른 사람과 공유하는 경우가 많다.
- 넓은 지역에서 생활해온 미국인들은 개인공간을 비교적 넓게 잡으며 개인의 사유지처럼 배타적으로 사용하려고 한다.

Let's Talk

- 대인공간과 관련하여 영어의 'Is this seat taken?'이 내포하는 의미는 무엇인가?
- 주변의 엘리베이터를 3곳 정해서 각 곳에서 10여회 정도 오르내리며 제한된 공간의 사람들이 시선을 어떤 방향으로 두는지 관찰해 보시오.
- 길을 걸으며 사람들이 팔을 휘두르거나 공공장소에서 어떻게 앉는지 살펴보고 얘기를 나누시오.
- 최근 한국의 가족제도의 변화로 인해 개인공간의 사용에 대한 인식이 어떻게 바뀌고 있는지 얘기해보시오.

18장 시간
Korean-time, American-Time

한 사람의 인생에 있어서 같은 시간은 절대 되돌아오지 않는다
— T.S. Eliot

인간은 항상 시간이 모자란다고 불평하면서도
마치 시간이 무한정 있는 듯이 행동한다.
— Seneca

Opening of Culture Gate

휴가기간 동안 평소 친하게 지내던 민수와 며칠간 배낭 여행을 가기로 하였다. 여행을 하루 앞두고 만난 민수는 항공기 스케줄이나 차량 승차 계획, 현지에서의 숙소나 갈만한 식당까지 꼼꼼히 찾아서 계획을 세워 두었다. 당일 관광 스케줄도 시간대 별로 빈틈없이 짜두었다. 뒤늦게 이러한 사실을 접한 나로서 부랴부랴 계획을 짜고 준비를 하느라 밤늦게 까지 애를 썼다. 이 같은 사례는 두 사람의 시간 개념에 대한 차이를 잘 나타내주고 있다. 과거 한국인의 시간관념은 'Korean time'이라는 말이 있을 정도로 시간 약속을 잘 못 지키는 편에 속했다. 하지만 후기 산업화 시대에 효율성을 추구하느라 이러한 시간관념은 많이 바뀌게 되었다. 오히려 시간을 느슨하게 사용하는 사람들을 보면 고개를 갸우뚱할 정도까지 되었다. 그럼에도 불구하고 전통적인 우리의 시간에 대한 관념은 여전히 현재에도 존재하며, 아직까지 이러한 개념이 구미인과도 큰 차이를 나타내고 있다. 이 장에서는 한미 문화 간의 시간 개념에는 어떠한 차이가 있으며, 그러한 것이 언어사용이나 일상생활에 있어서 어떠한 영향을 미치는지 살펴보자.

Cultural Key Terms

M시간, Monochronic time (단일시간) : Hall(1966)이 만들어 낸 개념으로 시간을 하나의 띠처럼 생각해서 인간관계보다도 정해진 계획을 우선시 하는 시간을 의미한다. 각 문화에서 M시간은 시간을 단일적으로 파악하는 것을 의미한다. 주로 미국, 스위스, 독일, 북유럽 국가가 M시간에 근거한 시간 사용방식을 택하고 있다.

P시간, Polychronic time (다중시간) : 정해진 계획보다는 인간관계를 중시하고 시간의 흐름은 하나가 아니라 동시에 여럿이 얽혀서 흘러가는 것으로 생각하는 시간인식을 말한다. 인도, 남유럽, 아랍국가, 남미 등이 P시간의 개념에 따른 시간사용 방식을 택하고 있다.

(P 시간)　　　　　(M 시간)

〈그림 18〉 P시간과 M시간의 비교

Coconut time (코코넛시간): 시간이 되면 코코넛은 떨어지기 때문에 굳이 코코넛을 딸 필요가 없다는 생각에서 생긴 시간개념이다. 이 말은 주류 미국인들이 다르게 사용하는 시간 개념이다.

Situational Conversation : Time

Kim:　Good afternoon, Greg. I am so sorry for my late.

Greg: Hello, Mr. Kim. What's going on? Are there any problem?

Kim: No, everything is okay. However, I should be here on time.

Greg: Did you forget the time when we are having this meeting?

Kim: Of course not. Actually I **kept in mind** the time to meet you 3 o'clock in this office.

Greg: Then why you came here late?

Kim: It is because one of my closest friends **dropped in** my office. He was highly interested in talking to me what he did so far. Since we hadn't met for a long time, I also was happy to talk with him.

Greg: But you already have an appointment.

Kim: You are right. In actuality, I should tell him of this appointment in order not to be late. On the other hand, if I left him, I was afraid that he might be disappointed. So I dare not to say I had to go to keep previous appointment.

Greg: Oh, Mr. Kim. You didn't have to sorry for him even if you left him at that time. He didn't made an appointment in advance, and then he should reserve the time for you to attend the meeting on 3 o'clock. We Americans usually try to do **one thing at a time.**

Kim: I see. It seems that both Korean and American have different perception on the time. We value more on the human relations than keeping the exact time. We also tries to do a couple of things at a time. This perceptions not only made us busy, but also decreased the possibility to keep the time exactly.

Greg: Since time is limited resource, we think that time is one of the most valuable things in the world. Therefore, it is said the we 'spend' time, 'save' time, 'borrow' time, and 'give' time.

Kim: Many Koreans perceive time not a linear one, but a circular one. If we didn't do anything in this Summer, since it comes again, we might say let's do it again next Summer.

Greg: Americans perceive that time is rather linear. Unlike Korean, Americans think that time never comes again, and that they have to spend time under the pre-planed schedule.

Kim: On the other hand, currently, Koreans tend to think time like as Westerner. In this global society, people make schedule in detail, and then try to follow it exactly. As you see this calendar, I try to devide time so that I can do my work efficiently.

Greg: I expect that the way you use time seems changed day by day. It might help for the people to reduce the culture shock

Kim: Exactly! I also believe change of the perceived time might solve the conflict during intercultural contact.

Real Expressions

Keep in mind : 기억하다, 명심하다.
drop in : 들르다, 방문하다.
One thing at a time : 한 번에 한 가지씩

● P시간과 M시간의 특징은 무엇이며, 각 시간개념의 차이로 어떤 갈등이 생길 수 있는가?

시간 개념에 대한 차이만 살펴보더라도 한국인과 미국인 간 인식의 차가 크다는 것을 알 수 있다. Hall(1966)은 각 문화에는 여러 가지 다른 시간에 대한 개념이 있다고 보고, 시간을 단일적으로 파악하는 M시간 (Monochronic time)개념과, 인간 관계를 중시하고 시간을 다면적으로 파악하는 P시간 (Polychronic time)개념을 제시했다. 아울러 그는 이러한 비 언어적 요소가 이 문화 간 커뮤니케이션에서 오해를 불러일으킬 것이라고 하였다.

M시간은 인간관계보다도 하나의 정해진 스케줄로 짜인 시간을 우선시하며, P시간은 여러 가지 사항이 동시에 얽혀서 흘러가고 있다고 생각하는 시간 인식이다. M시간 사회에서는 엄격하게 시간관리가 이루어지고 업무의 전 과정은 순차적으로 처리가 된다. Argyle(1982)은 시간 엄수 기준으로 영국과 미국에서 비즈니스 약속에 5분 정도 늦을 수 있으나 15분에서 30분씩 늦는 것은 안 된다고 하였다.

반면, P시간 사회에서는 매우 융통성 있고 유연하게 시간 관리가 된다. 일례로 P시간 사회에서는 찾아온 친구와 우의를 돈독하게 하는 것이 시간에 따른 계획을 엄격히 준수하는 것보다 더 우선시 된다. 대화문에서도 Kim 교수는 친구와의 의리를 지키느라 Greg과의 약속을 어기게 되었다. 이러한 결과는 두 가지 일을 동시에 다 할 수 없기 때문에 생긴 것이다. 결과적으로 P시간 개념에 익숙한 Kim교수는 상황을 고려하지 않고 시간을 엄수해야 된다고 하는 Greg이 다소 고지식하다고 생각할 수 있으며, M시간개념을 가진 Greg은 Kim 교수가 다른 일로 약속을 지키지 못하는 것을 못마땅하게 여길 수 있다.

종종 한국인에 대해 일컫는 '빨리빨리 문화'는 정해진 기한에 맞춰서 여러가지 일을 급하게 처리하고자 서두르는 행동에서 나온 말이다. 한국인들은 너무 촉박하게 일정을 잡아서 다소 무리가 있지만 최대한 그 시간계획을 달성하려고 노력하는 '융통성'을 보인다 (유수진, 2008). 이처럼 융통성 있는 시간 계획을 세우고 한 번에 여러 가지 일을 진행하는 한국인은 P시간의 개념을 갖는다고 할 수 있다.

한번은 인도의 결혼 풍습을 보고자 밤 8시경에 식전에 참석했는데 밤 10시가 되어도 본격적인 결혼식은 진행되지 않아 끝까지 기다리지 못하고 결국 음식만 먹고 나온 적이 있다. 전형적인 P시간 개념을 가진 인도인들은 느긋하게 시간을 다루고 손님을 초대해 놓고도 오랫동안 기다리게 하는 경향이 있다. 한편, 한국은 전통적으로 P시간의 개념을 가지고 있지만 후기 산업시대에 들어 점차로 M시간의 관리체계로 변화하고 있는 추세이다. 이와 같은 추세는 한국인이 P시간의 개념이 강할 것이라는 가정이 지지받지 못했던 연구 결과에서도 알 수 있다 (우충환, 2008).

● 한국인과 미국인은 과거나 현재에 대해 어떻게 인식을 하는가?

한국은 전통적으로 농경문화를 중시해 왔기 때문에 시간 개념이 봄, 여름, 가을, 겨울의 순환적 연결 고리로 이루어져 있다. 봄이 가면 여름이 오고, 여름이 가면 가을이 온다는 식이다. 시간은 늘 되돌아오기 때문에 '현재'뿐만 아니라 지나간 날과 다가올 날에 대해서도 동등한 가치를 가진다. 시간에 관한 조사 연구에서도 응답자는 한국인은 과거를 중시한다는 데에 가장 강한 공감을 보였다 (우충환, 2008). 많은 한국인이 조상에게 제사를 지내고 일본인이 조상 신을 섬기는 행위는 과거를 중시하는 문화를 단적으로 보여주는 예로 볼 수 있다. 다음의 그림처럼 언제나 시간은 되돌아온다는 믿음은 때때로 사람들의 삶을 훨씬 여유롭고 넉넉하게 만든다.

<그림 19> 한국인의 시간 개념

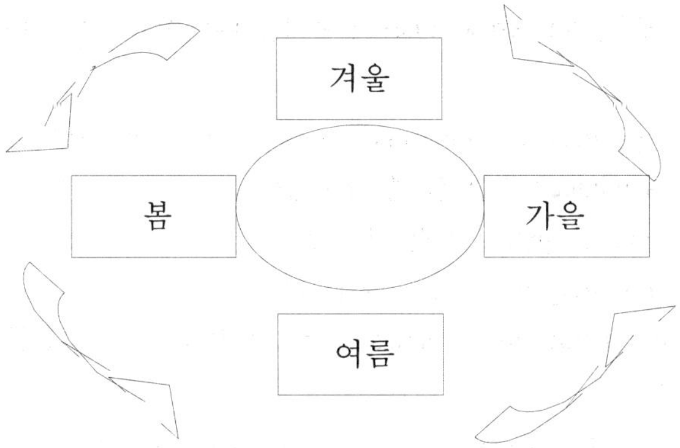

한편, 미국인의 시간은 순환적이지 않다. 이들의 시간은 직선적이기 때문에 한번 지나간 시간은 돌이킬 수 없다고 생각한다.

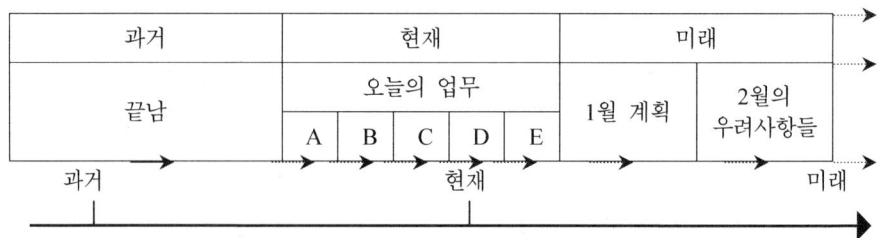

〈그림 20〉 미국인의 시간개념 (Lewis,1996)

● 서구인의 시간 인식에 대한 견해와 그 특징적인 예는 무엇인가?

오래 전부터 서구인은 'Time's scythe'(시간의 낫)라는 말로써 무르익은 벼를 낫으로 베는 것과 같이 시간은 무자비하게 생명을 거두어 가는 것으로 믿었다. 제한된 자원인 시간에 대해 벤자민 프랭클린은 'Time is money.(시간은 돈이다.)'라고 하였다. 오늘날까지도 주류 미국인들은 시간을 저축하고(save time), 얻고(gain time), 잃고 (lose time), 빌릴 수(borrow time) 있는 돈(money)과 같은 것으로 믿는다.

  Can I borrow a minute of your time? 시간 좀 내주시겠어요?
  Do you have a minute? 잠깐 짬 좀 내줄래?
  Do you have time to spare? 시간 여유 있니?
  Do you have any free time? 지금 한가하니?
  I spent two weeks traveling America. 나는 2주간을 미국 여행하는데 보냈어.

미국에서 '예약 문화'가 일상화되어 있는 것도 이러한 M시간 개념에 따라 시간을 계획적으로 사용해야 한다고 생각하기 때문이다. 그들은 상대를 불쑥 찾아가는 행위는 무계획적이고 심지어는 프라이버시를 침해하는 것으로도 여긴다. 따라서 가능한 미리 날짜를 정해 놓고 우선순위를 따져 일정이 겹치지 않도록 계획한다. 영어 동사를 과거, 현재, 미래 시제로 엄격히 구분하고, First, next, and then, first of all… 등과 같이 순서를 나타내는 어휘를 자주 사용하는 것은 이런 M 시간에 대한 개념이 작용했기 때문으로 보인다.

'일찍 일어나는 새가 벌레를 잡는다.(The early bird catches the worm.)'라는 속담에서처럼 미국인은 곧잘 '선착순(First come, first served)'을 존중하여 먼저 온 사람(early bird)에게 우선권을 주는 사례가 많다. 장학금도 조건만 갖춰지면 신청 순서대로 나눠주는 학교도 있다.

Summary of Culture Code

- 한국인은 단일한 P시간 개념을 따르고 시간을 순환적인 것으로 보는 경향이 있다.
- 미국인은 복합적인 M시간 개념을 따르고 시간은 돈과 같으며 직선적인 것으로 본다.

Let's Talk

- P시간 지향인 사람과 M타임 지향인 사람 간에는 어떤 면에서 오해나 갈등이 유발 될 수 있는가?
- 각자는 일상에서 M시간과 P시간 중 어느 것에 치우쳐 시간 관리를 하는시 얘기해 보시오.
- 보통 약속 시간에 늦은 상대를 몇 분까지 기다려 줄 수 있다고 생각하는가?
- 한국인 전통적으로는 P시간이지만 근대화 중에 점차 M시간의 사용 측면이 증가하고 있다. 그러한 사례로는 어떤 것이 있는지 얘기해 보시오.
- 한국에서는 보통 과제를 수행하기 위해서 어떤 활동 계획을 하는지 얘기해보시오.

19장 감정 표현
Express Emotion Physically

얼굴은 비밀을 말한다.
– 유태인 격언

우리 모두 한데 모여 북적대며 살고 있다.
그러나 우리는 너무나 고독해서 죽어가고 있다.
– 슈바이처

Opening of Culture Gate

한국인이 잘 쓰는 말 중엔 "좋아 죽겠네!", "억울해 죽겠네!", "더워 죽겠네!" 등이 있다. 죽는다는 말로 감정을 강조하는 한국 문화를 알 리 없는 미국인에게 '좋아서 죽을 지경'이라는 표현은 이상하게 들릴 것이다. very, so, much 등의 부사만으로는 '좋아 죽겠다'는 표현을 그대로 나타내기란 쉬운 일이 아니다. 그렇다면 영어에는 이런 표현들이 없을까? 미국인들은 어휘에서부터 억양에 이르기까지 마치 롤러코스터처럼 역동적으로 언어를 표현하고자 한다. 다시 말해 언어를 통해 그들은 적극적이고 과장되게 자신의 감정을 드러내고자 한다.

이 장에서는 한국인과 미국인이 감정을 표현하는 방식이 어떻게 다른지를 살펴보고, 원활한 의사소통을 위해 그러한 차이를 극복할 수 있는 대안을 찾아보기로 하자.

Cultural Key Terms

Perception (지각): 우리가 물질세계와 사회세계를 인식하는 수단으로써 외부의 힘들에 의해 의미를 부여하는 것을 말한다. 지각은 우리 밖에 있는 세계의 물질에너지를 의미 있는 내적 경험으로 변환하는 과정이다. 외부세계는 모든 것을 포함하기 때문에 우리가 그것을 결코 완전히 알 수는 없다 (Samovar & Porter, 2007). 달을 쳐다보고 미국인들은 흔히 달에 있는 사람을 생각하며, 많은 한국인들은 토끼를 지각한다. 투우장면을 보고 스페인인은 스포츠로 생각하는 반면, 인도인들은 거부감을 느낀다. 이는 지각의 차이로 인해 사람들이 동일한 외부의 물체에 대해 다르게 반응하기 때문이다.

Kinesics (동작학): 움직임이 어떻게 의사소통하는가에 관한 연구를 말한다. 이는 사람들이 자세를 취하고, 앉고 서거나 걷기, 몸짓, 표정, 눈맞춤 등의 행위를 포함한다. 자세와 관련해서 미국인들은 비교적 자유롭게 편한 자세를 선호하지만 일본과 한국인은 절의 동작에서 보듯이 깍듯한 자세로 격식을 차린다.

Body language (몸짓): 종종 신체의 움직임은 의사전달에 큰 역할을 한다. 일례로 미국사회에서는 가리키는 것이 아주 흔하다. 그들은 집게손가락으로 방향을 가리키거나 사람을 부른다. 하지만 한국어에서는 종종 사람을 가리키는 것을 '삿대질'로서 부정적으로 본다. 특히 집게손가락을 앞뒤로 움직여 오라고 하는 몸짓은 무례한 행위로 인식된다.

Situational Conversation : Expressing Emotion

Kim: Greg! Good to see you again! How was your trip back to the States?

Greg: Hi, Mr. Kim. Nice to see you again, too. My trip was fantastic! I had plenty of time to **catch up** with my family and friends. Three years between visits is a long time! Mr. Kim, this reminds me of something I've noticed over the years I've been living in Korea. Would you say that Koreans are emotional people?

Kim: Yes, Greg, I would. Koreans very freely show their emotions. Whether they are happy, sad, angry - whatever - most Korean people aren't afraid to show their true feelings.

Greg: I've always thought that, too. But that's where my question lies. Koreans are very comfortable showing their feelings, but they rarely - if ever - show their emotions in a physical way.

Kim: I'm not sure I **get what you're saying**.

Greg: Well, maybe it's best if I explain by giving examples. When I arrived home last month, my family and friends were all over me. My mother and sisters gave me big hugs and kisses. My father gave me a big hug, too. They showed - physically - how much they missed me and loved me. Yet, when I arrived at Incheon Airport, there were many, many Koreans waiting for loved ones: husbands waiting for wives, parents waiting for children. You know, that sort of thing. Interestingly, when these people finally met whom they were waiting for, it was hard to tell that they were excited. Nobody kissed each other hello except for parents and grandparents kissing little children.

Kim: You are right, Greg. Public physical displays of emotion are very uncommon in Korean, even in today's slightly less traditional culture. But, things are beginning to change a little bit. You have to remember, Greg, that Korean people don't usually like to **stand out** or **draw attention to themselves**. It again comes from the collective rather than individual way that we are brought up in our culture. Also, like we spoke about several times in the past, Koreans are usually humble and, therefore, more timid about large displays of physical affection.

Greg: Sometimes, though, it confuses me. I rarely, if ever, see a young couple kiss each other in public. Yet I always see young girls and women walking **hand-in-hand** together. I even see young men showing open friendly affection towards each other, like holding hands or leaning on each other during class. No one seems to notice what I see as a contradiction. Sometimes physical affection is okay, and sometimes it's not. I remember one time I asked my male students when the last time was that they kissed their mothers. Most of them said they couldn't remember! Yet, some of the same young men I asked had their arms around each other's shoulders without even noticing it.

Kim: Greg, I wish I could explain all of this to you in a way that you would understand, but I can't. Over the many years that you and I have been colleagues and friends, we have had many, many opportunities to learn about each other's culture. But one thing I've noticed is that every time I learn something new about American culture, I discover there is much, much more that I don't know or will never understand. The fact is, you and I come from two different worlds and as hard as we try, complete understanding may never come. That's not important. What is important is that we accept each other and each other's culture regardless of the differences. It makes being friends easier and much more interesting and exciting! Don't you think so, Greg?

Greg: You know, Mr. Kim, you are absolutely right. What makes our friendship so valuable to me isn't what is the same about us, it's what is different, and the willingness to try and learn from one another.

Real Expressions

catch up : 간파하다. 들어올리다.
get what you are saying : 무엇을 얘기하고 있는지를 알다.
stand out : 두드러지다. 버티다.
draw attention to themselves : 다른 사람에게 관심을 보이다.

hand-in-hand : 손에 손을 잡고

● 한국인이 비교적 감정을 잘 표현하지 않는 행동의 배경은 무엇인가?

한국인과 미국인 간에는 감정을 표현하는 방식에서도 상당한 차이를 보이고 있다. 일반적으로 미국인은 개인의 느낌과 감정을 외부로 드러내는 것을 좋아하며 신체적인 표현도 비교적 자유로운 편이다. 이에 비해 한국인은 감정표현을 자제하는 경향이 있다. 집단 문화 속에서 각자는 자신의 느낌을 자유롭게 표현하기 보다는 다른 사람들의 기대에 부응하고자 예의를 지키거나 주위 사람들과 조화로운 관계를 유지하려고 한다. 속으로는 감정이 북받치더라도 겉으로는 가벼운 미소를 보이는 것도 바로 그러한 이유이다.

〈그림 21〉 한국인과 미국인의 감정표현 방식

앞의 대화문에 제시된 상황에서 미국인은 공항에서 가족을 만나면 와락 껴안고 서로 볼을 부비지만, 한국인은 아주 반가울 때에도 적극적인 스킨십을 하지 않는다고 한다. 이것은 타인의 눈을 많이 의식하여 다른 사람의 이목을 끄는 행동을 자제하기 때문이다. 공동체내의 다른 사람들의 눈에 드러나는 행동은 자칫 수치심으로 인한 체면손상과도 직결될 수 있기 때문이다. 또한 한국인은 남의 일에 무의식적으로 주의와 관심을 기울이는 성향이 있기 때문에 공항에서 격렬하게 포옹할 경우 주위 사람들이 쳐다볼까 봐 민망해서 공개적으로 행동하지 않는 것일 수도 있다.

이처럼 한국인은 수줍음이 많고 타인에게 어떻게 보여지는가에 민감하다. 남녀 간의 스킨십 또한 미국인보다 한국인이 소극적인 편인데, 이는 우리의 신체표현과 접촉의 한계를 말해주는 '남녀칠세부동석', '부부유별' 등의 의미처럼 유교의 영향을 많이 받은 것으로 본다. 반면, 미국인은 다른 사람이 개인적인 애정표현에 별 신경을 쓰지 않기 때문에 가까운 사람에게 마음을 놓고 애정표현을 적극적으로 한다.

● 한미 간 감정표현 방식의 차이로 인한 오해로는 어떤 것이 있는가?

같은 문화권에서 온 사람들은 일반적으로 동일한 비언어적인 행동을 하게 된다. 미국인은 비언어적 행위를 의사전달에서 부수적인 것으로 보지만, 한국인은 비언어적 코드를 메시지를 전달하는 주요 도구로 사용하는 것으로 보인다. 어느 경우든 대인간의 비언어적 행위는 보통 문화의 가치를 나타낸다(Stewart & Bennett, 1991). 가끔 한국인은 웃음이 헤픈 사람을 경박한 사람으로 보기도 하지만, 미국인들은 다소 굳어있거나 무표정한 사람을 오만(arrogant)하다거나 권위적(authoritative)으로 본다. 미국인은 'Laughter-maker'라고 불리는 웃음이 넘치는 사람을 항상 환영하고 그런 사람들은 기본적으로 일도 잘하는 사람이라고 본다. 몸짓언어에 있어서도 한국 남성들은 흔히 장난으로 서로 어깨동무를 하면서 친밀감을 나타낸다. 또 어른이 어린아이의 머리를 쓰다듬는 행위는 칭찬으로도 간주된다. 특히 감정이 격하게 되었을 때 상대가 손짓을 하면 부정적으로 보고, 눈을 쳐다보는 행위는 적대감을 나타내는 것으로 오해를 하기도 한다.

한미 간 감정표현의 차이는 언어에서도 드러난다. 다음은 Tempenaare(1997)가 연구한 각 민족 간의 억양의 차이를 나타낸 것이다.

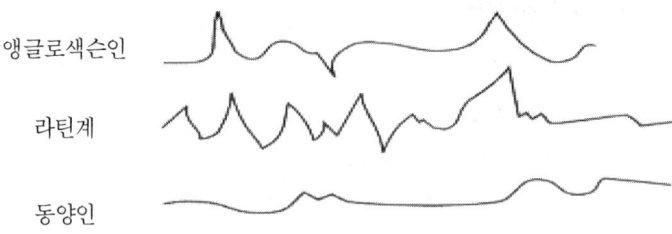

〈그림 22〉 동양인, 앵글로색슨인, 라틴계의 억양 패턴

앞의 동양인의 억양 패턴처럼 한국어는 음절위주의 언어로서 강세나 박자가 의미전달에 기여하지 않기 때문에 영어보다 밋밋하며 성조나 어조가 거의 없는 편이다. 아시아인은 조용히 말하고 음의 높낮이를 사용하여 중요한 어구를 강조하지 않는다 (Gumperz, 1993). 이러한 문화권에서는 감정표현이나 위엄을 나타내기 위해서도 강세나 고저의 변화가 별로 없이 비교적 조용히 말한다. 반면, 영어는 강한 강세박자언어 (stress-timed language)로서 말 자체에 강한 리듬과 음의 높낮이 변화가 크다. 미국인들은 평균을 넘는 큰 목소리와 분명한 발음으로 자신의 감정 상태를 솔직하게 표현하려고 한다. 실험 결과에서도 백인 엄마들은 아이들의 스피치와 행동에 나타난 자기주장과 흥분, 그리고 흥미와 같은 측면들을 긍정적으로 해석하는 경향이 있었다. 미국인들은 대개 자신의 의견을 가능한 솔직하고 설득력 있게 표현하는 것을 훌륭한 자질로 여긴다. 그들은 감정을 외부로 표출하도록 권유받으며 자신의 분노를 사람들에게 적극적으로 알리도록 배운다 (Samover, & Porter, 2007).

● 비언어적 행위의 기능과 한미 간 차이를 보이는 비언어적 행위는 무엇인가?

일상에서 비언어적인 행위의 차이는 대화자 간 오해를 자주 불러일으킨다. Birdwhistell(1970)은 일상회화에서 언어만으로 정보를 이해할 수 있는 비율은 약 35%로, 나머지 65%는 비언어에 의한 것이라고 보고하였다. 또 다른 연구에 따르면, 대화 중 93%는 비언어적인 경로로 전달된다고 한다. 즉, 메시지의 38%가 음조, 웃음소리, 울음소리, 발화법 등 주변 언어를 통해, 55%가 표정이나 제스처를 통해 전달되고, 7%만이 언어를 통해 전달된다고 한다 (Merabian & Wienner, 1967). Ring(1992)은 어휘와 비언어적 행동에 담긴 문화개념 간의 차이가 확실하게 전달되지 않을 때 의사소통에 문제가 생긴다는 것을 실험을 통해 입증하였다. 일반적으로 저맥락 문화에 속한 미국인은 기대되는 행위에 대해 사전에 분명하게 말로 신호를 주지만, 고맥락 의사소통을 하는 한국인은 절이나 침묵 혹은 표정 등으로만 신호를 주는 경우가 많아 상대가 '눈치'로 상황을 파악해서 기대되는 방향으로 행동하기를 바란다. 집단주의 문화권에서 구체적인 말로 하는 의사소통은 정보가 반드시 교환되어야 할 때만을 제외하고는 필수적이지 않다 (Schugk, 2004). 따라서 이문화 간 의사소통에서는 비언어적 행위에 대한 분명한 차이 인식을 통해서 의사소통이 깨어지거나 오해가 생기는 사태를 사전에 방지할 수 있다. 다음은 한국인과 미국인 간 비언어적인 행위에 있어서 차이를 보이는 것들이다.

- 한국인은 손가락을 모두 편 상태에서 하나씩 구부리며 수를 세지만, 미국인은 주먹을 쥔 상태에서 손가락을 하나씩 펴면서 수를 센다.
- 한국인은 사람을 부를 때 손바닥을 아래로 손등을 위로 하여 흔들지만, 미국인은 손바닥이 하늘을 향한 상태에서 손짓한다.
- 한국인이 엄지와 집게손가락으로 그리는 원은 돈(money)을 의미하지만, 미국인에게는 강한 긍정을 의미한다.
- 한국인은 손가락으로 하는 V자가 승리를 의미하지만, 영국에서는 손등이 보이는 V자는 욕을 의미하는 엠블렘이다.
- 어깨를 으쓱하면서 손을 앞으로 내미는 미국인의 행동은 한국에는 없는 제스처이다.
- 미국인은 즐겁거나 행복할 때 웃지만, 동양인은 종종 초조하거나 불안해서도 웃는다.
- 한국인의 무표정함은 종종 외국인들에게 화난 표정으로 비춰지기도 한다.

비언어적인 표현인 엠블렘을 통해서도 다양한 의사전달이 가능하다.

이 외에도 한미 간 커뮤니케이션에 있어서 비언어적인 행위에서 차이를 보이는 것으로 눈 맞춤(eye contact)이 있다. '눈은 입보다 먼저 말한다'는 속담이 의미하는 바와 같이 미국인은 눈을 통해 상대방의 말이 진실인지 아닌지 알 수 있다고 생각한다. 따라서 그들은 어릴 때부터 늘 눈을 보면서 인사나 대화를 하도록 가르침을 받는다. 눈을 쳐다본다는 것은 상대의 이야기를 들으며 이해하고 있다는 표시이다. 그들은 질책을 받을 때도 상급자의 눈을 똑바로 쳐다본다. 이때 땅을 쳐다본다거나 다른 곳을 쳐다보는 행위는 상대를 무시하거나 무언가를 감추는 것으로 간주된다. 상대방과 눈을 마주치는 행위는 정직과 신뢰의 표시이기도 하다.

한편, 한국에서는 교사로부터 꾸지람을 들을 때 학생이 교사를 똑바로 쳐다본다면 교사에게 반항하거나 불만을 표시하는 행위로 간주된다. 이같은 상황에서 학생은 고개를 숙이고 눈을 아래로 내리는 것이 도리어 적합한 태도로 여겨진다. 눈 맞춤에 관한 이와 같은 다른 인식으로 인해 종종 아시아인들은 때때로 연장자를 똑바로 쳐다보지 않고 대화시 얼굴을 약간 돌리면서 상대방의 시선을 피하거나, 일본인처럼 상대의 목젖 부위를 쳐다보기도 한다. 눈을 잘 마주치지 않는 대신 아시아인들은 이야기 도중에 머리를 끄덕이거나 추임새를 넣어서 집중해서 듣고 있다는 신호를 보낸다.

이와 같이 비언어적 표현에 있어서도 미국인은 비교적 적극적이고 분명하게 표현하지만, 한국인은 동일한 상황에서 미국인에 비해 다소 소극적이고 수동적인 태도를 보인다.

● 타문화에 대한 지각이 쌓여감에 따라 우리는 어떻게 변하는가?

문화가 사람들의 특정행동이나 습관을 일반화한다 하더라도 그것을 그 문화권에 속한 모든 사람들에게 적용할 수는 없다. 같은 문화권 내에서도 의사소통의 방식이나 감정표현 또는 신체접촉 수준에서 지역, 성별, 세대에 따른 차이가 있다. 남녀를 평등하게 가르치는 공교육제도에 힘입어 한국의 유교적 전통은 점차 옛것이 되어가고 있다. 오랫동안 우리에게 전해 내려 온 한국인의 뿌리 깊은 문화는 서구문화의 영향으로 점차 변해가고 있다. 이러한 변화의 과정에서 우리 문화에 대한 자긍심 또한 커지고 있다. 어떤 문화의 뿌리는 단시간 내에 바뀌지 않고 오랫동안 남아 자국민의 의식과 가치관, 태도를 지탱해준다.

때로는 과거 다소 열등하다고 생각되는 것들이 지금은 도리어 국제사회에서 장점으로 작용하고 있는 것도 있다. 일례로 한국인의 '빨리빨리 문화'는 속도가 경쟁력이 되는 요소에 접목이 되어 인터넷을 보급하고 활용하는 데에 크게 기여했다.

타문화에 대한 지각을 통해 자신이 이전에 경험하기 못했던 새로운 것을 배우고 받아들일 수 있으며 우리가 가지지 못한 부분을 채울 수도 있다. 한편, 한·미 문화 간 비교분석에서 양 문화의 차이점을 명확히 도출할 수 없는 항목도 있는데 그것은 양 문화 간 상당부분 공유되는 문화나 '같은 문화 내에 존재하는 다양성'(Cronen, 1994) 때문으로 볼 수 있다.

Summary of Culture Code

- 한국인은 타인에 대한 부끄러움이나 체면의 손상을 막기 위해 감정표현을 자제하는 경향이 있다.

- 미국인은 타인을 의식하지 않고 감정표현을 적극적이면서도 자유롭게 하는 편이다.

Let's Talk

- 한미 문화 간 현저하게 차이가 나는 언어적·비언어적 행위에는 어떤 것이 있는지를 예로 들어 설명하시오.
- 타문화권 사람들에게 부적절한 행동으로 인식되는 한국인의 신체표현은 어떤 것이 있는가?
- 문화에 따라서 화를 표출하는 방식이 어떻게 다른지 얘기를 나누시오.
- 평소 반가운 친구나 상사를 만나면 감정을 어떻게 표출하는지 서로 얘기를 나누시오.
- 감정표현과 관련해서 '요란한 바퀴에 기름을 친다'는 영국 속담은 어떤 의미인가?
- 고유의 동질성(identity)이나 개성을 유지하면서 어떻게 다른 문화에 적응할 수 있는지 설명하시오.

20장 문화 충격
Manage Your Anger

억압적인 언어는 폭력을 행사하는 것 이상이다. 그 자체가 폭력이다.
— Tony Morrison

나는 싸울 때도 씽긋 웃을 수 있는 사람을 좋아한다.
— Winston churchill

Opening of Culture Gate

남편의 일 때문에 부산으로 거처를 옮긴 Williamson부인은 이사한 지 얼마 되지 않아 아파트 관리인으로부터 분리수거를 하지 않는다고 호된 질책을 받았다. 그녀는 한국어를 잘 알지 못하고 쓰레기를 처리하는 방법을 잘 몰랐으므로 재활용 쓰레기를 잘못 버린 자신의 실수에 대해서는 충분히 납득할 만한 일로 받아들였다. 하지만 Williamson부인이 무척 유감스러웠던 것은 관리인으로 부터 큰소리로 호통치는 것을 들으면서 자신의 인격마저 무시당했다는 느낌을 받게 된 것이었다. 그녀는 사전에 입주민에게 쓰레기 처리에 관한 충분한 정보를 전달해주지 않은 상태에서 결과만 놓고 질책을 받은 데 대해 무척 당혹해 했다.

이처럼 문화 마다 감정을 표현하는 방법이 다르기 때문에 한 문화권에서 쉽게 용인될 수 있는 일들이 다른 문화권 사람들에게는 당혹감이나 오해를 불러일으킬 수 있다. 이 장에서는 한미문화 간에 화나 감정을 표출하는 방법이 어떻게 다른지 살펴본다. 아울러 이 같은 문화 충돌(culture bumper)과 심적 충격에 대한 이해를 통해 문화 차이를 수용하고, 갈등을 해소하는 방안을 찾아보자.

> **Cultural Key Terms**

Culture shock (문화충격): 한 개인이 자문화과 다른 새로운 문화를 접하면 위화감이나 불안함을 느끼고, 또 거기에 따르는 신체적, 정신적 이상이 생기거나 힘이 빠지고 스트레스가 쌓이는 등의 부정적인 반응을 일으키는데, 문화 충격은 이러한 것을 총체적으로 일컫는 말이다.

Culture bump (문화충돌): 다른 문화에서 온 사람이 스스로 낯설고 이상함을 느끼거나 다른 문화권 사람들과 상호 작용하면서 불안함을 느끼게 될 때 나타나는 현상을 말한다.

Attribution (귀속): 다른 사람들이 능력이 있는지, 좋은 의도가 있는지, 효과적인지, 권력욕이 있는지, 외부적인 힘에 의해서 압박을 받고 있는지 등에 관한 행동을 관찰한 후 내리는 결론을 말한다. 귀속은 사람들이 다른 문화에 대해 유용한 결론을 내릴 만한 근거가 충분하지 않기 때문에 오류를 범하기 쉽다.

일반적으로 사람들은 이 문화 간 의사소통에서 자신이 속한 문화에서 익힌 판단을 기준으로 이유를 붙여나가는 귀속을 행하고 있다. 즉, 타인에 대해 자신이 속해있으며 비슷한 가치관이나 사고방식을 갖는 내집단(in-group)과 그렇지 않은 외집단(out-group)으로 구분하는 경향이 있다.

Re-entry culture shock (역문화 충격): 태어나서 자라온 환경과는 다른 곳에 일정기간 거주한 후 원래 있던 곳으로 되돌아 왔을 때 경험하는 충격을 말한다. 이 충격은 물리적 충격과 정신적인 충격으로 구별된다. 물리적 충격은 자신이 지내왔던 환경이 자신이 없는 동안 상상했던 것 이상으로 변한 데서 오는 충격이고, 정신적인 충격은 다른 문화에서 체험한 것이 자신의 가치관과 주위사람들의 가치관이 다른 데서 오는 충격이다. 보통 역문화 충격을 겪는 사람들은 자문화에 대해서 비판적인 태도를 갖고 있다.

Standard culture (표준문화): 특정문화의 다수 구성원들이 자신과 다른 사람에게 정상적이고 합당한 것으로, 전형적이며 밀접한 관계가 있는 모든 종류의 인식, 사고, 가치 및 행동을 말한다. 표준문화는 그 문화의 구성원들에게 유효하고 의미를 갖추는 체계이다 (Thomas, 2003). Thomas가 정리한 한국의 표준문화는 다음

과 같다: 위계질서 중심, 체면유지, 인맥중심, 집단주의, 소속집단에의 충성심, 감성주의, 임기응변과 융통성, 전통적인 성역할의 구분, 가정과 직장생활의 분리이다. 한국의 표준문화는 한국문화를 대략적으로 이해하는 데에 도움이 되지만, 문화적 다양성과 개인적인 차이를 포괄하지 않고, 시간에 따른 사회적인 변화를 포함하지 못한다 (유수정, 2008).

Situational Conversation : Culture Shock

Greg: How have you been?

Kim: I have been Kyungju last weekend. I guided my advisor and her elder sister who visited Korea at first.

Greg: Really? You must be so tired to guide them on weekend. But you might had enjoyable trip yesterday. The weather also was so nice yesterday, wasn't it? I think Kyungju is really nice place to visit with foreigner who visit Korea at first. As you know there are many historic sights to go. Where did you go in Kyungju?

Kim: We went to Bulkooksa temple at first. Though I've been to the Bulkooksa temple several times, as a guider, I really had a nice time except one unpleasant happening.

Greg: Unpleasant happening? What's the matter with you?

Kim: Well, my guest Marthar, went into the main-building of the temple to look around inside of a room. The problem was happened when she took picture in the room. Watching her behavior, one woman who works for the temple yelled her not to take picture inside the building. Then Marthar was so embarrassed to see her yelling, and immediately came out the room. It seemed that she was not only surprised at the yelling, but couldn't well understand the reason. I was so sorry that I couldn't tell her not to take picture even though I couldn't find the note of "No photographs." The woman said that the visitor should know that photographs were not allowed inside the room. It seemed that I didn't do my role satisfactorily.

Greg: You're right! You should inform Marthar not to take picture before she enter the room. Or it could be much better if the woman told Martha more kindly than before. Furthermore, it would be a good idea if they noted "No photographs" to inform all the visitors. Sometimes I also felt difficulty to know whether it was allowed or not.

Kim: Yeah. You're right. Most Koreans within the same environment, are easily know how to do and what to do. However, newcomers are limited to know what shall they do. Therefore, both need to try to know other part to avoid inter-cultural conflict.

Greg: Exactly. There is no right or wrong answer in dealing with inter-cultural communication. But at least there is short cut to solve the conflict caused by the cultural differences.

Kim: Someday, we may want to talk about how to deal with inter-personal conflict which could happen frequently in our routine.

Greg: Good idea! It sounds interesting.

● 한국인은 화가 나면 주로 어떻게 감정 표현을 하는가?

가끔 주위에서 화가 나면 '목소리 큰 사람이 이긴다.'는 말을 믿는 양 고함을 지르거나 언성을 높이는 사람들을 볼 수 있다. 이러한 현상은 논리와 합리성을 따지기보다 큰 소리로 기선을 제압하는 것이 유리할 수도 있다는 심리에서 나온 것으로도 보인다. 한국인의 이러한 감정표현은 보통의 미국인이 화를 표출하는 것과는 사뭇 다르다. 미국인은 즐겁거나 기쁜 일이 있을 때는 비교적 제스처가 크고 큰 목소리로 말하는 편이지만, 화를 내거나 상대방에게 따질 때에는 가능한 목소리를 낮추어 또박또박 말하는 것이 일반적이다. 합리성에 기반을 둔 미국 문화에서는 화를 내는 것이, 이해 타산이 걸린 큰 문제일 수도 있기에 자신의 감정을 상대에게 충분히 납득시키기 위해 일이 진행되어 온 경위를 소상하게 밝히고자 한다.

따라서 대화문에서와 같이 미국인은 누군가 큰 소리로 상대를 꾸짖으면 무척 놀란다. 특히 처음으로 한국을 방문한 Marthar부인으로서는 본인이 알 수 없는 한국어로 호통을 치니까 그 당혹감을 더 크게 느낄 수 있다. 만약 그 직원이 알아듣기 쉽게 비언어적으로 표시를 했거나 한국인 동행인에게 요청해서 자신의 잘못된 행동을 알게 해주었다면 좀 더 합리적인 문제 해결이 되었을 것이다.

감정 표현의 차이는 고맥락 문화에 속하는 한국인과 저맥락 문화에 속한 미국인 간의 커뮤니케이션이 좋은 예가 된다. 보통 한국인은 말로 하지 않아도 상황을 파악해서 눈치껏 다른 사람에 맞추어 행동해주기를 바라고 미국인은 구체적인 말이나 글로 쓰여 있는 것을 보고 행동하며 그렇지 않은 부분에는 비교적 자유롭게 행동하고자 한다. 앞의 예문에서 볼 때, 법당에서 근무하는 사람의 입장에서는 나름의 정해진 규율을 따르지 않는 방문객에게 훈계조로 큰 소리를 낸 것이라고 말할 수 있다. 하지만 사진을 촬영해도 가능한지 불가한지에 대해 사전에 충분히 설명하거나 공지도 하지 않은 채, 사진을 찍은 행위 자체만으로 그렇게 질책하는 행위를 Marthar부인의 입장에서는 당혹스런 일로 받아들일 수 있다.

● 문화 충격이 일어나는 이유와 그 증세는 어떠한가?

우리는 하나의 문화 사회에 소속되어 가치관, 신념, 통념 등을 교육받으면서 그 문화에 맞추어 사회화되어 간다. 즉, 자문화만의 독특한 패턴에 익숙해져 가는 것이다. 하지만 우리와 다른 문화에 속한 사람들과의 커뮤니케이션을 통해 서로 다름을 느끼는 경우가 종종 있다. 이 상황에서 다른 가치관, 신념, 생활 방식으로 인해 생기는 스트레스가 문화충격이다. 특히 새로운 환경이 자문화의 그것과 크게 다를 경우 문화 충격은 더욱 크다.

새로운 문화를 접하면 위화감이나 불안함을 느끼고, 또 거기에 따르는 신체적, 정신적 이상을 일으킨다든지, 힘이 빠지거나 스트레스가 쌓이는 부정적인 반응을 일으킨다. 오랜 기간 해외에서 생활했다 하더라도 자기문화에서 익힌 습관과 지각이 심층에 남아 목표문화에 대해 이질감과 갈등을 느끼고 적응에 어려움을 겪는 이들이 적지 않다. 문화충격을 받을 경우 나타나는 신체적, 정신적 증세는 다양하다. 일반적으로 문화충격의 증상으로는 향수병, 피로감, 과음과식 및 졸음, 현지문화에 대한 분노나 부정적인 면을 강조하기, 자신의 문화를 이상화하기, 대인 기피증, 두통이나 알레르기, 자신의 건강에 대한 과도한 우려, 수줍음과 불안감, 상실감이나 산만함, 외로움과 슬픔 등이다. 문화 충격을 겪는 당사자는 그것이 어렵고 불편한 일임에 틀림없다. 하지만 문화 충격을 통해 각자는 자신이 이전에 경험하지 못했던 것을 폭 넓게 경험함으로써 새로운 배움의 기회를 갖고 다른 문화를 받아들일 수 있는 안목을 갖게 된다. 문화 충격은 자문화는 물론 다른 문화를 단시간에 배울 수 있게 해주는 학습 경험이 되기도 한다.

사람들은 문화충격의 증세를 개인의 성격, 나이, 언어 능력이나 변화를 극복하는 능력에 따라 다르게 느끼지만, 대부분은 어느 정도 경험하게 된다. 심지어는 자문화 속에서도 외집단 구성원과 대면 접촉을 하며 문화충격을 경험하는 사람도 있다.

● 문화 충격이나 실수는 어떻게 줄여나갈 수 있는가?

국제화 시대라는 이름에 걸맞게 국내 외국인 거주 비율 또한 빠른 속도로 증가하고 있다. 캠퍼스 안은 물론 시내로 나가보면 외국인을 쉽게 만날 수 있다. 저마다의 목적으로 한국에 온 그들은 낯선 환경이나 문화의 차이에서 오는 충격에서 쉽사리 벗어나지 못하리라 예상된다. 특히 개인주의 문화에서 온 사람들이 집단주의 문화권에서 생활하기가 여간 어려운 일이 아닐 것이다. 우리가 외국 문화에서 겪었던 바와 같이 그들 또한 우리 문화권에서 마치 '물 밖에 나간 물고기(fish out of water)'처럼 심적인 동요를 크게 느끼면서 살아가는 이도 많을 것이다. 우리 문화에 들어온 그들이 무조건 우리의 문화에 맞추어 변화하기를 기대하는 것은 구시대적인 생각이다. 한발 앞서서 그들과 한 사회에 공존하기 위하여 우리가 먼저 나서서 그들의 입장을 이해하고 접근을 시도하는 것이 다른 문화권 사람들 간의 갈등을 조금이나마 줄일 수 있는 방책이 될 수 있을 것이다. 문화에 따른 다양한 행동 양식을 이해하고 받아들일 수 있는 수용력 또한 이 문화 간 커뮤니케이션에서 빼놓을 수 없는 자질이다.

다문화 가정의 주부들이 한데 모여 문화충격의 극복방안에 대해 얘기 나누고 있다.

Herbert Kang(1986)은 다문화권에서 겪는 문화충격의 극복방안을 다음과 같이 제시하였다.

1) 문화충격이란 타문화권의 모든 사람이 경험하는 지극히 정상적인 반응임을 인식하고 두려움을 갖지 말고 극복하라.
2) 다른 사람들도 같은 경험을 했으며 이를 극복했다는 사실을 기억하라.
3) 의사소통이 가능해지면 문화적 충격이 빠르게 극복되므로 가능한 한 빨리 현지 언어를 배워라.
4). 새로운 문화의 사회적 생활에 참여함으로서 현지인 친구를 만들고 이들과 함께 일하고 함께 놀면서 이들의 문화권내로 진입하라.
5) 현지문화의 좋은 점들을 발견하여 흥미를 느낌으로써 문화충격을 극복하라.

문화 충격을 줄이기 위해서는 문화 충격의 과정을 알고 대비하는 것이 필요하다. 문화 충격의 과정은 마치 롤러코스터처럼 기복이 심한데 보통 다음과 같은 W형의 단계를 밝는다.

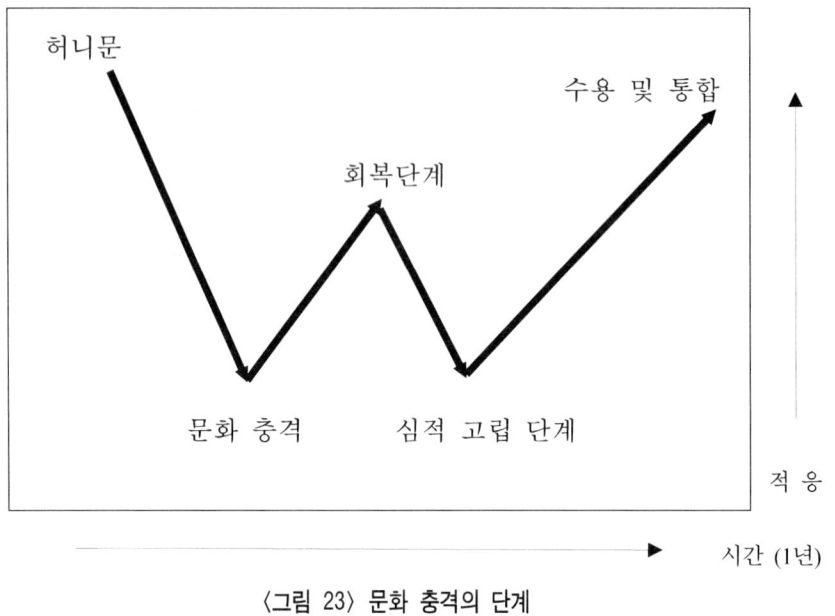

〈그림 23〉 문화 충격의 단계

위의 문화 충격의 단계를 구체적으로 보면 다음과 같다.

1. **허니문 단계** : 개인이 새로운 문화에 노출되면서 흥분, 낙관, 그리고 행복감 등으로 가득 차서 들뜬 기분상태 속에 있는 단계이다.
2. **문화충격 단계** : 문화충격의 위기 기간으로 실망과 불만족이 따르는 단계이다. 새로운 환경을 접하여 주거, 교통, 고용이나 언어 등의 문제로 개인은 당황하거나 좌절하게 되고 이로 인해 불안, 초조감, 화를 불러일으킬 수도 있다.
3. **회복 단계** : 개인은 새로운 문화를 어느 정도 이해함으로써 그 문화에 대응하는 방법을 알고 조정을 하게 된다. 일과 사람들에 대해서는 이제 훨씬 더 예측이 가능하고 스트레스도 적다.

4. **심적 고립 단계** : 모국어처럼 자신을 쉽게 표현하지 못해 외로움을 느낌으로써 당혹해하거나 자신감을 잃게 된다.
5. **수용 및 통합 단계** : 개인은 이제 새로운 문화의 핵심요소를 이해하고 적응하며 주류 문화 사람들과 교류하며 심리적 안정감과 만족감을 갖게 된다.

● 다른 문화권 사람들을 이해하기 위해서는 어떻게 해야 하는가?

대인관계에서 지나치게 감정을 표출하거나 화를 내는 것은 문제 해결에 그리 도움이 되지 않으며 자신을 위해서도 결코 바람직하지 않다. 특히 문화가 다른 사람들과 교류하면서 불가피하게 생길 수 있는 문화 충격을 해소하기 위해서 그들을 제대로 이해하는 것이 급선무다. Gudykunst(1991)는 다른 문화 사람들을 이해하기 위한 다섯 가지 단계를 제시하고 있다.

1) 우리가 경험한 것을 일단 관찰하며, 일어나는 일에 대해서 기술한다.
2) 우리가 기술한 것에 대해서 대안적인 해석(alternative interpretations)을 찾아본다.
3) 추가적인 정보를 찾는다.
4) 일어난 일을 평가한다.
5) 다른 사람에 대해 이해한 것에다 우리가 결론내린 것을 감안하여 대처한다.

물론 우리가 내린 판단이나 이해가 부정확할 수 있고 다른 집단의 사람을 모두 일반화 할 수는 없을 것이다. 하지만 이러한 단계는 다른 사람들을 이해하고 그들의 행위를 정확하게 예측하는 데 필요한 좀 더 객관적인 정보를 제공해 줄 수 있다. Gudykunst(1991)는 모호함을 많이 참을수록 다른 문화 사람들과 협력하여 일을 완수하는 데 더욱 효과적이라고 한다. 모호함을 참는 사람은 자신이 생각한 데로 일을 처리하기 보다는 다른 사람으로부터 객관적인 정보를 찾아 올바로 이해하려고 한다.

Summary of Culture Code

- 한국인은 상대방에게 화를 표출하는 데 있어서 감정적인 면으로 접근하는 경우가 많다.
- 미국인은 화를 표출할 때 이성적으로 접근, 상대방으로 하여금 납득케 하는데 더욱 중점을 둔다.

Let's Talk

- 목소리나 얼굴 표정은 대화를 조정하거나 이끌어 가는데 있어서 어떤 역할을 하는가?
- 한국인의 감정 표현(혹은 얼굴표정)은 다른 문화 사람들과 비교해서 어떤 차이를 보이는가?
- 자신의 믿음이나 가치관 등에 치우친 나머지 다른 문화 사람들을 오해하거나 그들의 행동을 객관적으로 보지 못했던 경험에 대해서 얘기해 보시오.
- 개인이 문화 충격을 겪으면서 얻게 되는 장단점에 대해서 얘기 나누시오.

VI 가치관·세계관의 코드

문화와 접목시킨 영어 공부를 하며 즐거워하는 아이들

다른 나라 사람들의 행동이나 사고를 접하는 일은 다소 낯설지만 즐겁고 도전할 만한 것이다. 다른 문화를 통해 우리의 가치를 재발견하고, 글로벌 시대에 우리의 나아갈 방향을 찾아 변화의 중심에 우뚝 설 수 있다.

21장 10대의 일

Be an Early Bird.

> 우리가 처하는 새로운 환경은 새로운 낱말, 새로운 어구를 요구하고,
> 이전의 낱말을 새로운 사물에 전이할 것을 요구한다.
> ― Thomas Jefferson

Opening of Culture Gate

한번은 피츠버그 근교에 있는 한 세차장에서 여러 명의 여학생들이 즐겁게 얘기하며 세차를 하는 모습을 보았다. 작업 복장도 잘 갖추지 않은 채 아직 앳된 모습을 한 학생들은 제법 부유한 가정의 자녀로 보였다. 당시에는 공부나 하지 굳이 왜 그런 일을 할까 하고 생각하였다. 하지만 곧 그들이 시간제 일(part-time job)을 하는 것은 단순히 경제적인 측면뿐만 아니라 보통의 미국인이 갖는 가치관과 깊이 관련되어 있다는 것을 알게 되었다. 미국의 10대는 시간제 일을 즐겨한다. 고교 졸업 후에도 바로 대학을 진학하기보다 직장에 다니며 경력을 쌓다가 필요에 따라 다시 대학에 진학하는 경우도 있고, 나이에 상관없이 재취업을 하는 경우가 많다. 이 장에서는 이른 시기에 시간제 일을 하는 것에 관해 한국인과 미국인이 갖는 다른 견해와 가치관에 대해 알아보자.

Cultural Key Terms

Frontier (개척자): 개인의 자유와 자신감이나 기회균등의 개념이 순수한 형태로 나타난 것을 의미한다. 프론티어는 개인의 자유와 자립심, 기회균등에 대한 미국인

의 이념을 심는데 도움이 되는 여건을 마련해 주었다. 프론티어는 개인의 가족적인 배경에는 그리 관심을 두지 않았으므로 자신을 발전시킬 기회를 찾는 많은 미국인은 새롭게 출발할 수 있었다.

Materialism (물질주의): 물질적으로 풍요롭고 신체적으로 안락한 것을 권리로 간주하는 이념을 말한다 (Stewart & Bennett, 1992). 물질주의를 삶의 중추적인 부분으로 여기는 미국인은 빠르고 편리한 교통, 마음대로 선택할 수 있는 아주 다양한 음식들, 모든 행사에 어울리는 옷들, 그리고 수많은 편리한 도구들이 설치된 편안한 집을 갖기를 원한다 (Samovar & Poter, 2007).

Situational Conversation : Working and Study

Kim: Hi Greg. **What's going on?**

Greg: I'm just returning from **dropping my son off** at the restaurant.

Kim: Oh! Is he having dinner with friends?

Greg: No. Actually, he's been working there part-time since last summer.

Kim: Really? How old is he?

Greg: He just turned seventeen this past summer.

.im: Wow! He is only seventeen and has been working at a restaurant for over a year? That would be very, very unusual here in Korea. Instead, nearly all Korean teenagers spend most of their summer vacation studying in order to get into a good university.

Greg: Well, Mr. Kim, it is pretty common in my country for teenagers to work part-time. In America, when kids turn sixteen, many of them start working during their vacations or after school so that they don't have to depend on their parents for pocket money. In fact, many teens try to save the money they earn to help pay for college or to buy their first cars.

Kim: Oh, really? That is very surprising. What about school then?

Greg: Getting a part-time job doesn't mean that my son has stopped studying. When a teenager takes a part-time job while going to school, what he is really doing is taking on a lot more responsibility, which, in turn, is preparing him for adulthood. A part-time job is almost like a rite of passage. As teenagers, their parents begin treating them more and more like adults. Going to school - and keeping good grades - and working at the same time take a lot of responsibility.

Kim: That must be very challenging for your son, since he has to do two things at the same time. Like most Korean parents, I never thought of letting my children work during their vacation. However, after listening to you, I can see how working part-time could help my teenaged kids develop a sense of responsibility, independence, and maturity. And, in truth, it wouldn't hurt to have them help pay even a small part of their future university education.

Greg: **Boy, isn't that the truth!** College tuition is getting more and more expensive these days! Every little bit helps. Also, you know, I am very proud of my kids when I see them working hard and studying hard at the same time.

Kim: You must be! I think from now on I should let my children be more independent and take more responsibility. Hmmm...It was another very interesting talk, Greg. Thanks.

Greg: Any time, Mr. Kim. I guess I will see you later this week at the faculty meeting. Is that right?

Kim: Yeah, I'll see you soon. Bye.

Real Expressions

What's going on?: "어떻게 지내십니까?" 가벼운 인사말
dropping someone off: 누구를 내려주다.
Boy, isn't that truth!: 사실은 그렇지 않다. Boy는 구어체에서 별 의미 없이 자주 사용된다.

● 10대의 시간제 일에 대한 한미 간 의식에는 어떠한 차이가 있는가?

　10대들의 시간제 일(part-time job)에 대해 한국인은 그리 적극적이지 않다. 10대에는 공부해야 하는 기간으로 생각하고 있으며 오로지 목표로 하는 대학에 입학하기 위해 학업에만 매진하고자 한다. 당사자는 물론 가족들 또한 대학입시를 위해 다른 것에 신경 쓸 여유를 갖지 못하며 미성년으로서 학생이 시간제 일을 한다는 것은 학생의 신분에도 맞지 않다고 보는 이도 있다. 졸업 후 대학에 진학해서도 주로 취업을 위해 학점을 따거나 외국어를 공부하는 데 치중하는 편이다. 굳이 시간제 일에 매달리기 보다는 좀 더 높은 학점을 얻어 장학금을 타는 것이 더 득이 된다거나, 남의 시선을 의식해서 시간제 일을 하지 않는다는 견해도 있다. 이외에도 학생들에게 적합한 일자리가 별로 없다는 것도 시간제 일이 활성화되지 못하는 이유가 된다.

　그에 반해 미국의 10대들은 시간제 일에 대해 매우 호의적이다. 그들은 '각자의 운명은 오직 자신만이 책임을 져야 한다'고 믿는다. 따라서 그들에게 다른 사람의 시선이나 말은 그리 중요하지 않다. 그들은 시간제 일을 어른이 되기 위한 준비나 당연히 거쳐야 하는 통과의례로 인식을 하는 편이다. 또한 스스로 번 돈을 학비에 보탬으로써 부모의 경제적인 부담을 덜어주고 자립심을 키워가려는 의도도 있다. Stewart와 Bennett(1991)은 '미국의 아이들은 스스로 의사결정을 하고 문제를 해결하며 자신의 것을 소유하도록 격려되며 자신의 관점에서 세계를 바라보도록 배운다'고 한다. 그들은 기능적이며 일의 성취와 문제해결을 강조한다. 미국인들은 다른 사람과의 관계 속에서 자신을 보기보다 일의 성취를 통해 자신의 가치를 찾으려 하는 경향이 강하다. 따라서 시간제 일을 하는 것은 곧 훌륭한 사람으로서의 자신을 증명하는 수단이 되기도 한다.

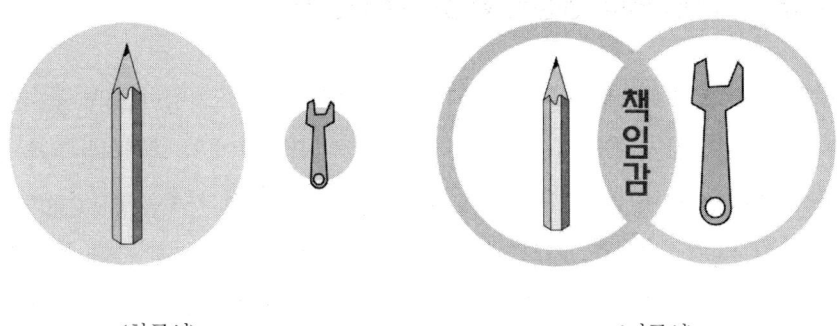

(한국인)   (미국인)

〈그림 24〉 일과 공부에 대한 인식

　10대의 시간제 일은 과거보다 현재 진행하고 있는 행동과 미래에 더욱 관심을 갖는 미국인의 가치관과도 무관하지 않다. 'Just do it!'의 행동 철학이 의미하는 것처럼 그들은 현재 진행 중인 모험(risk-taking)을 회고(reflection)하고 이를 중요하게 여긴다. 그들에게 있어 현재는 과거보다 중요하기에 현재(present)를 '선물(present)'로 여긴다.

　10대의 시간제 일을 통해서 우리는 미국인의 의식 저변에 흐르는 나도 '할 수 있다(can-do spirit)'는 자신감과 프론티어 정신을 엿볼 수 있다. 그것은 어려운 일을 통해서 행복한 결과를 얻을 수 있다는 낙관주의와도 통한다. 일찍이 개척자(frontier)들은 개인의 자유와 자립심을 순수하게 나타내주고 기회를 균등하게 갖는 것을 가치 있게 보았다 (Datesman, 2005). 또한 사람들이 자신의 삶에서 할 수 있는 일을 하는 것이 가장 중요하다고 생각했다. 그들이 가장 좋아하는 말은 '땅 위에 있는 것은 땅 밑에 있는 것 보다 더 중요하다'는 것이다. 미국인들은 역사를 통해서 열심히 일하는 것이 필요할 뿐만 아니라 그것이 물질적으로 보상을 해줄 것이라는 믿음을 갖고 있다.

　학업에 충실하여 좋은 성적을 유지하는 것 외에도 열심히 일하는 것을 책임 있는 행동으로 보는 미국인들의 인식은 '학생은 공부만 열심히 하면 된다.'고 보는 한국인의 일반적인 인식과는 자못 차이를 보인다.

● 한국인의 관계의식이 형성된 배경은 무엇인가?

전통적으로 가족 중심의 농경문화에서 한국인은 서로 의지하고 상부상조하는 것을 하나의 미덕으로 간주한다. 유교전통에 따른 '삼종지의'가 의미하는 바와 같이 한국인은 의타심이 많다고 볼 수 있지만, 개인의 삶에서 가족관계를 무엇보다 중시한다 (Coleman, 1990). 부모는 자신의 삶보다 자녀의 양육을 위해 희생하며 이런 부모들의 모습을 보고 자란 자녀 또한 자신을 위해 희생해 온 부모를 봉양하는 것을 도리로 삼아왔다. 한국 문화에서는 스스로가 독립적으로 살아가는 모습보다는 누군가의 관계 속에서 자신을 내세우는 경우가 많고, 또 배경을 통해 사람을 판단하는 경향이 많다. 그러다 보니 서로 간에 의무와 책임을 지고 서로에게 의지하는 것으로 생각된다. 이러한 문화는 평소 어느 정도 거리를 유지하며 부모친지 간이라도 조목조목 이해관계를 따지는 서구 문화와 큰 차이가 있다.

● 미국인에 있어 자립심의 형성배경과 그 구체적인 행동 양식은 어떠한가?

미국은 1776년 식민개척자들이 영국으로부터 독립을 선포하여 새롭게 세운 나라이다. 초기 정착민들이 시민전쟁에서 수많은 전투를 겪으면서 더욱 공고해진 자유와 독립정신은 미국인의 가치관 형성에 큰 영향을 미쳤으며 지금도 이 같은 정신이 깊이 자리하고 있다.

이러한 신념에 따라 미국인은 어릴 때부터 방을 따로 쓰며 18세가 되면 부모로부터 독립하는 것을 당연한 일로 여기고 있다. 부모들 또한 양육의 목적을 '품안을 벗어날(leave the nest)' 수 있는 능력과 자신감을 키워주는 데 둔다. 이러한 환경에서 부모는 자식에 대한 기대를, 자식은 부모에 대한 의존도를 줄여 나갈 수밖에 없으리라 본다. 부모들 또한 노후가 되면 요양원(nursery home)에 기거하는 경우가 많은 데, 이러한 가족의 풍속도에서도 자립심에 가치를 두는 미국 문화의 일면을 볼 수 있다. 가까운 예로 한 때 동료 강사였던 Peter의 삶 또한 필자에게 미국인의 자유와 자립심과 관련하여 깊은 인상을 남겨주었다.

Peter는 비교적 사회 경험이 적고 어린 나이임에도 처음 한국에 와서 자신이 해야할 일을 하고 차분히 준비하는 자세를 보여주었다. 한국에 온 지 얼마 되지 않은 어느 날 한번은 혼자 있는 Peter가 외로울 것 같아 주말을 함께 보낼 계획을 세웠더니 그는 자신을 위해 나의 주말을 허비하지 말라며 정중히 거절을 하였다. 또한 자신의 취미생활을 찾아서 했다. 자그마한 아파트에는 각종 가제 도구나 비품을 검소하게 구입하여 자신만의 독특한 공간을 만들어 보는 이로 하여금 즐거움을 안겨 주었다. 그는 자신만의 공간을 만들고 스스로 맛있는 음식을 장만하고 자신을 위해 투자하는데 큰 가치를 두었다. 아울러 그러한 태도가 자기 계발을 위해서도 큰 도움이 될 것이라는 믿음을 갖고 있었다. 이국에서 혼자 사는 게 얼마나 힘들고 혼란스러울까 우려했던 나의 생각은 기우였다. 이와 같이 Peter는 미국인의 전형적인 가치를 실천적으로 보여주었다.

● 이른 시기의 시간제 일에 대해 보통의 미국인들이 갖는 견해는 어떠한가?

개인에 대한 존중은 미국인의 특성인 독립심과 자기 신뢰에 관련되어 있다. 어릴 때부터 아이들은 스스로 과목을 정하고 전공을 선택하며, 직업을 정하고 결혼에 대해 결정을 한다.

하지만 아시아권의 아이들은 어릴 때는 독립보다는 부모나 교사의 말을 잘 듣는 착한 아이가 되도록 교육을 받는다. 그리하여 어른이 되어서도 부모의 곁을 떠나지 못하고 계속 부모의 보호 아래에 있으려고 한다. 심지어 어른이 되어서도 부모에게 크게 의존하는 소위 마마보이가 되기도 한다.

반면, 상당수의 미국 대학생들은 가정 형편이 넉넉하지만 재학 중 등록금을 학자금 대부(student loan)를 통해 지불하고, 졸업 후 급여를 받아 갚아 나가고 있다. 이른 나이에 시간제 일을 하는 학생들은 금전적으로 어느 정도 독립 할 수 있고 장차 사회생활에 적응하기 위한 준비 단계라고 생각한다. 아울러 자신이 번 돈으로 대학 등록금을 보태거나 자동차를 사기 위해 저축하는 것을 이를 자랑스럽게 여긴다. 부모들 또한 아이들이 18세가 되면 성인으로 간주하고 일과 공부를 병행하며 열심히 생활하는 것이 책임 있는 행동이라고 생각한다.

이른 시기에 시간제 일을 하는데 대한 사람들의 다양한 견해에도 불구하고 최근 한국에서도 10대들이 시간제 일을 하는 경우가 점차 늘고 있고, 일찍 사회경험을 하는 것이 필요하다는 인식이 커가고 있음도 주목할 만하다. 이에 따라 가정과 학교에서도 학생들에게 자율권을 부여하고, 사회가 그에 합당한 일거리를 제공하는 일도 함께 고민해야 할 일이다.

Summary of Culture Code

- 한국의 10대들은 대학입시나 각종 시험 준비를 위해 학업에 치중한다.
- 미국의 10대는 공부와 시간제 일을 병행 하면서 향후 자립할 수 있는 여건을 마련하고자 한다.

Let's Talk

- 10대에 아주 독립적이 되는 것에 따른 장점과 단점은 무엇인가?
- 한국에서 10대가 가장 자랑스럽게 생각하는 것은 무엇인가?
- 현재 한국에서 학생이 시간제로 할 수 있는 일은 어떤 것이 있는가?
- 한미 간 자녀를 양육하는 데 있어서 갖는 철학의 차이는 무엇인지 얘기를 나누시오
- 'Idle hands are the devil's workshop.(게으른 사람이 나쁜 짓을 한다.)'라는 속담이 의미하는 바에 대해 각자의 의견을 나누시오.

22장 대학 입시
You didn't fail.

말은 앞질러야할 다른 말들이 있을 때만큼 절대 빨리 달리지 않는다.
— Ovid

Opening of Culture Gate

금요일 저녁만 되면 파티나 공연을 보러 가는 Mike, 어느 토요일에는 공원으로 피크닉을 가자고 했다. 하지만 과제와 리포트 등을 준비하느라 휴일을 주로 도서관에서 보내는 나로서는 그날도 예외 일 수는 없었다. 공부 때문에 피크닉을 가지 못하겠노라는 완곡한 답변에, Mike 왈 "You have a study habit."이라고 쏘아 붙인다. 한국에서 공부벌레는 좋게 들리겠지만, 이들이 말하는 study habit는 왠지 좋게 들리지 않았다. 학교에서도 공부뿐만 아니라 운동이나 특별활동을 적극적으로 권장하는 이들 문화에서 이러한 나의 생활은 아마도 제대로 놀 줄도 모르는 바보로 비춰질 수도 있다고 여겨졌다. 문화에 따라서 어떤 행위에 대한 가치기준은 아주 다를 수도 있다. 대학 입시와 관련해서도 예외가 아니다. 이 장에서는 이처럼 동일한 사실에 대해서 다르게 해석하는 일들을 살펴보고, 대인 접촉 시 부정적인 일들을 적합하게 표현하는 방식을 살펴보자.

Situational Conversation : Entering University

Greg: Hey, Mr. Kim. I'm glad I ran into you. I want to ask you how your son's university applications are **coming along**. I know he **has his heart set on** going to one of the SKY universities.

Kim: It looks like he will either go to Yonsei or Korea. He failed getting in to Seoul National.

Greg: He "failed"? Why do you say he "failed"?

Kim: His application for entrance into the university was not accepted. So, we say failed.

Greg: Failed is a very strong word, Mr. Kim, and I hear Koreans use it very often in situations where I think it is the wrong word to use. Rather than your son saying he "failed" to get into SNU, it would be better to say that he wasn't accepted, or his application was **turned down**. Remember, there are thousands and thousands of students who apply to SNU every year and it would be impossible for the university to admit every applicant. But, by saying someone failed to get into the school makes it sound like the person isn't smart or diligent

Kim: I think, Greg, that the word fail comes closest to the Korean translation. It isn't meant to sound so strong, but it's the best English word to describe the result of something that didn't succeed. Also, it works well as a word of humility, something important in Korean culture.

Greg: I understand what you mean, Mr. Kim. But, as an English professor, you know that choice of words is very important because of slight **nuances** in meaning. Fail is a great example of this. When I use the word fail I usually mean something like a test that I failed; I got an F. Or I can describe something as a failed attempt, like, "My first experience with cooking Korean food was a failed attempt." When Koreans use the word failed it is not incorrect; it just sounds much more critical than it needs to be. I think it would be a great idea if you and I sat down together one day and developed a lesson on the alternatives to the word fail.

Kim: I think that's a great idea, Greg. Also, in the way you describe Koreans' overuse of the word fail I can see how it can have a negative impact on one's perspective of a situation. It will make my son feel better to know that he didn't fail and therefore is not a failure because he wasn't admitted to SNU.

Greg: What do you say; is sometime next week okay for you and I to get together and talk about this further?

Kim: Next week would be fine, Greg. **I'm looking forward to it.**

Real Expressions

come along : 잘 해나가다. 따라와.
has his heart set on : 그의 마음을 부추키다.
turn down : 거절하다, 접다.
nuances : 뉘앙스 (미묘한 차이)
I'm looking forward it : 기대해요.

● 한미 간 부정적인 사실을 표현하는 데 있어서 어떤 차이점이 있는가?

앞의 대화문에서 '실패'라는 말에 대해 집중적으로 조명이 되었다. 한국에서는 입학시험이나 입사응시에 합격하지 못하면 '떨어졌다'거나 '실패했다'고 말한다. 그것은 그동안 합격을 위해 준비해 온 시간과 노력에 비추어 성과가 없었던 까닭에 그와 같은 용어를 쓴 것으로 볼 수 있다. 특히 결과에만 치중하는 의식이나 자신이 해온 일에 대한 기대가 크다 보니 실망이 커서 이러한 표현이 나오게 된 것으로 보인다. 사실 본인은 물론 가족 친지들에게도 대학 입시가 워낙 중요한 일이 되다 보니 시험에 낙방하거나 떨어졌다는 말은 우리 문화에서는 어쩌면 자연스러운 표현일 수도 있다.

하지만 구체적인 언어사용 측면에서 볼 때, 이 말은 합리성보다는 어느 정도 화자의 주관적인 감정을 실은 표현으로 볼 수 있다. Greg의 말처럼 사실상 '불합격'했다는 것은 자격을 갖추지 못했다는 것을 의미하는 것이지 실패한 것은 아니다. 미국인은 대학에 불합격한 것을 "You just weren't accepted."라고 받아들인다. 혹 어떤 일에 실패한다고 해도 그들은 실패에 크게 좌우되지 않고 성공을 위한 초석으로 삼기를 기대한다. 'Failure is a mother of success.(실패는 성공의 어머니.)'라고 하며 모험하기(risk-taking)를 주저하지 않는 것도 그런 이유에서다.

이와 같은 사고의 배경에는 미국인들의 '기회 균등(equal of opportunity)'에 대한 신념이 강하게 자리잡고 있다. 각 개인은 동일한 성공의 기회를 가져야 한다는 것이다. 그들에게 평등은 누구나가 경쟁에 참여해서 이길 수 있는 동등한 기회를 갖는 것을 말한다. 물론 동등한 기회를 갖기 위해 그들은 페어플레이 정신으로 불가피하게 경쟁을 치러야만 한다. 미국인들은 그러한 기회를 다른 대학에서도 가질 수 있다고 보며, 경쟁력 또한 대학의 입학여부에 의해서만 결정되는 것이 아니라 대학 전 과정에서 오랜 시간에 걸쳐 쌓을 수 있는 것으로 본다. 대학 입학이 안 된 것을 '실패했다'기보다 '입학 허가'가 안 되었다고 보는 사고도 바로 이와 같은 이유에서 나왔다.

〈그림 25〉 '실패'에 대한 문화 간 인식 차이

● 영어의 간접적인 표현의 이점은 무엇인가?

　미국인은 칭찬이나 감사 등 긍정의 표현을 할 때에는 'really', 'so', 'very' 등의 강조부사까지 써서 강하게 나타낸다. 우리말에서도 가끔 "좋아서 죽겠다"라는 표현을 하며, 영어에서도 "I'll kill you."는 가까운 친구간의 스스럼없는 대화에서나 가능한 말이다. 하지만 부정적인 의미를 나타내고자 할 때는 비교적 의미를 약화시키거나 간접적으로 완곡하게 표현하려고 한다. 특히 간접적인 표현은 공손함을 나타내는데 아주 중요한 역할을 한다. 일례로 미국인 교사들은 숙제를 낼 때, "Read page x---x.(x에서 x까지 읽어오세요)" 라기 보다 "It would be good idea to look over page x---x. for next time(이 다음에는 x에서 x까지 읽어 오는 것이 좋겠어요.)" 라고 말한다. 이러한 경향은 지시적인 말로 대화의 분위기를 저해하기 보다는 상대에게 친근감을 주고 대화를 그 자체로 즐기려고 하는 미국인들의 문화에서 기인되는 것으로 보인다. 때로는 굳이 직설적인 말을 써서 경직된 분위기를 조성하기보다 상황에 맞는 적합한 말을 사용하려고 한다.

● 소수민족이나 약자에 대한 차별이나 불이익을 최소화하기 위해 어떠한 방안이 마련되고 있는가?

　영어에서도 나이, 성별, 인종 등에 대해 균형적인 시각을 갖지 못한 말들이 많다. 그러나 한때 약자의 위치에 있던 사람들의 목소리가 점차 커지면서 사회는 균형 잡힌 시각을 갖게 되고 이에 따라 언어 사용에도 변화가 일게 되었다. 그러한 것이 바로 차별이 없고 중립적인, 정치적으로 맞는 말(PC words)을 사용하는 경향으로 기울게 되었다. 또한 미국에서는 소수 민족이 당할 수 있는 차별이나 불이익을 최소화하고자 역차별법(affirmative action)을 시행하고 있다. 이 법은 차등은 하되 차별은 하지 않는 열린 정책에 기반을 두고 있다. 그들은 공식적인 문서에서도 인종이나 나이 성별, 장애 여부 등을 문제 삼지 않는다. 거의 모든 대학이 원서에 인종, 피부색, 국적, 종교, 나이, 성별, 성적지향, 신체적 장애로 인한 차별 없이 임무를 수행할 것을 공지하고 소수 민족에게 동등한 교육의 기회를 주고자 하는 것도 같은 이유이다.

Summary of Culture Code

- 타인을 많이 의식하고 배경을 중시하는 한국사회에서 학생들은 대입에서도 서울 소재 명문 대학을 선호하는 경향이 아주 강한 편이다.
- 미국 학생들은 개인의 취향, 능력, 전공 등을 감안, 자율적으로 학교를 선택하며 명문 대학은 지역적으로 다양하게 분포되어 있다.

Let's Talk

- 한국에서 사용하는 표현 중에서 실제와 맞지 않게 과장해서 표현된 말은 어떤 것이 있는지 찾아보시오.
- 각자가 맡은 일에 성공한 사람이 되기 위해서는 어떤 자질을 갖추어야 하는가?
- 부정적인 것을 긍정적인 표현으로 바꾸어 대화에 성공한 사례를 얘기하시오.

23장 경쟁력
Why Do You Always Watch SKY?

> 이 세상에 끝이 없는 것이 두 가지 있으니 하나는 우주요 또 하나는 인간의 어리석음이다. 전자에 대해서는 확신할 수 없으나 후자는 확신하고 있다.
> — 아인슈타인

Opening of Culture Gate

한국, 일본, 미국 등 5개국의 젊은이(18세에서 24세 사이) 천 명을 대상으로 일본의 내각부가 의식 조사를 실시하였다. 이 조사에서 '대졸자는 어떤 점에서 평가받는가?'란 질문이 있었으며 대상자의 응답 결과는 다음과 같았다.

미국의 경우는 '어느 대학이든 대학을 나왔다는 점'이 32.7%, 일본의 경우는 '대학에서 어떤 전공분야를 배웠느냐는 점'이 45.7%, 그런데 한국은 '일류대학을 나왔느냐는 점'이 54.7%로 나타났다.

한국의 많은 젊은이들은 유명대학에 들어가는 것에 대해 사회적으로 긍정적인 평가를 받고 더 나은 단계로 가는 시발점으로 여기고 있다. 따라서 그들은 창의, 인성보다 성적을 우위에 두고 입시에 온 힘을 쏟고 있다. 이것은 글로벌 시대 경쟁력 제고와 좀 더 넓은 안목을 위해서도 재고해야 할 필요가 있음을 말해 준다. 각 나라마다 교육 체계뿐만 아니라 학생들이 대학에 대해 기대하는 방식도 다르다. 이 장에서는 한미 문화 간 대학 입학에 대한 인식의 차이는 물론 우리의 현안 문제 해결을 위한 방향을 살펴보고자 한다.

Cultural Key Terms

Cultural Adaptation (문화적응): 특정한 문화에서 개인이 아이와 어른으로서 능력을 획득하는 과정 중에 일어나는 의식적 또는 무의식적 상황을 의미한다 (Hoebel & Frost, 1976). 문화적응은 대개 가까운 사람들과의 상호작용, 관찰 및 모방을 통해서 이루어진다. 아이들은 자신의 문화 속에서 행동양식과 사고방식이 내재화 되고 습관화 될 때 까지 배운다. 종종 사회화라는 용어가 문화적응의 유사어로 사용된다 (Samovar & Porter, 2007).

Madicaid (메디케이드): 미국에서 65세 이상 저소득층을 위한 의료보장 프로그램이다. 주 정부에서 시작하되 의료비와 의약품비는 연방정부나 주정부, 카운티에서 지급한다. Medicare는 65세 이상의 노인들을 위한 의료보장 프로그램이다.

Racism (인종차별주의): 일종의 편견을 확대한 것으로 한 종족이 다른 종족보다 천성적으로 우월하다는 믿음을 의미한다. 마틴루터 킹 목사의 'I have a dream.'이라는 연설에서 그는 "그들의 피부 색깔로 판단을 받을 것이 아니라 그들이 성격이 내용으로 판단을 받아야 한다"고 말함으로써 인종차별을 반대했다. 인종차별주의는 전 세계에 걸쳐서 수세기 동안 존재해 왔으며 오늘날에는 낙서나 재산피해, 위협 혹은 폭력형태로 인종차별주의가 존재하고 있다 (Samovar & Porter, 2007).

Situational Conversation : College Application

Greg: Hello, Mr. Kim. Wow! You look pretty **haggard** this morning. Why are you so tired looking this morning?

Kim: I am pretty tired. I was up until 3 a.m. My kids had late-night classes at private academies - we call them hagwons in Korea - and I had pick them up at 2 o'clock in the morning.

Greg: What!? Two o'clock in the morning? **Are you kidding me?** Why were your kids up so late studying?

Kim: Greg, it is normal for Korean students, especially high-school students, to be at a hagwon until late. If they don't do so, there is a good chance that they will fall behind other students and not get into a good college. That would be a big problem.

Greg: A big problem? Why? Do all parents in Korea think the way you do? I mean, is it all about getting into a good college? In the U.S., students and parents pretty much rely on their school to prepare kids for college. Students don't go to private institutions for extra education. If they need help in a subject they are **struggling with**, they can get it from the teacher or from a tutor. Also, for most high-school teens, getting into a good college or university isn't the only goal. For those who want to go on to college, it is equally important to find a school that is a good match with their educational goals. And, getting into and going to college is not an important goal for many students; they may want to go into one of the **trades** or begin working right after high school.

Kim: That is very different from our culture. In Korea, students are eager to get into the top colleges in our country. Mostly, the goal is to get into one of the "SKY" universities: Seoul National, Korea, or Yonsei. Therefore, parents send them to private academies for extra study.

Greg: To my way of thinking, I can understand how getting into a good university can be important, but it's not the only important thing. If a student doesn't get accepted into one of the top universities in Korea **it's not the end of the world**. With so many kids trying to enter the SKY and other top universities, clearly most of them can't be accepted. It doesn't mean academic failure. It's a matter of **stiff competition**. There are many, many other excellent universities in Korea.

Kim: That is true. In fact, nowadays, too much after school education is becoming a big issue in Korea. Parents are spending far too much money on private education. I also think that if students must spend so much time at hagwons to get an education, it shows that the public education system needs some fixing. I see my kids **stressing out** almost every day over getting into a good college. I would like to see them succeed, but I'd also like to make them understand that their efforts in whatever university the eventually go to are more important to getting a good education.

Greg: I agree with you, Mr. Kim. You know, both my undergraduate and graduate studies were completed at small universities that most people in America probably never heard of. And yet, I received a quality education from both.

Kim: Greg, the topic of educational differences between your country and mine are very interesting. I'd like to talk to you more on this subject when we have more time to discuss it. It's another of those cultural differences we so often talk about.

Greg: Yes, Mr. Kim; it is very interesting. I look forward to **picking up this conversation again**.

Kim: Yeah, me too, Greg. We'll get together again soon, I'm sure. See you later.

Greg: Bye, Mr. Kim.

Real Expressions

haggard : 야윈, 초췌한

Are you kidding me? : 농담 하시는 거예요? 흔히 상대방의 말에 반대하거나 어이가 없을 때 하는 말

struggling with : ~와 싸우다

trades : 거래, 무역, 여기서는 장사를 의미

It's not the end of the world : '그것이 세상의 끝이 아니다.' 일류대 진학이 인생의 궁극적 목표가 될 수 없다는 의미

stiff competition : 경직된 경쟁

stress someone out : 어떤 이를 불안하고 피곤하게 만들어서 쉴 수 없게 하다.
picking up this conversation again : 다시 한 번 대화를 하다.

● 한미 간 교육 시스템은 어떠한 차이를 보이고 있는가?

한미 간의 교육시스템에 있어 많은 차이를 보이고 있는 것 중 하나는 한국의 거의 모든 인문계 고교가 대학 입시준비 위주의 교육을 하고 있다는 것이다. 한국의 고교에서는 우선 수능 5개 영역별로 수많은 과목을 이수해야 하는 부담을 안고 있다. 최근 입학사정관제가 확대되고 수시전형이 중시됨에 따라 내신에 대한 비중이 커지고 있는 추세지만, 이 또한 유명대학 입시준비를 위한 수험생들의 부담을 줄여 주지는 못한다.

미국은 Preparatory school이라는 이름 그대로 대학을 준비하는 사립학교를 제외하고 대부분의 공립학교는 소정의 고교과정을 정상적으로 이수하는 데 중점을 둔다. 학년 당 이수해야 하는 과목이 적고 창의인성에 중점을 두어 예체능 과목도 비중 있게 가르친다. 대학 또한 선택의 폭이 다양하고 학교마다 다른 선발기준과 특성을 갖추고 있다. 무엇보다 많은 학생과 학부모가 학생들의 적성이나 능력에 맞는 대학과 전공을 찾아가며 학벌에 크게 차별을 두지 않는다. 이러한 의식이 학생들에게 다양한 선택의 길을 열어주고 있다. 현재 우리가 채택하고 있는 수능은 물론 입학사정관제도 이러한 미국의 입시 제도를 상당부분 반영하였다고 하나 전반적인 환경과 시스템은 물론 대학에 대한 인식이 다르다 보니 이를 적용하는 데 시행착오를 겪고 있다.

　　　(학과와 강의 위주)　　　　　　　(창의와 탐구 위주)
〈그림 26〉 한미 간 교육 범위의 차이 비교

● 한국인이 SKY대학을 원하는 이유와 사회 문화적인 배경은 무엇인가?

　서울에 있는 대학들은 대부분 지방대보다 훨씬 높은 경쟁률을 보이고 있다. 한국인이 특히 SKY대학(서울대, 연세대, 고려대)에 입학하려는 이유는 전통적인 학벌 중시 풍조와 함께 그것이 취직과도 불가분의 관계가 있다고 보기 때문이다. 한국에서 학벌을 중시하게 된 원인을 찾기란 그리 어렵지 않다. 우선, 관계를 중시하는 풍조에서 과거 이와 같은 대학이나 소위 일류 고교를 나온 사람들과 학연을 구축하기가 쉽다. 학연을 통해 일단 그들의 그룹에 들어가면 내집단 의식이 작용하여 향후 취직이나 승진에도 긍정적인 영향을 미칠 수 있다. 물론 근래 채용이나 승진 기준이 좀더 합리적이고 객관성 있게 적용되고, 경쟁력에 대한 의식도 바뀌고 있는 점도 주목할 만하다. 또한 최근 고졸자에 대한 취업을 늘리는 정책도 추진되는 등 전통적인 학벌이나 학력 위주의 관념에 대한 변화요구도 커지고 있다.

　일반적으로 지위를 중시하는 문화권 사람들은 타인을 평가할 때 '저 사람이 무엇을 하는가'(what a person does)보다 '저 사람이 누구인가'(who a person is)에 더욱 중점을 둔다(Jabidi, 1994). 정착문화에 깊이 뿌리를 둔 한국문화에서는 그 사람이 어느 가문인지 출신이 어디 출신인지가 항상 큰 관심사가 아닐 수 없다. 서울에 소재한 대학을 유난히 선호하는 것도 바로 이러한 배경으로 설명될 수 있겠다.

　한국에는 서울에 우수대학이 몰려 있지만, 미국에는 많은 명문 사립과 유수한 주립대학이 중소도시나 시골에 위치해 있다. 예일, 프린스턴, 듀크, 스텐포드, 코넬 대학 등은 비록 대도시나 수도권 소재 대학이 아니지만 높은 경쟁력을 갖추고 있다. 이들 대학들은 중앙으로의 인구 집중을 방지하는 역할을 하며, 지역적으로도 학생들에게 폭넓게 대학을 선택할 수 있는 기회를 제공하고 있다.

미국학생들은 대학의 전공과 지역선택에 있어서 자율적이고 선택의 폭이 넓다.(Georgetown대)

● 대인간의 접촉에서 한국인과 미국인의 가치관은 어떻게 차이가 나는가?

역사적으로 미국은 신대륙에 첫발을 디딘 많은 이민자가 그러했듯이 청교도주의(Puritanism)에 따른 근면한 태도를 내세웠다. 미국 최대의 기업인 제너럴 일렉트릭(General Electric)사의 첫 번째 직원평가 기준은 업무 수행능력이다. 한국이 관계 중심의 문화라면 미국은 업무 중심의 문화라고 할 수 있다.

(한국 문화)　　　　　　　　　(미국 문화)

〈그림 27〉 관계 중심과 업무 중심 문화 간의 비교

일에 가치를 두는 미국인의 직업정신(professionalism)은 그들의 생활 전반에서 잘 나타난다. 우리는 처음만나 "저 사람이 누구니?"하며 주로 배경이나 이름을 알려고 하지만, 미국인은 대뜸 "What are you?"하며 직업이 무엇인지를 물어본다. 이러한 물음은 업무를 중시하는 미국인들의 가치관을 잘 나타내주고 있다. 과거 한국에서는 딸을 시집보낼 때 '손에 물 한 방울 묻히지 않고 키웠다.'는 것을 자랑 삼아 이야기 했다. 그러나 미국에서는 '구르는 돌에는 이끼가 끼지 않는다.(The rolling stone gathers no moss.)'는 격언처럼 다양한 경험을 하거나 'No pain, no gain.(고통 없이는 얻는 것도 없다.)' 라는 말처럼 비록 힘들지만 난관을 극복하는 과정에 가치를 둔다. 이러한 이유로 학교나 가정에서 시간제 일(part-time job)을 적극적으로 권장하고, 학생회장에 출마하거나 장학금을 받으려면 학교 성적뿐만 아니라 특별 활동과 운동도 잘해야 한다. 특히 평가에 있어서 한국인은 시험성적과 같은 결과중심의 평가(summative evaluation)를 하지만, 미국의 학교에서는 과정에 중점을 두는 형성평가(formative evaluation)에 비중을 많이 둔다. 이와 같은 경향은 우충환(2008)의 "한국인은 결과에 중점을 두지만, 미국인은 과정에 중점을 둔다."는 의식이 가장 큰 것으로 나타난 연구결과와도 일치한다.

● **한국과 미국 대학생들의 학업에 대한 태도에는 어떠한 차이가 있는가?**

한국의 고교생들은 재학 중 '입시지옥'이라는 말이 있을 정도로 학업에 열중하는 편이다. 방과 후에도 자율학습시간, 각종 보충수업 및 수준별 수업, 과외수업 등으로 인해 잠시 쉴 틈이 없다. 하지만 고교에서 그토록 학업에 열중했던 학생들은 일단 대학에 입학을 하게 되면, 고교 때와 달리, 일부 학생들은 학업에 소홀한 면을 보인다. 이는 당시 고교생의 자율학습이 실제는 타율적이고 학습에 흥미와 동기를 부여해주지 못했으며 오직 대학 입시라는 단기간의 목표만을 의식하고 학습을 한 결과로 볼 수 있다. 따라서 대학에 입학해서 정작 자율적으로 공부해야 할 때는 의욕이 저하되는 현상이 생기게 되었다고 본다.

미국의 고등학교 프로그램은 한국에 비해 비교적 느슨한 편이다. 학기당 이수 과목도 적을 뿐만 아니라 방과 후 보충수업이나 별도로 학원 수강을 하는 학생도 그리 많지 않다. 하지만 대학생이 되면 고교시절보다 학업을 이수하는 과정에 더 큰 부담을 갖는다. 꽉 짜인 학과목이나 평가체계는 학생들에게 학업에 관한한 더 이상의 여유를 갖기 어렵게 만든다. 변화와 경쟁의 논리에 익숙해져 있는 학교당국에서도 수많은 대학 간 경쟁 프로그램을 통해 교육의 질을 높이는 데 중점을 둔다. 수많은 메스컴에서는 매년 세계 100대 대학을 제시하는 등 대학 간 순위 경쟁을 부추긴다. 특히 초중등 학교에서 익힌 토론식 수업방식은 교수의 연구와 학생의 학습의욕을 북돋우는 데 도움을 준다. 이렇게 볼 때, 한국에서는 유명 대학에 입학은 어렵고 졸업은 비교적 쉬운 반면, 미국은 대학에서는 입학하기는 비교적 쉽지만 상대적으로 졸업은 어렵다고 볼 수 있다. 최근 한국에서도 각 대학마다 학생들의 취업률 향상과 교육 경쟁력을 높이기 위한 다각적인 노력을 기울이고 있다. 이 같은 추세가 궁극적으로 학생들에게 다양한 대학 선택이 기회를 제공해줄 수 있으리라 기대된다.

Summary of Culture Code

- 한국의 고교생들은 원하는 대학에 입학하는 것을 궁극적인 목표인양 생각하고 오직 학업에만 치중하는 경향이 있다.
- 미국의 고교생들은 대학에 들어가는 것도 미래를 위한 하나의 준비 과정으로 보며

특별활동이나 스포츠에도 많은 시간을 할애한다.

Let's Talk

- 우리사회의 일류병을 치료하기 위한 근본적인 대책은 무엇인지 얘기 나눠 보시오.
- 한국과 미국 입시제도의 차이는 무엇인지 구체적으로 얘기해 보시오.
- 현 입시제도의 대안으로 떠오르고 있는 마이스터고나 전문계 고교의 특수성에 대해 설명하시오.

- 다음의 질문에 대한 응답에서 보는 바와 같이, 같은 모습에서도 동서 문화권 사람들이 얼마나 다르게 볼 수 있는 지에 대해 서로 의견을 나누시오.

서양인	동양인
행복하다.	행복해 보이지 않다.
사물의 개체 그 자체만으로 판단하는 서양인은 사진속의 주인공이 행복하다고 생각한다.	사람도 환경에 의해 영향을 받는다고 생각하는 동양인은 주위사람이 불행해 보이는 이 사진의 주인공은 행복해 보이지 않는다고 생각한다.

한미문화코드 요약

앞에서 한미 문화 간에는 많은 차이가 있으며 그것이 서로간의 커뮤니케이션에서 오해와 갈등을 유발하는 것을 살펴보았다. 특히 대인관계, 언어적・비언어적 행위, 언어와 사고 및 사회적 가치관이나 태도 등에 있어서 두 문화가 상당부분 괴리를 나타낸다. 이 책은 이들의 격차를 줄여보고자 주요 문화행위에 대해 한국인과 미국인에게서 대조적으로 나타나는 문화 코드를 찾아보고 이를 재해석하고자 하였다. 아울러 양국의 현저히 다른 문화의 코드를 도출하고 해석함으로써 상호작용을 높일 수 있는 기반을 제시해 보았다. 물론 각 문화를 분석하는 데에 많은 예외와 모순이 존재하여 각 문화의 핵심적인 코드를 찾기가 쉽지 않았지만, "나이, 인종, 성 또는 민족에 상관없이 모든 미국인이 공유하는 유사한 특징들이 있다(Kim, 2001)"는 것을 이 과정에서 확인하였다. 다음은 각 상황 별로 한미 간 커뮤니케이션을 분석하고 재해석함으로써 드러난 문화 코드를 요약한 것이다.

문화적 행위	한국인 vs. 미국인	
대인관계의 코드		
Age	Respect vs. Indifference	나이: 존경 vs. 무관함
Group	We vs. I	집단: 우리 중심 vs. 나 중심
Relationship	In-group vs. Out-group	관계: 내집단 내 vs 외집단 포함
Contact	Authority vs. Cooperation	대인접촉: 권위 vs 협력
Manner	Formality vs. Casual	매너: 격식 vs. 비격식
대화의 코드		
Compliment	Harmony vs. Function	칭찬: 조화 vs. 기능
Response	Humility vs. Pride	칭찬반응 : 겸손 vs 자랑
Apologizing	Ambiguity vs. Clearity	사과: 모호함 vs 명확함
Addressing	Vertical vs. Horizontal	호칭: 수직적 vs 수평적
사고의 코드		
Thought pattern	General vs. Particular	사고유형: 총체적 vs. 구체적
Language & Thought	Being vs. Doing	언어와 사고: 존재 vs. 행동

Message	Indirective vs. Directive	의사전달: 간접적 vs 직접적

언어의 코드

Turn-taking	Gap vs. No Gap	말 주고받기: 침묵 vs. 다변
Questions	Product vs. Process	질문하기: 결과 vs. 과정 중시
Speaking	Reticence vs. Eloquence	말문 트기: 과묵 vs 능변
Telephone	Implicit vs. Explict	전화대화: 암시적 vs. 명시적

비언어 코드

Personal space	Share vs. Exclusive	개인공간: 공유 ve. 배타적
Time	Circular vs. Linear	시간: 순환적 vs 직선적
Emotion	Self-restraint vs. Liberal	감정 표현: 자제 vs. 자유분방
Culture shock	Emotion vs. Reason	문화 충격: 감성 vs 이성

가치관·세계관의 코드

Part-time job	Study vs. Work & Study	시간제 일: 학업 vs. 일과 학업
College Entrance	Ultimate vs. Process	대입: 궁극적 vs. 하나의 과정
Competitiveness	Background vs. Ability	경쟁력: 배경 vs. 능력

위의 요약에서 보는 바와 같이 한국과 미국 문화에서 일상적으로 행해지는 언어적·비언어적 행위와, 가치관, 신념 및 의식구조 등을 분석해 본 결과, 각 문화 간에는 서로 다른 문화 코드가 자리하고 있으며 이들은 현저한 차이가 있음을 알 수 있다. 또한 자라온 환경, 각 나라의 사회문화적 특성으로 형성된 심층 문화는 상당 부분 변치 않고 있다. 특히 한미 문화권 사람들이 개인과 집단에 대한 인식, 맥락과 언어의 사용, 대화 스타일, 사물에 대해 갖는 가치관과 세계관 등은 상당 부분 대조를 보였다. 이들 중 개인주의와 집단주의 문화 저 맥락과 고 맥락 문화는 각 나라의 언어와 문화를 비교분석하는 데 주요한 인자가 되고 있다. 한미인의 문화코드 비교를 통해서 다른 문화 사람들의 행동을 좀 더 구체적으로 이해하고 예측할 수 있을 뿐만 아니라, 그들의 행동에 쉽게 적응할 수 있다.

|맺는 말|

세상에서 중요한 대부분의 일은 전혀 희망이 없을 것 같은 상황에서도
계속 추구해온 사람들에 의해서 이루어졌다.
— Dale carnegie

앞에서 한미 간의 문화 차이를 비교하고 문화코드를 분석해 봄으로써 우리는 다음과 같은 문화의 일반 원리를 찾아 볼 수 있다.

한국의 전통 천연 염색방법을 배우는 외국인

● **문화는 서로 배우고 변화하는 것이다.**

문화는 고정된 것이 아니라 대상에 대한 인식으로서 지속적으로 학습되고 변화하는 것이다.

2차 세계 대전이후 교통과 통신, 인터넷의 발달로 한국사회에서도 서구의 가치관이 끊임없이 유입되고 매스컴의 영향으로 변화는 더욱 가속화되고 있다. 그동안 한미 간에도 지속적인 교류를 통해 서로 많은 영향을 주고 받으며 변화를 꾀해 왔다. 예컨대 전통적으로 P시간의 개념을 가진 한국인이 현대사회에서는 M시간 관리를 선호하는 추세이다. 아직도 수백 년 전통의 유교가 한국인의 사고와 행동에 미치는 영향은 상당히 큰 편이지만, 그러한 유산 또한 차츰 변화를 거듭하며 진화하고 있다. 이러한 변화의 중심에서 우리는 문화적 동질성이나 개성을 유지한 채 서구의 개인주의를 통해 폐쇄적인 내집단 구성원의 보호 없이도 스스로 삶을 영위해 가고, 개인의 자유와 권리를 표현함으로써 만족을 찾는 방법을 배울 수 있다. 아울러 서구인은 우리의 집단 내 구성원들이 보여주는 조화와 협동, 그리고 겸손을 미덕으로 삼는 정신을 배울 수 있을 것이다.

한편, 문화적인 변화를 분석할 때 Samovar와 Porter(2007)는 다음을 고려해야 한다고 지적한다. 그들은 문화의 많은 측면들이 변하기는 하지만 그 심층구조는 커다란 변화에 저항하는데, 즉 의복, 음식, 교통, 주택의 변화는 현재의 가치체계에 적합해야 하나 윤리나 도덕, 일과 여가, 자유와 정의, 과거의 중요성, 삶의 속도와 성과, 연령에 대한 태도와 가치는 문화에 깊이 내재되어 있기 때문에 대대로 지속된다고 보았다.

● **다름은 틀림이 아니라 단지 차이일 뿐이다.**

글로벌 시대를 맞아 다른 문화권 간 교류가 활발하지만 이 과정에서 생길 수 있는 문화충격을 극복하기 위해서는 문화차이에 대한 올바른 인식과 대처가 필요하다. 사람들은 보통 자신의 문화적 관점에서 다른 문화를 고찰한다. 그런데 자신의 것을 고집하기보다 역지사지(empathy)의 자세로 그들의 문화를 존중하고 다양성을 수용한다면 그와 같은 문화 충격은 충분히 극복할 수 있을 것이다. 이제 한국 사회는 더 이상 단일사회(homogeneous)라고 할 수 없는 현실에 이르렀다. 통계자료에 따르면 2010년 말 기준 국내에 체류하는 외국인은 120만 명을 넘어 외국인이 차지하는 비율은 2.4%를 상회한다고 한다. 이제는 국내에서도 많은 다른 문화권 사람들과 공존할 수밖에 없는 현실에서 함께 의사소통하는 방법을 꾸준히 모색해야 할 시점이다. 미국은 세계에서 가장 성공적인 다인종, 다민족, 다종교 사회이다(Guerriere, 2001). 다양한 민족들과 더불어 살아가는 미국문화를 통해 우리는 순혈주의나 과거의 전통에만 매이기보다 다문화를 수용하고 열린 자세로 나아가기 위한 태도를 찾아 볼 수 있다. 이러한 태도에서 상대방을 이해하고 포용하는 문화 상대주의적 입장을 견지할 수 있다.

● 문화차이를 이해하고 모호함을 참는 일은 소통의 열쇠이다.

앞에서 밝힌 바와 같이 다른 문화권 사람들과의 관계에서 상대방이 당혹해 하고 충격을 받았던 일들은 사실 우리가 행동을 잘못해서 생긴 일이 아니라, 상당부분 우리문화에서 익힌 사고나 언행에서 나온 것임을 알 수 있다. 서로도 우리가 상대방으로 부터 마음이 상했거나 부정적으로 보게 된 것도 그들의 잘못이기 보다는 서로 간의 가치관이나 신념의 차이로 그들의 문화를 제대로 이해하지 못해 생긴 고정관념과 편견으로 인한 경우가 많았다. 따라서 이 문화 간 의사소통 능력을 갖추기 위해서는 다른 문화권 사람들의 행동과 의식구조 등을 이해하고 문화 간 다양한 차이나 모호함을 관용하는 것이 시급하다고 본다.

● 외국어 교육과 문화의 이해는 불가분의 관계에 놓여있다.

문화교육과 관련하여 이완기와 차경환(1999)은 "교수자 자신의 문화에 대한 폭넓은 지식과 경험, 긍정적 태도와 문화 분석에 대한 열의가 중요하다"고 주장한다. 자문화와 목표 문화와의 차이를 제대로 인식함으로써 외국어 학습자는 외부 세계로부터의 메시지를 받아들이는 태도의 변화는 물론 상황에 적절히 대처할 수 있는 능력과 의사소통 방식을 스스로 조절할 수 있게 되며, 교수자는 영어 수업에서 무엇을 어떻게 가르쳐야 할 것인가에 대한 통찰력을 얻을 수 있다. 앞에서 우리는 한국문화에서 영어교육이 단순히 언어자체로만 해결 될 수 있는 것이 아니라 문화에 대한 이해를 포함할 때 실제 상황에서 더욱 큰 효과를 거둘 수 있음을 보았다. Canale과 Swain(1980)도 의사소통 능력은 단순히 문법, 책략 및 담화 능력뿐만 아니라, 사회문화적 능력이 함께 해야 한다고 하였다. 국제화 시대에 맞게 이제 이 문화 간 커뮤니케이션은 주요 학문 영역으로 자리 매김해야 할 때가 되었다고 본다. 외국어 교사양성 과정에도 외국어 교사는 이 문화 간 커뮤니케이션 과목을 필수로 이수하여 자질을 높이는 것이 바람직하다. 특히 외국어 교사는 언어에 가미된 문화의 코드를 올바로 이해하고 가르치는 외국문화의 전수자로서의 역할을 감당해야 하겠다.

● **가장 한국적인 것이 가장 세계적일 수 있다**

이 문화 간 의사소통을 통해서 우리는 하나의 중요한 사실을 배울 수 있었다. 그것은 우리 것에 대한 가치를 재발견 한 것이다. 다른 문화권 사람들의 행위를 통해 마치 거울의 이미지처럼 자기 모습을 더욱 선명하게 보고 자각할 수 있다. 한때 '서구화는 미국화', '세계화는 미국화'라는 말이 있었지만, 지금 우리는 '한류'를 통해 세계 곳곳에서 다른 문화권 사람들이 한국문화를 배우고 열광하는 모습을 보고 있다. 이 시대에 우리는 과연 무엇을 지키고 무엇을 바꿔야 하는 것일까? 앞에서 우리는 우리의 것을 잘 지키고 가꾸는 것이 다른 문화를 제대로 이해하고 받아들이는 것과 결코 무관하지 않다는 것을 알았다. 다른 문화를 무조건 따라하거나 마냥 우리 것만 옳다고 주장하기 보다는 상대를 잘 알고 우리의 것을 가꾸어 가는 것이 세계 속의 한국 문화를 알리는 첩경임을 알 수 있다.

● **이 문화 간 커뮤니케이션을 통해 동질성을 회복할 수 있다.**

한미 문화 간 커뮤니케이션을 위해 지금까지 두 나라 사람들의 의식구조나 행동을 대조적으로 분석해 보았다. 이 과정에서 우리는 한미문화 간에는 차이뿐만 아니라 같은 점도 적지 않음을 발견 할 수 있었다. 같은 점을 통해서 우리는 서로 공감하고 이해의 폭을 넓혀 갈 수 있는 기회를 많이 가질 수 있다. 한편, 어떤 국민의 성향을 일반화 하여 얘기한다는 자체가 편견이나 고정관념일 수 있다. 아울러 사람들 모두가 개별성을 가진 존재이기 때문에 이를 일반화 하는 것도 다소 조심스럽고 신중을 기해야 한다는 사실 또한 간과할 수 없다. 변화의 시대에 동일 문화 속에서도 끊임없이 진행되는 변화와 세대간, 개인 간의 차이를 일일이 반영할 수 없었던 점도 이 문화 커뮤니케이션을 다루는 데 있어서 한계가 되겠다. 필자는 다만 문화 간 우열은 없으며, 문화코드에 대한 해석을 위해서는 서로의 문화를 존중하고 따뜻한 마음으로 접근해야 한다는 점을 염두에 두었다.

앞에서 우리는 문화 간 커뮤니케이션은 우리의 일상생활을 윤택하게 해주는 구체적인 행위임을 알아보았다. 즉, 다른 문화를 이해함으로써 외국어 의사소통 능력의 향상은 물론, 경제나 외교, 사회 문화 전반에 걸쳐 교류를 활성화 할 수 있고 미래에 대한 예측도 가능하다. 이 문화 간 커뮤니케이션 상의 문제를 해결함으로써 우리는 국제적 통상 마찰을 해소하고 국익을 창출하며 국제간의 평화 유지에도 이바지할 수 있다.

글로벌 시대를 맞아 이제 다른 문화를 포용하고, 기쁜 마음으로 받아들임으로써 더불어 살아가는, 아름다운 지구촌을 함께 꿈꾸어 보면 어떨까?

|참고문헌|

김숙현, 김평희, 박기순, 신인아, 이두원, 정현숙, 최윤희.『한국인과 문화 간 커뮤니케이션』. 서울: 커뮤니케이션북스. 2001.
니시다 히로꼬. 박용구(역)『이 문화 간 케뮤니케이션』. 커뮤니케이션 북스. 2005.
사이토 아케미.『다른 듯 같은 듯: 언어와 문화의 한·일비교』. 서울: 소화. 2006.
우충환.『버릇없는 영어 길들이기』. 서울: 21세기북스, 2007.
우충환. 한미 간의 의식구조에 따른 언어사용의 차이 연구.『한국영미문화학회』. 창간호. (2001): 207-232
우충환. 한미문화의 공대표현의 차이연구.『한국영미문화학회』. 2 (2002): 561-591.
우충환. 성인 영어학습자들의 한·미 문화 간 차이에 대한 인식도 연구.『현대영미어문학』 26(2) (2008): 59-86
우충환. *Rules of Speaking: Conversational Politeness in an ESL Classroom*. Unpublished Ph.D. Dissertation. University of Michigan Micro-film, 1995.
유수연.『문화 간 의사소통의 이해』. 서울: 한국문화사. 2008.
이완기, 차경환.「초등영어 문화교육의 내용과 지도방법 연구」.『영어교육』54(1) (1999): 327-72.
정동빈, 남은희.「영어수업에서 미국문화 수업에 대한 인식과 한·미 문화 인식에 미친 영향」,『영어영문학 연구』48(2) (2006): 131-50.
정정호.『현대 영어권 문화 사전』. 서울: 신아사. 2007.
Adler, N. *Intercultural Dimensions of Organizational Behavior,* Boston, MA: Wadsworth, INC., 1991.
Anderson, P., "In Different Dimensions: Nonverbal Communication and Culture." In *Intercultural Communication*: A Reader, (10th ed.), L.A. Samovar and R.E. Porter, (eds.), Belmont, CA: Wadsworth, 2003.
Argyle, M. Intreculural Communication, in *Cultures in Contact: Studies in Cross-cultural Interaction*, Stephen Bochner, (ed.), New York: Pergamon Press, 1982.
Barnlund, D. C. *Communication Styles of Japanese and Americans,* Belmont, CA: Wadsworth, 1989.
Birdwhistell, R. *Kinesics and Context.* Philadelphia: University of Pennsylvania Press, 1970.

Blum-Kulka, S. "Indirectness and Politeness in Request: Same or Different?" *Journal of Pragmatics,* 11. 1987.

Brown, H. D. *Principle of Language Learning and Teaching.* (4th ed.), New York: Longman, 2000.

Brown, R., & Gillman, A. The Pronouns of Power and Solodarity, In G.P. Paulo (Ed.s), *Language and Social Context.* Harmondsworth: Penguin. 1972.

Brown, P., & Levinson, S. "Universals in Language Usage: Politeness Phenomena." In E.N. Goody(Ed.), *Questions and Politeness*(pp. 56-299). Cambridge: Cambridge University Press, 1978.

Burger,C., & Gudykunst, Uncertainty and Communication, in Progress in Communication Sciences, 10. Dervin, B., & Voigt, M. (eds.), Norwood, NJ.: Ablex, 1991.

Canale, M. "From Communicative Competence and Communicative Language Pedagogy." In J. Richards and Schmidt (eds.), *Language and Communication* (pp. 2-27), London: Longman, 1983.

Canale, M., & Swain, M. "Theoretical Basis of Communicative Approaches to Second Language Taching and Testin. *Applied Linguitics,* 1(1), 1980.

Carroll, Raymonde. *Cultural Misunderstandings: The French-American Experience.* Chicago: University of Chicago Press, 1988.

Coleman, C. *American Images of Korea,* New York: Hollym, 1990.

Condon, J. C., & Yousef, F. S. *An Introduction to Intercultural Communication.* New York: MacMillian Publishing Co., 1975.

Cronen, V. E. "Coordinate Management of MeaninGreg: Practical Theory for the Complexities and Contradictions of Everyday Life". In J. Siegfried (ed.), *The Status of Common Sense Psychology.* N.Y.: Ablex, 1994.

Cushnman,, & Kincaid, D.L. *Communication Theory: Eastern and Western Perspective.* New York: Academic Press. 1987.

Datesman, M. Crandall, J. Kearny. *American Ways: An Introduction to American Culture.* New York: Longman, 2005.

Fisher, Glen. Mindsets: *The Role of Culture and Perception in Intercultural Relations.* Yarmouth, ME.: Intercultural press, 1988.

Gebhard, Jerry. *Teaching English as a Foreign or Second Language.* Ann Arbor: Michigan University Press, 2006.

Gudykunst, William B. *Bridging Differences: Effective Intergroup Communication.* Newbury Park: SAGE Publication, 1991.

Gumperz, John, J. *Crossalk II. Enterprises Training. Video, Counselling and Advice Across Culture.* London: Mosaic, BBC Education, 1993.

Hall, Edward. *Beyond Culture.* Garden city, New York: Anchor Books, 1976.

Hall, Edward. *Hidden Dimension.* Garden City, New York: Doubleday, 1966.

Fisher, Glen. *Mindsets: The Role of Culture and Perception in Intercultural Relations.* Yarmouth, ME.: Intercultural press, 1988.

Hofstede, Geert H. *Cultures Consequences: Intercultural Differences in Work-related Values.* Newbury Park, CA: Sage Publication, 1982.

Hofstede, Geert H. "Dimension of National Cultures in Fifty Countries and Three Regions." In J. B. Deregowski, S. Dziurawiec, & R. C. Annis(eds.), *Expiscations in Cross-cultural Psychology.* Lisse, Netherlands: Swets and Zeitlinger, 1983.

Gudykunst et al. "The Influence of Individualism-Collectivism on Perceptions of Communication in In-group and Out-group relationships." *Communication Monographs,* 54 (1987): 295-306.

Gudeykunst, W.B., & Kim, Y.Y. *Communicating with Strangers: An Approach to Intercultural Communication.* New York: McGrow-Hill Inc., 1991.

Guerriere, D. "Multiculturism: American Success, Liberal Education, or Political Correctness?" *Modern Age,* Spring (2001): 175.

Jabidi, A. & Jabadi, M. "Cross-cultural Analysis of Interpersonal Bonding." In Samovar, L., & Porter, R. (Eds.), *Intercultural Communication.* CA: Wadsworth, Inc., 1994.

Kaplan, R. "Cultural Thought Patterns in Inter-cultural Education." In H. P. Allen & R. N. Campbell. (Eds), *Teaching English as a Second Language: A Book of Reading,* New York: Mcgraw-Hill International, 1966.

Kitao, Kenji., & Kitao, S. K. Intercultural Communication: Between Japan and the United States. (1989): ED 321 303

Lakoff, R. "What You Can Do with Words: Politeness, Pragmatics and Performatives." In A. Rogers, et al. (eds.), *Proceedings of the Texas Conference on Performatives, Presuppositions, and Implicatures.* Arlington, VA: Center for Applied Linguistics, 1977.

Levine, Deen R., & Adelman, *Beyond Language: Cross-cultural Communication,* Mara B.: Prentice Hall, 1993.

Manes, J., & Wolfson, N. The Compliment formula. In F. Coulmas (ed.), *Conversational Rutine*. The Hague: Mouton, 1981.

Oksaar, Els. "Problematik im Interkulturellen Verstehen." In Muller, B. D. (Hg.) *Interkulturelle Wirtschafts Kommunikation*. 2. Aufl. Munchen: iudium. (1993): 13-26.

Ring, L. "Cultural Meaning in German Verbal and Nonverbal Behavior and the Teaching of German: Progress Report." *Unterricht Spraxis*, 25(1) (1992): 15-21.

Rubin, D., & Stewart, L.P. *Communication and Human Behavior*, Boston: Allyn and Bacon, 1998.

Sacks, H., Schegloff E., & Jefferson, G. A Simplest Systematics for the Organization of Turn-taking in Conversation." In J. Scenkein (ed.), *Studies in the Organization of Conversational Interaction*, New York: Academic Press, 1978.

Samovar, L.A. Porter, R.E., & Jain, N.C. *Understanding Intercultural Communication*. Belmont, CA: Wardsworth, 1981.

Saville-Troike, M. *The Ethnography of Communication: An Introduction*. New York: Basil Blackwell, 1982.

Schugk, Michael. *Interkulturelle Kommunikation: Kulturbedingte Unterschiede in Verkauf und Werbung*. Munchen: Franz Vahlen, 2004.

Shea, C. White Men Can't Contextualize, *Linguafranca* 11(6), (2001): 44.

Shuttleworth, M., Cowie, M. *Dictionary of Translation Studies*, Manchester: St. Jerome Publishing, 1977.

Stewart, Edward C., & Benett, Milton J. (1991). *American Cultural Patterns: A Cross-cultural Perspective*, 1991.

Stewart, Shalon, H. Individualism-Collectivism: Critique and Proposed Refinement. *Journal of Cross-cultural Psychology*, 21(2) 1990: 139-157.

Tannen, D. *Conversational Styles: Analyzing Talk among Friends*. Norwood, NJ: Ablex, 1984.

Tempenaare, F., & Hampden-Turner. *Riding the Waves of Culture*. London: Nocholas Brealey, 1997.

Tannen, D. *Conversational Styles: Analyzing Talk among Friends*. Norwood, NJ.: Ablex. 1984.

Ting-Toomey, Stella., & Korzenny, Felipe. *Cross-cultural Interpersonal Communication*. London: SAGE Publication, 1991.

Triandis, H.C. et al. An Etic-emic Analysis of Individualism and Collectivism. *Journal of Cross-cultural Psychology,* 24(3) (1993): 366-383.

Triandis, H. S. The Self and Social Behavior in Differing Cultural Contexts. *Psychological Review*, 96 (1989).

Wolfson, N. "Rules of Speaking." In J. Richards and R. W. Schmidt (eds.), *Language and Communication*. London: Longman, 1983.

Yum, J. O. "The Impact of Confucianism on Interpersonal Relationships and Communication Patterns in East Asia." *Communication Monographs,* 55(1988): 374-88.

http://home.ebs.co.kr/docuprime/index.jsp

http://www.visitingdc.com/more-washington-dc/georgetown-university-address.htm

부록
시나리오 영문 해석

시나리오 1: 왜 내 나이를 알려고 해요?

Kim: Greg씨 잘 지냈어요?

Greg: 아, Kim교수님 전 잘 지냈어요. 별일 없나요?

Kim: Greg씨, 난 당신 나이가 좀 궁금한데요. 나이에 대해 전혀 얘기 하지 않았잖아요. 몇 살인지 말해 줄 수 있습니까?

Greg: 제 나이요? 왜 제 나이를 알고 싶어 하죠? 제가 만난 한국 사람들은 서로 소개를 하고나면 바로 나이를 묻더군요. 왜 한국 사람들은 상대방의 나이를 알고 싶어 하는지요?

Kim: 아, 미안해요. 당신 기분을 상하게 할 생각은 없어요. 그러나, 알다시피, 한국에서 나이는 아주 중요한 문제에요. 젊은 사람들은 그들보다 많은 경험을 가진 연장자들을 존경한답니다. 이는 젊은이들이 연장자를 존경해야 한다는 유교사상의 가르침을 받아왔기 때문이에요.

Greg: 한국 사회에서 상대방의 나이를 아는 것이 중요하다는 것은 이해하겠어요. 그렇지만 만나자 마자 나이를 묻는 것은 저도 그렇고, 대부분의 서양인들에겐 가끔 불편합니다. 좀 무례하다고 생각하죠. 사람을 처음 만났을 때 꼭 나이를 알아야 할 건 아니잖아요. 또한 서양인들은 그들이 만나는 사람과 나이에 대해 얘기하는 것은 아주 개인적이고 거의 사생활 침해라고 생각합니다. 나이를 묻는 것은 상대방에게 수입이나 생활수준을 묻는 것과 비슷하다고 할 수 있죠. 아주 친한 친구나 가족 외에는 다른 사람들과 이런 얘길 잘 하지 않습니다.

Kim: 글쎄요. 한국인들이 상대방의 나이를 알고 싶어 하는 이유는 상대에게 말을 어떻게 해야 할지 알아야 해서 그런 것 같아요. 한국 사람들은 상대방의 나이가 많거나 적음에 따라 말을 하는 방식이 달라요. 젊은 사람은 연장자와 얘기할 때 존댓말을 써야 하거든요. 그것이 존경을 표현하는 방식이에요.

Greg: 네 그렇군요. 이제 알겠어요. 그렇지만 서양인들이 존댓말을 반드시 써야 하는 것은 아니라 해도, 우리는 다른 방식으로 예를 들면 말투나 몸짓으로 연장자나 권위에 대해 존경을 표합니다. 어쨌든, 미국 친구들에게 나이를 알고자 하는 한국인에 대해 설명해 주면 이해가 쉬울 것 같네요. 설명해 줘서 고마워요.

Kim: 아니에요. Greg씨. 나 또한 미국인을 만날 때, 때와 장소에 따라 그런 개인적인 질문을 삼가야겠어요. 저도 오늘 배웠어요. 그리고 제 친구들에게 우리가 나눈 얘기를 해 주겠어요. 그들은 미국인이 나이나 혹은 다른 개인적인 질문을 받았을 때 왜 당황하는지를 알게 될 거에요.

Greg: 고마워요. Kim교수님. 좋은 생각이에요.
우리는 서로 다른 문화를 가지고 있으며 서로 다른 나라 출신이라는 것을 이해할 필요가 있어요. 문화의 차이를 이해하는 것이 중요하다고 생각해요. 서로를 완전히 이해할 수 있거든요. 우리가 이런 대화를 나누는 것도 서로에게 도움이 되죠.

Kim: 맞아요. 서로를 이해하기 위해 노력해야죠.

시나리오 2: 혼자인가요, 같이 있나요?

Kim: 안녕하세요. Greg씨
질문을 하나 드리고 싶은데요. 여러 해 동안 영어과 교수로 재직하셨잖아요. 그래서인데, 우리 학생들에 대해 어떻게 생각하는지 궁금해요.

Greg: 우리 학생들이라고요? 글쎄요. 저는 제 학생들이 수준이 높다고 생각해요. 그렇게 명석하진 않지만 학과 공부를 할 때 매우 부지런하고 좋아요.

Kim: 잠깐만요. '나의 학생들'이라고 말씀하셨어요. '우리 학생들'이 맞나요? '나의 학생들'이 맞나요? 한국 사람들은 '나' 대신에 '우리'라고 보통 말해요.

Greg: 글쎄요. 이런 경우에는 보통 둘 다 괜찮아요. 왜냐하면 우리 두 사람 다 한 학교에서 가르치기 때문에요. 그러나 우리 둘 다 똑같은 학생들을 가르치는 건 아니잖아요. 그런 경우에는 내가 가르치는 학생들에 대해서는 '나의 학생들'이라고 해야 하죠. 음… 내가 '나의 학생들'이라고 표현한 게 한국과 미국문화의 차이점이란 거죠. 미국인들은 '개인적인 것'에 중점을 두기 때문에 한국인들이 "우리 학생," "우리 학교," "우리 마을"이라고 하는 반면 미국인들은 "나의 학생," "나의 학교," "나의 마을"이라고 말하죠.

Kim: 네 그래요. 한국 사람들은 개인주의보다 공동체에 훨씬 무게를 두죠. 그래서 '나'라는 말보다 '우리'라는 말을 주로 쓴답니다. 한국어를 영어로 번역할 때 종종 '우리'라는 말을 사용함으로써 번역할 때 적합한 말을 찾지 못해 틀리는 경우도 있죠.

Greg: 무슨 말씀인지 알겠어요. 그렇지만 미국에서는 다른 사람에게 얘기할 때 좀 더 말하는 이가 중심이 되므로 '나'라는 대명사를 사용하는 게 자연스럽습니다. 물론 딱 정해진 규칙은 아니구요. 우리가 말하거나 의미하는 대명사를 적절하게 사용합니다.

Kim: 그거 재미있군요. 한국인은 그 반대인데요. 듣는 사람 중심으로 말을 한답니다. 미국인에게 말을 할 때는 화자 중심으로 해야겠는 걸요.

Greg: 저도 마찬가지에요. 제가 한국인과 얘기할 때는 명심해야겠어요. 어쨌든 당신나라에선 제가 손님이니까요.

Kim: 네 좋아요. 자 이제 그만 가 봐야겠어요. 다음에 또 만나요 Greg씨.

시나리오 3: 동행인을 소개해주세요.

Kim: 안녕하세요? Greg씨.

Greg: 안녕하세요? Kim교수님. 잠깐 시간 있어요? 묻고 싶은 게 있는데.

Kim: 네. 뭐죠?

Greg: 며칠 전에 우리가 캠퍼스를 걸어가다 수학과의 새 교수님을 뵌 적이 있잖아요?
Kim: 네, 그렇죠. 이현동 교수님이시고, 제가 안지가 꽤 오래되었어요. 대학도 함께 다녔는데 왜 그러시죠?
Greg: 그때 그분과 당신이 얘기하고 있을 때 저는 꽤 불편했어요.
Kim: 불편했다고요? 왜죠? 제가 뭐 무례하게 말을 했었나요?
Greg: 아뇨, 그런 게 아니고요. 사실은 당신이 이 교수에 대해 제게 어떤 것도 말해주지 않았고 또 우리를 서로 소개해 주지도 않았었죠.
Kim: 아, 그건 미안해요, Greg씨. 당신을 불편하게 만들 생각은 결코 없었어요. 그때 저는 이 교수와 아주 잠깐 얘기를 나누었으므로 당신에게 소개해 줘야 한다는 생각을 전혀 못했어요. 그런 상황에서는 대부분의 한국 사람들은 소개를 하지 않아요. 예의가 없는 것이라고 생각하지도 않고, 또 굳이 소개할 필요를 못 느끼죠. 그렇지만 우리 세 사람이 함께 더 있었더라면 당연히 제가 서로 소개를 해줬겠죠.
Greg: 네, 문화적인 오해군요. 우리의 문화와 많이 다르네요. 그런 상황에서 우리가 걷다가 만약 제가 친구나 동료를 만났다면 아주 짧은 시간일지라도 저는 간단하게 서로 소개할 시간을 마련했을 텐데요. 만약 그렇게 하지 않는다면 적절하지 않은 사회적 매너로 여겨지고, 한 두 사람이 불편함을 느낄 지도 모르죠. 근데 당신이 얘기해 주니까 앞으로 다른 한국인 친구를 만나더라도 불쾌하지는 않을 거예요.
Kim: 네, 저도 다른 외국인 친구들이나 동료들과 있을 때 명심할게요. 당신이 마음속에 담아두었던 것을 솔직하게 제게 말해줘서 고마워요.
Greg: 이해해 주셔서 감사해요. 다음에 만나요.

시나리오 4: 초조했던 구직 인터뷰

Kim: Greg씨. 이렇게 만나다니 반가워요. 근데 목요일 오후 2시에서 다섯 시 반 사이에 바쁘세요?
Greg: 아뇨. 그 시간엔 수업이 없어요. 왜요? 무슨 일인가요?
Kim: 영어과 교수 공개 채용 면접인데요. 학과장으로 부탁하건데 면접 심사 위원으로 당신이 참석해 주셨으면 해요. 인터뷰 과정에서 외국인의 시각도 참고가 될 거예요.
Greg: 알겠어요. 제가 할 수 있는 일이면 도와드리죠. 근데 Kim교수님. 제가 7년 전에 여기 올 때 면접 본 얘기를 당신에게 했나요? 완전 죽을 맛이었어요.
Kim: 아니, 왜요? 전혀 몰랐는데요.
Greg: 저는 사실 영어도 꽤 잘하고 또 나 자신을 잘 표출할 수 있다고 생각해서 인터뷰에 대해 전혀 걱정을 안했어요. 근데 면접실로 들어갔는데 면접관들의 경직된 모습에 갑자기 충격을 받았어요. 그리고 질문들이 너무 어려웠어요. 면접관들은 전혀 웃지도 않았고요. 완전히 공식적이고 냉랭했어요. 전 어느 정도 자유롭게 말하면서 나를 약간이라도 알 기회를 주고 그래서 나의 적격성을 찾아내기를 원했지만 분위기는 전혀 그렇지 않았어요.
Kim: 저는 당신이 면접을 아주 잘한 걸로 기억하는데요. 그때 면접관들 모두 당신이 질문에 알맞은 답을 자신 있게 했다고 했어요. 그리고 당시 면접에 응하는 사람들을 편하게 대하기 위해 최선을 다했다고 생각했는데 그게 아니었군요.

Greg: 네, 그러셨군요. 근데 이게 면접에 관한 문화적 차이의 예일 수도 있겠네요. 미국에서는 인터뷰할 때 자신이 가장 적합한 사람이라는 것을 면접관에게 확신시키는 일이 인터뷰 당사자에게 달려 있어요. 그것이 인터뷰하는 이유이고 또 인터뷰에 응하는 사람은 모두 말을 해야 하죠.

Kim: 제가 처음에 원어민 교수를 인터뷰할 때 약간 차이를 느끼긴 했어요. 한국에서는 보통 인터뷰를 주관하는 사람이 대부분 질문하고 얘기를 해요. 인터뷰 응시자는 목소리를 낮추어야 해요. 한국인들은 겸손해야하고 자신을 드러내지 않는 일면이 있어요. 그건 보통 면접관이 응시자인 당사자보다 아마 더 연장자이므로 말을 되도록 삼가야 한다고 생각하는데 이것은 양반사회의 유물이자 전통적인 유교사상의 잔재에요.

Greg: 미국에서는 직장을 찾기 위해 응시할 때는 생각할 수도 없는 일이에요. 전에 우리가 한번 얘기했던 것처럼 미국인들도 나이를 고려해요. 그렇지만 지식이나 경험에 더 무게를 두죠. 사실 직장을 구하거나, 또 어떤 사람을 고용할 때 지식과 경험이 가장 중요하죠. 나이가 문제 되진 않아요. 다음 직장으로 옮길 때 나를 인터뷰하는 사람이 저보다 훨씬 더 어릴 수도 있어요. 그러나 그건 상관없어요. 전 다만 내가 충분한 자격을 갖추었는데도 다른 후보자들 보다 나이가 어리다는 이유로 탈락된다면 그게 더 화가 나겠어요.

Kim: 후보자가 갖고 있는 기술이나 경험을 보여주고 또 그 일에 적합하다는 걸 어떻게 보여주느냐가 중요하므로 미국에서의 인터뷰가 다른 이유라는 거죠? 그럼 어떻게 짧은 시간에 자신을 표출할 수 있었나요?

Greg: 글쎄요. 근데 우리가 오래 전에 나눴던 대화를 기억하시나요? 당신이 테니스를 매우 잘했다고 제가 얘기 했잖아요? 그때 당신은 매우 겸손했어요. 그래요. 그때의 상황과 비슷해요. 만약 당신이 어떤 것에 능력이 있고 또 경쟁을 하는 상태에서 당신의 경험이나 수행 능력을 감추려고 한다면 그건 도움이 안돼요. 미국에서는 면접관에게 깊은 인상을 주지 못하면 직장을 얻지 못해요.

Kim: 또 다른 문화에 대해 얘기해 줘서 감사해요, Greg씨.
그만 가 봐야겠어요. 수업에 늦겠어요. 목요일에 오시는 거죠?

Greg: 네, 올게요.

시나리오 5: 스스럼 없는 표현과 사교

Greg: 멋있는 파티죠?
Min-woo: 맞아요. 즐거우세요?
Greg: 그래요. 저는 예전에 이처럼 즐거운 파티를 해본 적이 없는 걸요.
Min-woo: 참, 그런데 우리는 아직 소개도 하지 않았군요.
Greg: 괜찮아요. 제 이름은 그레고리 고곳입니다.
Min-woo: 고곳씨 만나서 반갑습니다. 제 이름은 김민우입니다.
그냥 저를 민우라 부르세요. 그게 듣기 좋거든요.
Greg: 고마워요, 저도 그냥 그랙으로 불러주세요.
저 역시 그렇게 불리는 게 훨씬 좋아요.

Min-woo: 좋아요. 또 한잔 하러 가시지요, 그래. 이번에는 제가 사지요.
Greg: 민우씨, 무어라 감사를 드려야 할지 모르겠군요.
   (잠시 후)
Greg: 민우씨, 이 분은 제 친구 존입니다. 현재 워싱턴 D.C.에 살고 있어요.
Min-woo: 안녕하세요, 존. 만나서 반가워요.
John: 저 또한 만나서 반가워요.
Greg: 민우씨는 서울에서 왔어요. 그는 한국문화센터에서 공부하고 있지요.
John: 그곳에서 얼마나 오래 계셨나요?

시나리오 6: 칭찬은 헤퍼도 좋아

Kim: 안녕하세요? Greg씨.
Greg: 안녕하세요? Kim교수님. 근데 머리 스타일이 달라 보이네요. 바꾸셨어요? 정말 좋은데요.
Kim: 고마워요. Greg씨. 어제 바꿨어요. 당신도 뭔가 달라 보이는데, 아, 입고 있는 셔츠 색깔이 잘 어울리는군요.
Greg: 감사해요. Kim교수님. 저도 그렇게 생각해요. 제대로 고른 것 같아요.
   사람의 마음을 움직이는 칭찬에 대해 우리가 얘기한 것을 실천하시는군요.
Kim: 네 그래요. Greg씨. 동양인이든 서양인이든 다른 사람으로부터 칭찬을 들으면 감사하게 생각하는 것 같아요. 그리고 우리가 대화를 나눈 이후로 전 한국인들의 칭찬을 주의 깊게 들어봤는데 확실히 미국인이 동양인보다 더 자주 칭찬의 말을 하는 것 같아요. 그런 것 같죠?
Greg: 네 그런 것 같아요. Kim교수님, 한국인들도 칭찬을 하긴 하는데, 미국인들과 좀 다르게 표현한다는 걸 알았어요. 미국인들은 상황에 따라 또 사유도 가지각색으로 칭찬의 표현을 하므로 훨씬 자주 칭찬한다고 할 수 있어요.
Kim: 상황에 따라 사유가 가지각색이란 말은 무슨 뜻이죠?
Greg: 학교를 예를 들어 봅시다. 선생님은 학생들이 어려운 문제에 답하거나, 시험이나 과제를 잘 수행하면 칭찬을 하죠. 물론 학생들은 그런 칭찬을 당연히 받아야 하죠. 그렇지만 또한 그 칭찬은 학생들에게 더욱 열심히 공부하게 하는 동기를 부여하죠. 비록 학생이 틀리지만 아주 열심히 했을 경우에도 그들의 노력에 대해 칭찬을 해야 하죠. 칭찬은 강력한 도구가 될 수 있다는 걸 훌륭한 선생님은 잘 알고 있어요.
Kim: 무슨 뜻인지 잘 알겠어요. 제 딸이 미국에서 학교를 다니는데, 한번은 전화통화를 하는데 매우 기분이 좋은 것 같았어요. 왜 그렇게 기분이 좋으냐고 물었더니 선생님으로부터 멋진 칭찬을 들었다고 하더군요. 외국에서 공부하다 보니 다른 학생들보다 소통이 어려웠고, 그래서 수업에 대한 스트레스를 많이 받고 있었어요. 그런데 며칠 전 선생님께서 그 아이에게 매우 재능이 있고 열심히 공부하는 학생이라고 칭찬해 주셨다고 하더군요. 나영이는 자기에게 용기를 북돋워 주는 그 말을 듣고 행복해 하면서 더욱 열심히 해야겠

	다고 하더군요. 선생님의 칭찬 한 마디가 정말로 자기에게 동기를 부여했다고 하면서요. Greg씨, 당신이 말한 것처럼 칭찬은 훌륭한 가르침과 배움의 도구가 될 수 있어요.
Greg:	그렇죠.
Kim:	사람들을 칭찬하는데 관해 좀 더 얘기해 주시겠어요?
Greg:	네 그러죠.
	많이 있는데 한 번에 모두 얘기하기는 어렵군요. 그 중에서 우리의 일상에서 사람들과 만나서 하는 말 중에 "잘했어"나 당신이 말한 "셔츠가 잘 어울리네요"처럼 간단하고 쉽게 표현하는 칭찬이 있죠. 그리고 때로는 비중이 좀 있거나 의미 있는 칭찬도 있는데 상황에 따라 다르죠.
	특별한 규칙은 없어요. 그렇지만 제가 꼭 말해 줄 것이 있는데 칭찬을 남용하지 말라는 거예요. 그건 가치를 떨어뜨리면서 진지함이 결여된다는 거예요.
	이건 아주 중요해요. 칭찬은 진지해야 하며 시의적절해야 합니다. 어떤 사람들은 칭찬을 남용해서 좋은 평판을 들으려고 한다거나 또는 그렇게 해서 뭔가를 얻어내려 한다는 거죠. 예를 들어 어떤 사람이 상사가 하는 모든 일에 항상 칭찬을 한다면 우리는 그 사람을 'brown nose'나 아첨꾼이라고 부릅니다. 한국 학생들이 '사바사바'라고 하더군요. 보통 사람들은 그러한 것이 칭찬이 아니라는 걸 느낄 수 있어요. 그리고 또한, 칭찬은 시의적절해야 합니다. 옷이 섹시해 보인다든지 젊어 보인다는 말을 아내에게 하는 건 괜찮지만 그런 표현을 다른 사람의 아내에게 하는 건 좀 그렇죠.
Kim:	그러네요. 그런 경우엔 곤란하겠어요.
Greg:	어쨌든 칭찬은 한 사람의 하루를 밝게 하기도 하고, 행복하게 만들어 주기도 한다는 것을 명심해야겠죠.

시나리오 7: 네가 한 일을 격하 하지마.

Greg:	Kim교수님, 어제 테니스 치는 것 봤는데 아주 잘하더군요.
	상대방을 어렵지 않게 이기던데요. 훌륭해요.
Kim:	아니에요. 그렇게 잘 하진 않아요. 아직 연습을 많이 해야 해요.
Greg:	오 제발, Kim교수님. 칭찬을 있는 그대로 좀 받아들이세요. 한국에 살다보니 대부분의 한국 사람들이 타인의 칭찬을 편하게 받아들이지 않는다는 걸 알게 되었어요. 근데 난 그게 이해가 잘 안돼요. 미국에서는 보통 어떤 것에 대해 칭찬을 하면 그대로 받아들이거든요. 사실 우리는 사람들이 우리에게 칭찬해 주는 것도 좋아하고, 또 칭찬을 받을 만한 사람들을 칭찬하는 것도 좋아하죠. 만약 내가 당신이 어제 했던 테니스 경기만큼 했을 때 누가 내게 칭찬을 해 주었다면 난 그 칭찬을 듣고 감사하다고 말했을 거예요. 아마 "정말 잘했지 않니?" 혹은 "최선을 다했어" 하면서 그 칭찬에 응수했을 거예요. 칭찬을 받아들이는 건 잘못된 게 아니에요. 우리가 누군가를 칭찬할 때는 듣는 사람이 칭찬을 진정으로 받아들이기를 기대해요. 그 사람이 칭찬을 받아들이지 않으면 어떻게 반응을 해야 할지 모르겠어요.
Kim:	Greg씨. 친절하게 설명해 줘서 고마워요. 그런데 한국인들은 상황을 다르게 보고 있어요.

	우리는 겸손을 미덕으로 생각하고 드러내는 것을 좋아하지 않아요. 좋은 일을 할 때 우린 남들이 모르게 하죠. 우리는 그렇게 드러내는 것을 자만한다거나 젠 체 한다고 생각해요. 그뿐만 아니라 우리가 잘한 것을 내세움으로써 그만큼 잘하지 못한 다른 사람들의 심경을 건드린다고 생각하죠. 그래서 잘난 척해서 다른 사람의 감정을 건드리기 보다는 우리의 업적이나 우리 자신을 보다 낮게 평가해서 자신의 성공을 다른 사람의 공로로 돌리려는 경향이 있어요.
Greg:	네, 대강 이해하겠어요. 그러나 우리를 도와준 코치나 선생님 같은 분에겐 어떤 칭찬을 하는 게 아니라, 우리 자신이 한 것에 대해 누군가가 칭찬을 해주는 것은 당연하다고 생각해요.
	우리도 지나치게 자만하는 것을 좋아하진 않아요. 하지만 칭찬을 받아들이는 것이 자만이라고 생각하지는 않아요.
Kim:	맞아요. 제가 미국인과 함께 있을 때면 미국문화를 따라야 한다는 걸 기억하려고 해요. 제가 그들의 칭찬을 받아들이지 않는 것이 그들을 불편하게 만들지도 모른다는 생각을 못했어요. "로마에서는 로마식대로 하라" 는 속담이 있잖아요. 내가 성취한 것에 대해 부끄러워 하지말고 자랑스럽게 여기면서 다른 사람들의 칭찬을 맘껏 받아들여야 겠어요.
Greg:	그렇게 얘기 하시니 저도 기분이 좋은데요. Kim교수님, 당신은 좋은 사람이에요.
Kim:	정말이에요? 감사해요. 저 또한 당신이 그렇게 생각해주니 기쁘군요. 우리도 서로의 문화를 이해함으로써 더욱 가까워 진 것 같네요.
Greg:	저도 그래요. 우리 사이에 있던 문화의 벽이 무너지기 시작했어요. 우리가 서로 이해하기 때문에 일어나는 일이에요.

시나리오 8: 사과로 점수를 따라.

Kim:	안녕하세요, Greg씨. 주말 잘 지냈어요?
Greg:	네, 좋았어요. 친구를 만나러 서울엘 다녀왔어요.
Kim:	좋은 시간 되셨어요?
Greg:	네, 근데 Kim교수님. 질문하나 해도 될까요?
Kim:	물론이죠. 뭔데요?
Greg:	지하철에서 약간 황당한 일이 있었는데, 어떻게 생각해야 할지 모르겠어요.
Kim:	어떤 일이 있었는데요?
Greg:	지하철 정류장에서 있었던 일이에요. 약간 분잡한 곳에서 지하철을 기다리고 있었는데 갑자기 내 옆에 있던 젊은 여자가 내게 부딪쳤어요. 처음엔 그냥 그러려니 생각했어요. 왜냐하면 당신과 얘기했던 '개인 간격'이 생각나서요. 문제는 그 여자가 또 다시 제게 부딪쳤다는 거예요. 전 누군가 지나가면서 그녀에게 부딪쳐서 그렇구나 하고 생각했죠. 한 세 번 부딪치고 나서야 나를 보더니 슬며시 웃더군요. 난 도대체 어떻게 해야 할지 정말 모르겠더라고요. 적어도 한번은 그녀가 내게 사과해야 하지 않나요. 그렇게 계면쩍게 웃지만 말고요.

Kim: 아, 그랬군요. 당신이 그 여자의 행동에 대해 왜 헷갈렸는지 알겠어요. 몇 가지 일이 동시에 일어났는데요. 그중에 한 가지, 그 여자는 당신이 외국인이어서 약간 움츠렸을 거예요. 당신에게 부딪치는 것도 실례라는 걸 알았을 거예요. 그런 상황에서 그녀는 사과한다는 뜻으로 당신에게 웃음을 보여주었어요.

Greg: 무슨 뜻이에요?

Kim: 당신들의 문화에선 "미안합니다" "실례합니다"란 말이 공손한 사과의 표현이죠. 그러나 한국에선 말로 하지 않고 사과하는 여러 방법이 있어요. 그 여자의 경우에도 그녀 방식대로 살짝 웃음으로써 사과를 대신한 거예요. 한국 사람들은 종종 감사하거나 미안해 할 때 그냥 표정으로 답하곤 한답니다.

Greg: 어떻게 말로 전하지 않는데 다른 사람이 알 수 있어요?

Kim: 한국인들은 보통 정황으로 봐서 알아요. 그걸 우린 '눈치'라고 해요. 그 여자가 당신에게 계속 부딪치게 되면서 당신이 약간 언짢아하는 걸 알았고 그래서 미소를 지었던 거예요. 그게 그녀의 사과예요. 한국에 살면 점점 그런 문화적인 것들을 체득하게 될 거예요.

Greg: 네, 그렇군요. 정말 제가 익숙해 있는 것과 아주 다른 문화적인 행동 방식이에요. 미국인들은 보통 그런 상황에선 말로써 사과를 하죠. 우리에겐 그게 더 명확하거든요. 어쨌든 제게 분명하게 설명해 줘서 고마워요, Kim교수님. 그래도 조금 당황스러운 건 있지만요.

Kim: 더 당황스럽다고요? 왜요?

Greg: 그녀가 나를 보고 웃은 건 내가 좋아서 그랬을 것 같거든요.

시나리오 9: 권위도 좋지만 정답게 불러야.

Kim: Greg씨, 오늘 당신 수업을 참관하면서 제가 몰랐던 사실을 한 가지 알게 되었어요.

Greg: 그게 뭐죠?

Kim: 학생들이 당신을 Mr. Betts나 선생님이라 안 부르고 당신 이름을 부르더군요.

Greg: 네, 학생들에게 저를 그렇게 부르라고 했거든요. 그들도 대학생이고 또 저도 그렇게 불리는 게 더 좋아요. 딱딱한 호칭을 안 쓰는 게 학생들도 더 편안할 거고요.

Kim: 제 지도교수 Jerry Gebhard도 저와의 첫 수업시간에 그렇게 하셨어요. Gebhard교수니 Gebhard박사라고 부르지 말고 그냥 Jerry로 부르라고요. 근데 한국인인 저한테는 그게 좀 힘들었어요.

Greg: 네, 적응하느라 애썼겠네요. 특히 격식을 따지는 한국사회에서 생활한 사람들에겐 더욱이요.

Kim: 미국 학생들은 바로 Jerry라고 부르더군요. 그렇지만 나를 포함해 아시아에서 온 학생들은 Gebhard교수님이나 Gebhard박사님이라고 불렀어요. 몇 년이 지난 지금도 전 여전히 Gebhard박사님이라고 부르고 있어요.

Greg: 왜 그게 그렇게 어려운가요? 그가 Jerry로 부르라고 했는데 말이에요.

Kim: 네, 그렇지만요. 당신도 아시다시피 한국에서는 선생님 이름을 부르는 건 생각할 수도 없어요. 이 또한 전통 유교사상과 양반사회의 일면이죠. 전 이런 문화에 젖어 있고 그래서 Gebhard박사님이라고 부르는 게 편해요. 제 사고 방식으로는 선생님이나 교수님에게 제가 그렇게 부르는 것이 존경을 표하는 호칭이에요.

Greg: 네, 이해할 수 있겠어요. 그리고 당신의 사고방식을 절대 못 바꿀 것 같아요. 제 경우에는 학생들이나 동료들이 제 이름을 불러주는 게 더 좋아요. 마찬가지로 다른 사람이 좋아하는 호칭으로 불러주는 것이 저도 편해요. 예를 들어 당신과 내가 처음 만났을 때 당신은 저를 Mr. Betts라고 불렀고 저는 Kim교수님이라고 불렀어요. 그러나 서로 친구가 되고 나서는 그냥 Greg, 인수라고 서로 부르잖아요. 당신이 그러기를 원했고 저도 그게 편하답니다. 그러나 공식적인 자리에서는 나는 사람들에게 Kim교수님이라고 소개해야 했죠. 시간과 장소에 따라 예의를 지키기도 하고 또 편하게 부르기도 하죠. 미국인들이 연장자에 대한 예의가 없다고들 한국사람들이 얘기하는 이유를 알겠어요. 한국 사람들은 서로 친구가 되는 과정에서 먼저 나이를 염두에 두죠. 미국인들은 나이를 보는 게 아니라 어떤 사람인지에 가치를 두죠. 보세요, 당신은 저보다 훨씬 나이가 많지만 우린 좋은 친구잖아요? 어때요? 미국 문화도 일부나마 당신의 생각을 변화시킨다고 생각지 않나요?

Kim: 맞습니다. Greg씨. 그리고 한국 전통문화가 또 당신의 생활과 사고에도 약간 영향을 미치고 있는 걸 알 수 있어요. 점심시간에 김치를 정말 잘 드시더군요.

시나리오 10: 빙 돌려서 말하지 마세요.

Greg: Kim교수님, 이번 주말에 파티를 할 건데요. 오실래요?
Kim: 음, 초대해줘서 고마워요. Greg씨.
Greg: 그런 오시는 거죠?
Kim: 글쎄요.. 해야 한 가지 할 일이 있는데...
Greg: 아, 그런가요? 근데 난 당신이 올 건지 안 올 건지 알고 싶어서요.
몇 명이 올 것인지 알아야 음식을 준비할 수가 있어요. 당신이 말해 주지 않으면 제가 음식을 얼마나 준비해야 할지 알 수가 없어요.
Kim: 아, 미안해요. 사실 다음 주에 있을 토플시험 때문에 공부를 해야 해서 파티에 참석할 수가 없어요. 제가 바로 거절하면 당신 마음을 상하게 할까봐 갈 수 없다고 말하고 싶지 않았어요.
제가 못 간다고 하면 당신이 화가 날 것 같기도 하고.
Greg: 화가 난다구요? 제가 Kim교수님에게 화가 날 일이 없죠. 당신이 참석을 못하면 못한다고 하시면 되는 거예요. 당신에게는 파티에 참석하는 것보다 더 중요한 일이 있잖아요. 당신이 올 수 없어서 안됐지만 화가 날 일은 아니죠. 당신이 올 수 없다고 말해 줘서 오히려 기쁩니다. 만약 당신이 올 거라고 해놓고 나타나지 않으면 아마 제가 실망하겠죠.
Kim: 네, 그렇군요. 근데 대부분의 한국 사람들은 초대 같은 것을 받았을 때 바로 거절하기를 꺼린답니다. 특히 직접 얼굴을 마주 대할 때에는 더욱 거절을 못하죠. 바로 못 간다고 말하면 불손하다고 생각하여서 직접적으로 말하지 않고 빙 돌려서 얘기하려고 한답니다.
Greg: 네, Kim교수님. 바로 그런 게 절 당황하게 만들어요. 미국인들은 애매모호한 답보다는 명확한 답을 원하거든요. 애매모호한 표현은 우리가 어떻게 판단해야 할지 모르기 때문에 대화에서 부정적인 영향을 주게 되죠. 한국과 달리 미국 문화에서는 명확하게 답을 해야 하고, 또 사실 그래야 한다고 생각해요. 초대한 사람에게 초대에 대해 바로 못 간다고 말하는 게 예의 없을 것이라고 생각하지 않아요. 특히 중요한 일에는 더욱이요.

Kim: 알겠어요. Greg씨. 이제 조금 이해가 되요. 저도 누가 어떤 걸 묻거나 초대할 때는 가능한 명확하게 답을 해야겠어요. 그래야겠죠?

Greg: 네, 좋아요. 그리고 한국 문화를 좀 더 이해할 수 있게 해줘서 저도 고마워요. 아, 다음 주 토플시험 잘 치세요.

시나리오 11: 말은 같아도 뜻은 달라.

Kim: 안녕하세요, Greg씨. 우와, 당신 파티에 사람들이 많이 왔네요.
Greg: 네, 내가 초대한 사람들이 모두 왔어요. 당신도 와주시어 기쁘군요.
Kim: 저도요. 초대해 주셔서 감사해요.
Greg: 여기, 잔 드세요. 최근에 승진한 Gregory씨를 축하하기 위해 제가 건배 제의(make a toast)를 할 거에요.
Kim: 좀 이상한데요. 토스트를 만든다고요 (make toast)?
Greg: 아뇨, Kim교수님. 토스트를 만드는(make toast) 게 아니고, 건배 제의(make a toast)를 한다고요! 모두 잔을 들고 행운이나 소원을 빌어주고 축하해 주는 건배 있잖아요. 토스트를 만드는 것은 빵을 기계에 넣고 굽는 것이죠. 다른 뜻이에요.
Kim: 아, 이제 이해되었어요. 맙소사. 영어를 알면 알수록 정말 완전하게 이해하기가 어렵네요. 제 친구가 미국에 가서 혼자 식당에서 음식을 주문하게 되었는데요. 메뉴를 훑어보고 있는데 종업원이 뭘 주문할 건지 물었데요. 종업원이 말한 dish가 plate 인줄 알았다네요. 그래서 접시가 가득 놓여 있는 선반을 가리키면서 저 접시가 좋다고 말했다는 거예요. 종업원은 그가 어떤 접시를 원하는지 물은 게 아니라 무슨 음식을 주문할 건지 물었는데 말이죠. 결국 그의 실수를 깨닫고서 당황스러웠답니다. 영어를 배우면서 일어날 수 있는 오해에 대해 얘기하면서 한참 웃었답니다.
Greg: 정말 재미있는 얘기네요. 같은 말이 여러 다른 의미로 많이 쓰이기 때문에 영어를 배우는 게 어려울 수도 있다고 생각해요. 또한 숙어도 많이 사용하는데 일일이 숙어의 뜻을 알기도 힘들어요.
Kim: 네, 그래요. 그렇지만 당신이나 또 다른 원어민들과 얘기 할수록 점점 더 알아가고 있어요. 연습이 최상이잖아요. 그건 그렇고 Greg씨 당신의 한국생활은 어떠세요?
Greg: 아주 좋아요. 매일 매일 조금씩 배워가고 있어요. 당신과 얘기하면서, 또 다른 한국 친구들이나 동료들도 도와주고 있어요. 당신이 말했듯이 연습이 최상이죠.

시나리오 12: 용건부터 말해요.

Kim: Greg씨, 회의는 어땠어요? 유익하셨나요?

Greg: 잘 모르겠어요. 학과장이 말하려고 했던 게 무엇이었는지 모르겠어요. 어떤 개선에 관한 얘기였는데 개선하기 위해 필요한 것이 무엇인지, 왜 개선을 해야 하는지, 저는 도통 감을 못 잡겠더라고요. 회의 시간 내내 제발 빙빙 돌려 얘기하지 말고 정확하게 집어서 얘기했으면 좋겠다고 생각했어요.

Kim: 네, 실망하셨겠네요. 한국인은 대화를 구축하는 방법이 서양인과 완전히 다르죠. 언어학자 Kaplan이 그의 연구에서 지적했듯이 한국인은 대화나 연설을 할 때 거의 마지막에 가서야 이야기 주제를 꺼낸다고 했어요.

Greg: 저도 한국에 살면서 중요한 교수회의나 공식모임에서 여러 번 경험했어요.
제가 배운 것과 많이 다르더군요. 미국인에게 있어서는 가능한 빠른 시간에 주제가 무엇인지를 아는 것이 아주 중요해요. 그러면 화자가 무엇을 말하고 있는지, 또 왜 그것이 중요한지를 완전히 파악할 수 있어요. 요점이 무엇인지 알고 나면 그 다음 얘기도 쉽게 이해가 되거든요.

Kim: 당신이 혼란스러웠던 걸 인제 알겠군요. 회의 내내 당신이 혼란스러워 하는 걸 봤는데 왜 그럴까 생각했어요. 평상시에 당신은 보통 경청하면서 회의에 적극적으로 참석했잖아요.

Greg: 다른 회의에서는 그랬죠. 보통 우리 회의에서는 특히 학과 회의에서는 외국인과 한국인이 함께 하므로 참석자 모두 서로 다른 문화적인 관습을 이해하고 있잖아요. 그런데 오늘은 주최자가 그런 문화적으로 다양한 그룹과 회의를 주재한 경험이 부족했던 것 같아요.

Kim: 네, 그래요. 근데 우리가 이런 문화적인 실수에 관해 얘기한 지가 그리 오래되지 않았어요. 다만 우리가 문화의 여러 면에 관해 배우고 이해하고자 하면 그런 실수를 줄일 수 있겠죠.

Greg: 맞아요, 우리 두 사람이 그런 문화적 차이의 가교 역할을 잘 하고 있다고 봐요.

시나리오 13: 말하는 것만으로도 즐거워

Greg: Kim교수님, 잘 지내죠?
Kim: 네, 잘 지내고 있어요.
Greg: 지난 주말에 뭐 하셨나요?
Kim: 거의 잠만 잤어요.
Greg: 잠만 잤다고요? 아무것도 안했어요? 상당히 피곤했던 모양이죠. 근데 이번 여름휴가 계획은 있나요?
Kim: 아뇨. 없는데요.
Greg: 기분이 다운되어 있는 것 같아요. 뭐, 힘든 일이라도 있어요?
Kim: 아뇨.
Greg: 기운 내요! 나하고 얘기하고 싶지 않아요? 왜요? 무슨 문제가 있나요?
Kim: 글쎄요. 전 당신한테 특별히 할 얘기가 없는데요.
Greg: 네? 우리가 나누는 얘기가 꼭 특별해야 하거나 중요해야 하나요?
미국사회에서 'Small Talk(한담)' 이라고 하는 것은 중요한 얘기가 아니고 그냥 편하게 주고받는 대화인걸요. 날씨라든가 또 수행한 일 등에 관해 얘기하죠. 그냥 만나는 사람들이나 친구들 사이에서 대화를 틀 수 있는 좋은 방법이에요. 한담은 사실 일상의 대화에서 가장 많은 부분을 차지하고 '사람들 사이'의 관계를 돈독하게 해주면서 또 결속시키는 역할을 하죠. 그래서 특별히 어떤 얘기할 것이 없다 해도 우리는 그냥 서로 대화를 즐기는 거죠.

Kim: 한국 사람들은 그런 일상 회화에 익숙하지 않아요. 우리들 대부분은 그런 대화가 별 소용이 없다고 생각해서 편안하게 느끼지 않아요. 저 역시도 그런 대화에 익숙지 않아서 대화를 따라가기가 어렵거든요. 일상 대화에서 자주 이용되는 주제 몇 가지 얘기해 주세요.

Greg: 글쎄요. 제가 말했던 것처럼 'Small Talk'는 그야말로 편한 대화에요. 따라서 날씨나 스포츠, 취미, 음식등과 같은 일상의 문제에 관해 얘기하죠. 대화 자체가 중요한 건 아니고요. 그리고 정치나 종교 또 다른 사람의 개인적인 것에 대해서는 보통 얘기하지 않습니다. 그야말로 'Small Talk'에요. 대화를 트거나 어색한 분위기를 깨트리기 위해 그리고 시간을 보내기 위해 하는 것이죠. 그리고 더 중요한 토론으로 발전하기도 하구요.

Kim: 고마워요. Greg씨. 더 잘 이해가 되었어요. 다음에 당신을 만날 때는 당신과 한담을 더 잘할 수 있도록 할게요. 제가 몇 가지 질문을 할지도 모르겠어요. 괜찮죠?

Greg: 네, 아주 좋아요. 곧 만나도록 하죠.

시나리오 14: 점수보다도 질문이 중요해

Kim: Greg씨. 이번 학기 첫 수업인데 어떠셨어요?

Greg: 네, Kim교수님. 아주 괜찮았어요. 학생들이 영문학 수업에 흥미가 많은 것 같았어요. 얼굴에 하고자 하는 의욕이 가득했어요. 나 또한 수업 첫 날에 그런 긍정적인 태도를 보니까 좋아요.

Kim: 저도 기쁘네요. 당신은 교수들과 학생들 사이에서 아주 평판이 좋아요. 그래서 학생들이 당신 수업을 듣게 되는 좋은 기회를 가져서 다행이라고 생각해요.

Greg: 감사해요, Kim교수님. 그런 소리를 들으니 저도 기뻐요. 그리고 얘기 나온 김에 당신에게 조언을 구하고 싶어요. 학생들은 전혀 문제가 되지 않는데요. 다만 한국 학생들에게 있어 활동적인 수업이 부자연스럽다는 걸 알게 되었어요. 대부분은 제 강의를 들을 때 아주 만족한 것 같아요. 근데 제 수업이 항상 활동적인 학습에 맞추어져 있다 보니까 어려운 점이 있어요. 전 학생들이 항상 자유롭게 말하고 맘껏 질문하기를 원해요. 그러나 거의 질문들을 하지 않는 걸 보면 제 수업을 완전히 이해 못해서 그런 것 같다는 생각이 들어요.

Kim: 네, 전에 다른 외국인도 제게 물었던 질문이에요. 학생들이 질문을 잘 하지 않는 데는 여러 가지 이유가 있어요. 가장 큰 이유는 질문을 너무 많이 하는 것이 선생님께 대한 예의가 아니라고 생각하는데 있어요. 의문을 갖는다는 것은 선생님이 잘 가르치지 못해서 질문 거리가 생긴 것이라고 생각해서 선생님을 당황하게 만들지 않아야 한다고 생각하는 것 같아요. 또 다른 이유는 질문을 하면 다른 학생들이 자기를 무시한다고 생각해요. 그래서 선생님과 학생들 앞에서 체면을 깎이고 싶지 않아서예요.

Greg: 그러나 전 미국에서 배우고 가르치면서 학생들이 질문을 하지 않는다는 걸 받아들이기가 힘들어요. 많은 학생들이 수업에 의문을 갖고서 질문할 거리가 있을 텐데 말이에요. 학생들은 당연히 질문해야 하고 '가장 어리석은 질문은 질문하지 않는 것이다.' 란 말도 있어요.

Kim: Greg씨. 제가 처음에 미국 가서 공부할 때가 생각나네요. 미국에서의 수업이 한국과 얼마나 다를까 궁금해 하면서 수업엘 들어갔어요. 학생들이 수시로 질문을 하고 또 토를 달거나 자기 의견을 내 놓는 걸 보고 약간 충격을 받았어요. 그리고 그런 행동이나 방식들이 받아들여지고 교사들이 그렇게 하도록 부추긴다는 것에 놀랐어요. 제가 익숙해 있던 것과 너무나 다른 학습 환경이었죠. 그런 활동적인 수업 환경에 적응하기까지 꽤 시간이 걸렸어요. 저와 마찬가지로 여기 학생들도 스스럼없이 질문하고 또 수업에 적극적으로 참여할 거예요. 단지 숙달이 되는데 시간이 좀 걸리겠죠.

Greg: 맞아요. 좀 기다려야겠죠. 재미있어요. 거의 매일 한국 문화에 대해 새롭게 배우는 것 같아요. 오늘은 또 수업 방식의 차이에 대해 알게 되었네요. 가르쳐 줘서 고마워요. Kim교수님.

Kim: 천만에요. 문화의 차이에 관해서는 앞으로도 많은 얘기가 있을 거예요. 서로 배울 수 있어 좋고 또 당연히 서로 물어야 하겠죠.

시나리오 15: 말하지 않고는 얻을 수 없어.

Greg: 별일 없나요? Kim교수님. 좀 정신 없어 보이는데요.

Kim: 오늘 저녁 젊은 커플들이 캠퍼스를 산책하는 걸 봤는데요. 몇 년 전에 제가 미국에서 공부하고 있을 때 만났던 한 여학생 생각이 나서요.

Greg: 말해 주세요.

Kim: 그녀는 수업시간에 제 옆에 앉아 있었는데 참 예뻤어요. 그렇지만 전 그녀에게 말을 걸 용기가 없었어요. 어느 날 책상에 앉더니 나에게로 돌아보면서 뭔가 달라진 게 보이냐고 묻더군요.

Greg: 그래서 뭐라고 하셨어요?

Kim: 그녀의 질문에 놀라서 뭐라고 해야 할지 모르겠더라고요.
그래서 그냥 잘 모르겠다고 얼버무렸어요. 내 대답에 약간 실망했다는 표정이 역력했어요.

Greg: 왜요? 어떻게 말해주기를 그녀가 기대했는데요?

Kim: 뭐가 달라졌는지 처음엔 잘 모르겠더라고요. 결국 그녀가 머리모양을 바꿨노라고 얘기해 주더군요. 그때서야 난 그녀의 머리 모양이 달라졌고 참 멋있게 보이더라고요. 그렇지만 그때 내가 했던 말은 '아, 네'였어요. 그녀는 감정이 약간 상한 것 같았어요.

Greg: 네. 그랬을지도 모르겠군요. Kim교수님, 제가 생각하기엔 그녀가 당신과 뭔가 말을 하고 싶어서 그랬던 것 같아요. 그녀도 당신에게 호감을 갖고 있었고 친해지고 싶었던 거예요.

	당신이 그녀의 헤어스타일에 대해 뭔가 말해 주었다면 그녀도 기뻤을 것이고 그래서 대화의 문을 열었을 거예요. 그래서 서로가 더 친해질 기회를 가졌을 텐데요. 또 그녀의 새로운 헤어스타일에 대해 얘기함으로써 그녀를 기분 좋게 해 줄 수도 있죠. 전에 우리가 이런 유의 칭찬에 대해 얘기 한 적이 있었잖아요.
Kim:	네, 저도 기억나요. 당신이 이방에 들어오기 전에 저도 그걸 생각하고 있었어요. 미국인들이 칭찬을 손쉽게 하는 이유를 이해했더라면 그녀와 친구가 되었을 텐데 말이에요.
Greg:	네, Kim 교수님. 칭찬이나 자랑은 미국 문화에서 여러 기능적인 측면이 있어요. 대화를 시작하거나 사람들을 기분 좋게 하고 그리고 당신 경우처럼 타인에 대한 관심을 보여줄 수 있어요. 그 외에도 칭찬을 받는다는 건 예나 지금이나 항상 좋은 거죠.
Kim:	그런 것 같아요. Greg씨 고마워요.
Greg:	천만에요. 안녕히 계세요.
Kim:	네, 잘 가세요.

시나리오 16: 말 없이도 이해할 수 있어

Kim:	(전화를 받으면서) 여보세요!
Greg:	안녕하세요? Kim교수님과 통화할 수 있을까요?
Kim:	전데요.
Greg:	아, 안녕하세요, Kim교수님. Greg에요. 잘 지내시죠?
Kim:	네, 잘 지내요. Greg씨, 별 일 없어요?
Greg:	네, 이번 토요일 저녁 파인 아트센터에 석재씨랑 공연을 보러가기고 했어요. 석재씨 친구가 티켓을 세장 주었는데 당신도 함께 갈 건지 저더러 물어 보라고 했어요. 어떠세요? 한동안 당신을 만나지 못했다면서 같이 갔으면 좋겠다고 하더군요.
Kim:	네, 좋아요. 갑시다.
Greg:	네, 그럼 제가 석재씨에게 그렇게 전할게요. 아마 기뻐할 거예요.
Kim:	Greg씨. 전화 끊기 전에 뭐 하나 물어 볼게요. 영어를 말하면서 가장 어려운 것 중의 하나가 전화 통화인데요. 서로 얼굴을 보면서 얘기하는 것과 많이 달라요. 그래서 가끔 실수를 하기도 하는데 전화 통화를 좀 쉽게 하는 방법이 있으면 얘기해 주시겠어요?
Greg:	글쎄요. 전화 통화에 있어서는 한국과 미국의 문화 차이가 그리 크다고는 생각지 않아요. 보통 처음엔 인사하고, 전화를 받으면 누구랑 통화하고 싶다고 말하거나 또 이름을 대기도 하죠. 그리고 나서 전화 건 사람이 용건을 말하죠. 사업적일 수도 있고 개인적일 수도 있고 또는 수다 전화일 수도 있는 거죠.
Kim:	제가 한번은 미국의 대학에 전화를 하면서 제 이름을 깜빡하고 말하지 않았어요. 용건을 말하고 있는데 저쪽에서 아주 공손하게 제 이름을 물어 보더군요. 순간 당황했어요. 영어로 제가 말하려고 했던 것을 연습했으므로 알아들었다고 생각했는데 상대방이 제 이름을 묻는 순간 제가 말하려고 했던 것을 잊어 버려서 그만 전화를 끊고 말았어요. 그땐

	영어가 좀 달렸거든요. 뭐 여전히 지금도 전화 통화가 어렵긴 하지만요.
Greg:	Kim교수님. 저도 한국말로 전화를 할 때 똑같은 상황이에요. 그러나 효과적으로 통화하는 방법을 터득했어요. 한국 사람과 한국말로 통화할 때 한국 사람들은 제가 한국어를 아주 잘하는 걸로 착각하고 빠르게 얘기 한답니다. 그리곤 내 한국어 실력이 썩 좋지 않다는 걸 바로 알아채지 못해요. 그래서 저는 인사를 하고나면 바로 한국말이 유창하지 않으니까 천천히 그리고 또박또박 얘기해 달라고 부탁하죠. 특히 매우 중요한 일이나 사업관계 또는 복잡한 문제에 관해 얘기 할 때는요. 당신도 전화 통화를 할 때는 상대방에게 조금 천천히 또 발음을 분명하게 해 달라고 부탁하면 될 거예요.
Kim:	네, 그렇게 해야겠군요. 그렇지만 제 영어가 항상 완벽하지 않다는 사실이 당황스러워요. 체면을 구기는 일이거든요.
Greg:	한국인들이 잘 모를 때 질문 안 하는 것과 비슷하군요. 마음 놓으세요, Kim교수님. 그럴 일은 없을 거예요. 그리고 영어가 완벽하지 못해서 당황하는 일도 결코 없을 거예요. 전화로 얘기하는 게 더 어렵고 또 듣기도 힘들죠. 그러나 당황할 일은 아니에요. 전화상으로 얘기하면서 서로 이해한다는 것이 중요해요. 저를 믿으세요. 대부분의 사람들은 당신이 부탁하면 참을성 있게 천천히 그리고 또박또박 얘기해 줄 거예요.
Kim:	충고 고마워요, Greg씨.
Greg:	아니에요. 그럼, 이만 가 볼게요. 그리고 토요일 밤 일곱 시 쯤 데리러 올게요.
Kim:	네, 그때 봐요.

시나리오 17: 개인공간은 내 몸과 같아

Kim:	Greg씨, 당신을 여기서 만나다니요. 어쩐 일이세요?
Greg:	Kim교수님, 정말 우연의 일치군요. 제 친구를 여기서 만나기로 했어요. 한 시간 정도 여유가 있어 쇼핑을 할까 생각했어요. 근데 당신은 어쩐 일인가요?
Kim:	저는 집으로 가는 중이에요. 근데 뭐 안 좋은 일이라도? 표정이 밝지 않은데요. 화가 나신 거예요?
Greg:	아뇨. 화가 난 게 아니라 조금 성가실 뿐이에요.
Kim:	성가시다고요? 왜요?
Greg:	그리 심각하진 않고요. 보다시피 시장에 사람들이 아주 많더군요. 그 사람들 틈에서 쇼핑을 하고 있었는데 쇼핑하는 동안 끊임없이 사람들과 부딪치는데 정말 힘들었어요. 사람들 눈엔 제가 정말 투명인간처럼 보이지 않는 가 봐요. 사람들이 많아서 그러려니 이해는 하는데 아무도 실례한다거나 미안하다는 말을 안 하는데 정말 못 참겠어요. 제가 너무 예민하거나 트집을 잡는다고 생각하실지 모르겠지만, 제가 볼 때는 사람들이 정말 예의가 없는 거 같아요. 한국에선 이게 아무렇지 않은지 잘 모르겠지만. 당신은 사람들이 당신에게 부딪치고 나서 사과하지 않아도 괜찮나요?
Kim:	글쎄요. 그건 한국에선 흔한 일이에요. 미국인과 한국 사람들은 '개인 간의 거리'에 대해서로 생각이 다르다고 봐요. 예를 들어 많은 사람들이 당신의 '개인 거리' 안으로 들어와서 당신에게 부딪치는 상황은 당신도 똑같이 사람들의 '개인 간의 거리'를 침입했다고

볼 수 있죠. 그러나 그 사람들은 당신에 대해 화 내지 않을 뿐만 아니라 당신이 화를 내는 이유를 이해하지 못하죠. 문화적인 관점에서 볼 때 '개인 간의 거리'는 미국인과 한국인 사이에 엄청난 차이가 있어요. 지난번에 얘기 했듯이 미국인의 개인주의와 한국인의 집단주의와 연관이 있다고 봐요.
즉 '나의' 공간이라는 것과 '우리의' 공간 이라고 말하는 것과 같이요. 당신이 지금 혼란스러워 하는 게 전 이해가 되요. 제가 처음 미국에 갔을 때 '개인 간의 거리'에 익숙지 않아서 애 먹었거든요. 한동안 힘들었지만 곧 이해하게 됐어요. 당신도 한국인에게 있어 '개인 간의 거리'가 그리 중요하지 않다는 것에 곧 익숙해 질 거예요. 그러니 한국인이 예의가 없다거나 거칠다고 생각하지 마세요.

Greg: 네, Kim교수님. 인제 조금 이해가 되네요. 어느 누구도 내게 불손하거나 거칠었다고 생각하지 말았어야 했는데. 제가 진짜 누군가에게 화를 냈더라면 후회할 뻔 했어요. 이곳에 살면 살수록 당신과 나의 문화적 차이에 대해 더 많이 배우겠어요.

Kim: 저도 그래요. Greg씨. 당신과 함께 있는 동안 서로 많이 배웠어요.

Greg: 고마워요. 이제 마음이 한결 편해졌어요. 친구 만나기 전에 남대문 시장의 사람들 틈에서 더 쇼핑을 해야겠어요. 같이 하실 생각이 있어요?

Kim: 하고 싶지만 저 또한 누구를 만나야 해서요. 다음에 하죠.

Greg: 좋아요. 그럼.

시나리오 18 : 한국 시간, 미국 시간

Kim: 안녕하세요 Greg씨. 늦어서 정말 미안해요.

Greg: 안녕하세요. Kim교수님. 어찌된 일이세요. 무슨 문제가 있나요?

Kim: 아니예요. 모든 일은 잘 되고 있어요. 그러나 이곳에 정시에 도착했어야 했는데요.

Greg: 우리가 만나기로 했던 약속시간을 잊으셨는지요?

Kim: 물론 그렇지 않아요.. 이 연구실에서 우리가 3시에 만난다는 것을 기억하고 있었어요.

Greg: 왜 늦으셨어요?

Kim: 그런데 저의 가장 친한 친구가 제 사무실을 방문했어요. 그 친구가 어떻게 지냈는지 얘기하느라 정신없었어요. 우리는 오랫동안 만나지 못했기에 저 또한 그 친구와 얘기를 나누는 것이 즐거웠답니다.

Greg: 그렇지만 교수님께서는 미리 한 약속이 있지 않습니까.

Kim: 맞아요. 사실 저는 그 약속시간에 늦지 않기 위해서 사전 약속이 있다고 말했어야만 했어요. 한편으로는 만약 제가 그 자리를 떠나면 친구가 실망할까봐 걱정이 되었거든요. 그래서 선약이 있어서 가봐야겠다는 말을 감히 하지 못했어요.

Greg: 오, Kim교수님. 만약 교수님께서 그 시간에 친구분 곁을 떠나신다고 하더라도 미안해할 필요가 없어요. 친구분께서 사전에 약속을 하신 것도 아니기 때문에 교수님이 3시에 저와의 약속을 지킬 수 있도록 시간을 마련해 주었어야 했어요. 보통 우리 미국인들은 한 번에 한 가지씩만 하려고 해요.

Kim: 알겠어요. 한국인과 미국인들은 시간에 대해 다르게 지각을 하고 있나봐요. 우리는 정확하게 시간을 지키는 것보다 인간관계에 더욱 가치를 두지요. 또한 우리는 한 번에 여러 가지 일을 하려고도 하지요. 이러한 지각은 우리를 바쁘게 할 뿐만 아니라 시간을 정확하게 지킬 수 있는 가능성을 줄이기도 해요.

Greg: 시간이 제한된 자원이다 보니 우리는 시간을 세상에서 가장 가치있는 것으로 생각해요. 따라서 우리는 시간을 '쓰고', '저축하고', '빌리고', '준다'라고 말을 하지요.

Kim: 많은 한국인은 시간이 선의 형태가 아니라 원의 형태라고 생각해요. 만약 우리가 이번 여름에 하지 못한 것이 있으면, 이다음 여름이 올 때 다시 하자고 하지요.

Greg: 미국인들은 시간을 일직선으로 봐요. 한국인들과 달리 미국인들은 그 시간은 다시는 오지 않으며 사람들은 사전에 계획된 일정에 따라서 시간을 사용해야 한다고 생각해요.

Kim: 한편, 최근 들어서 한국인들도 서구인들처럼 생각하는 경향이 있어요. 글로벌 사회에서 사람들은 상세하게 일정을 짜고 그것을 정확히 지키려고 하지요. 이 달력에서 보시는 바와 같이 저도 효율적으로 일을 하기 위해 시간을 쪼개서 사용하려고 해요.

시나리오 19: 감정표현을 왜 망설여요

Kim: Greg씨, 다시 만나게 되어 반가워요. 미국에 잘 다녀오셨어요? 어떠셨어요?

Greg: 네, Kim교수님. 반갑네요. 정말 좋았어요. 가족들 친구들과 많은 시간을 함께 지냈어요. 삼 년 만에 갔으니까요. Kim교수님, 저는 이번에 제가 그동안 한국에 살면서 느꼈던 걸 한 번 돌아보게 되었어요. 당신은 한국 사람들이 감성적이고 생각하세요?

Kim: 네, 저는 그렇다고 생각해요. 감정을 자유롭게 표출하거든요. 기쁘거나 슬플 때 또 화가 날 때도요. 한국인은 감정을 있는 그대로 표출하죠.

Greg: 저도 항상 그렇게 생각했어요. 근데, 한국 사람들은 그들의 감정을 그냥 쏟아 내 놓기는 하는데 신체적인 방법으로는 잘 표현하지는 않는 것 같아요. 그걸 물어보고 싶어요.

Kim: 무슨 말씀인지 잘 모르겠는데요.

Greg: 글쎄요. 예를 들어 설명하면 이해가 잘 될 거예요. 지난달 제가 집에 갔을 때 가족과 친구들이 모두 모였어요. 엄마와 누나 여동생들이 나를 안아주면서 입을 맞추어 주셨어요. 아버지도 저를 두 팔로 힘껏 안아 주셨죠. 많이 보고 싶었고 나를 사랑한다는 표현을 몸으로 보여주신 거예요. 제가 다시 한국에 돌아와 인천에 도착했을 때 공항에는 많은 한국인들이 사랑하는 가족들을 맞이하고 있었어요. 제가 가족들을 만날 때와 같은 상황이었어요. 근데 그들이 기다리던 사람을 만났을 때는 어이없게도 거의 보고 싶었던 감정을 표현해 주지 않더군요. 부모나 할아버지 할머니가 어린 아이에게 입을 맞추는 것 외에는 아무도 입맞춤을 하지 않더군요.

Kim: 맞아요. 요즘은 약간 덜하지만, 한국에서는 공공장소에서 신체적으로 접촉하는 것이 아주 드물어요. 근데 지금은 서서히 변해가고 있어요. Greg씨, 한국 사람들은 눈에 띄거나 주의를 끄는 행동을 선호하지 않아요. 이것 또한 개인주의가 아닌 집단주의 의식을 결과에요. 전에 우리가 얘기했듯이 한국인들은 보통 겸손해야 한다고 생각하고 신체적으로 애정을 표현하는데 소심한 편이죠.

Greg: 그렇지만 가끔 혼란스러워요. 드물긴 하지만 젊은 애들이 공공장소에서 키스하는 모습을 보거든요. 그리고 여자 애들이나 또 아줌마들이 손잡고 가는 것도 보고요. 심지어 남자 애들이 서로 손을 잡거나 수업시간에 기대는 등 서로 친한 모습을 보여 주기도 하더군요. 어떤 땐 신체적 애정 표현이 되고 어떤 땐 안 된다는 건 서로 모순 아닌가요? 제가 수업시간에 아이들에게 마지막으로 엄마와 입맞춤을 한 것이 언제냐고 남자 애들에게 물어본 적이 있어요. 아무도 기억이 안 난다고 하더군요. 제가 묻던 그 순간에도 아무 생각 없이 옆 사람 어깨에 팔을 걸쳐놓고 있었다니까요.

Kim: Greg씨, 당신이 이해할 수 있게 이런 모든 상황들을 설명해 줄 수 없어서 답답해요. 몇 년 동안 우리가 동료로 또 친구로 지내오면서 서로 다른 문화에 대해 배울 기회가 많았어요. 그러나 미국 문화에 대해 새로운 것을 배울 때마다 내가 결코 이해할 수 없는 것도 있다는 걸 알게 되었어요. 우린 서로 다른 나라에서 왔고 완전히 서로의 문화를 이해한다는 건 어렵고 불가능해요. 그러나 그건 중요하지 않아요. 중요한 것은 다르다는 것을 인정하고 서로를 받아들이는 것이에요. 그래서 친구가 되고 또 재미있게 살아가는 방법이 아닌가요?

Greg: 맞아요. Kim교수님. 우리가 모두 똑 같지 않고 다르기 때문에 친구가 되고, 또 서로 배우고자 노력하는 마음이 더 중요한 거죠.

Scenario 20: 화를 다스리세요.

Greg: 어떻게 지내세요?

KIm: 지난 주 경주에 다녀왔어요. 제가 지도교수와 한국에 처음 오신 지도교수 누님을 안내했어요.

Greg: 그래요? 주말에 그렇게 안내하셨다니 무척 피곤하시겠군요. 그러나 어제는 즐거운 시간을 보냈을 것이라 믿어요. 어제는 날씨도 아주 좋지 않았습니까. 제 생각에 경주는 한국에 처음오신 분들이 방문하기에는 정말 훌륭한 곳이지요. 아시다시피 갈만한 역사적인 장소가 많죠. 어디를 가셨나요?

Kim: 저희들은 먼저 불국사에 갔어요. 비록 저는 안내 차 불국사에 여러 번 다녀왔지만 한 가지 불쾌한 일을 제외하고는 정말 즐거운 시간을 가졌어요.

Greg: 불쾌한 일이라고요? 무슨 일이 있었나요?

Kim: 글쎄요. 저의 손님이신 마사가 내부를 둘러보러 경내 대웅전 안으로 들어갔어요. 그런데 대웅전 내부에서 일을 하는 한 여성 직원이 마사의 행동을 지켜보다가 사진을 찍지 말라며 그녀에게 큰 소리로 호통을 쳤습니다. 그 호통소리를 듣고 마사는 아주 당황해서 곧바로 대웅전 밖으로 나왔어요. 마사는 호통소리에 놀랐을 뿐만 아니라 그 이유를 잘 이해할 수 없었다고 하더군요. 저 또한 '사진촬영금지'라는 경고문을 찾을 수가 없었지만 그녀에게 사진을 찍지 말라고 말하지 않았던 일에 대해 대단히 죄송스러웠어요. 그 직원은 대웅전 내부에서 사진을 찍지 말아야 한다는 것을 방문자가 알아야만 한다고 했어요. 그러고 보니 제가 나름의 역할을 만족스럽게 하지 못한 것 같아요.

Greg: 맞아요. Kim교수님은 마사에게 대웅전 안으로 들어가기 전 사진을 찍지 말아야 한다고 알려주셨어야 했어요. 아니면 그 여성 직원이 마사에게 좀 더 친절하게 말했더라면 훨씬 더 좋았을 거예요. 그 외에도 모든 방문객들에게 '사진촬영 금지'라는 경고문을 붙여놓는 것이 좋다고 생각합니다. 가끔 저도 사진을 찍어도 되는지 어떤지 알기 어려웠어요.

Kim: 예 맞아요. 같은 환경에 있는 대부분의 한국인은 무엇을 어떻게 해야 할지 쉽게 알 수 있어요. 그러나 새로 온 사람들은 그것을 파악하는데 한계가 있어요. 따라서 문화 간 갈등을 피하기 위해서는 서로가 다른 사람에 대해서 알려고 노력할 필요가 있어요.

Greg: 당연한 말이에요. 문화 간 커뮤니케이션을 하는 데 있어서 맞고 틀리고는 없어요. 그러나 적어도 문화 차이로 인해 생긴 갈등을 해소하기 위한 지름길은 있어요.

Kim: 나중에 우리의 일상에서 자주 생길 수 있는 대인간의 갈등을 어떻게 조정할지에 대해서 얘기 해보도록 하지요.

Greg: 좋은 생각이에요. 흥미 있게 들리네요.

시나리오 21: 시작은 빠를수록 좋아

Kim: Greg씨 무슨 일 있나요?
Greg: 방금 아들을 레스토랑에 내려주고 오는 길이에요.
Kim: 네. 아들이 친구들이랑 저녁식사를 하나보죠?
Greg: 아뇨. 지난여름부터 레스토랑에서 시간제 일을 하고 있어요.
Kim: 정말요? 몇 살인데요?
Greg: 지난 여름에 17살이 되었어요.
Kim: 네? 겨우 열일곱인데 레스토랑에서 일 년 이상 일을 했다구요? 한국에서는 상당히 보기 드문 일이에요. 한국의 10대들은 대학 입시를 위해 여름방학 내내 공부하느라 시간을 다 보내죠.
Greg: 그래요? 우리나라에선 십대들의 시간제 일이 아주 흔한 편이에요. 미국에서는 16세가 되면 대부분의 아이들은 방학이나 방과 후에 일을 하기 시작한답니다. 그래서 부모님으로부터 용돈을 받을 필요가 없죠. 사실 많은 십대들이 대학 등록금을 보태거나 자동차를 사기위해 그들이 번 돈을 저축한답니다.
Kim: 그래요? 놀랍군요. 그러면 학교는요?
Greg: 시간제 일을 한다는 건 공부를 안 한다는 게 아니에요. 십대들이 학교에 다니는 동안 아르바이트를 하는 건 보다 많은 책임감을 갖는다는 것이고, 이는 곧 어른이 되기 위한 준비인거죠. 일종의 통과의례라고나 할까. 부모들은 아이들이 십대가 되면 좀 더 어른처럼 대하기 시작하죠. 학교에 다니고 좋은 성적을 유지하고 열심히 일하는 것 등이 책임감을 동반하는 거죠.
Kim: 동시에 두 가지 일을 해야 한다는 것은 당신 아들을 위해선 매우 도전적일 수밖에 없겠군요. 대부분의 한국 부모들과 마찬가지로 저도 우리 아이들에게 방학동안 일을 시키는 것에 대해 생각해 본 적이 없어요. 그렇지만 당신 말을 듣고 보니 우리 아이들이 일을 하면서 책임감이나 독립심이 길러지고 성숙되어 진다는 걸 알겠군요. 그리고 사실 적은 부분이나마 그들의 대학 등록금을 마련할 수 있게 하는 것도 의미가 있겠군요.

Greg: 그렇지 않아요. 요즘 대학 등록금이 점점 올라가고 있어요. 당신도 알겠지만, 난 우리아이가 열심히 공부도 하면서 일하는 모습이 상당히 자랑스러워요.

Kim: 정말 그렇겠군요. 저도 지금부터 우리 아이들이 좀 더 독립적이고 책임감을 가질 수 있도록 만들어야겠어요.

Greg: 언제든지요. Kim교수님, 그럼 이번 주 교수회의 때 만나요.

Kim: 네, 그때 봅시다.

시나리오 22: 실패한게 아니에요

Greg: Kim교수님. 여기서 만나다니 반가워요. 아드님 대학 입학 접수가 어떻게 됐는지 궁금한데요. SKY 대학 중 한곳에 가려고 마음을 정했지 않았나요?

Kim: 연세대나 고려대 중에서 갈 것 같아요. 서울대 입학은 실패했거든요.

Greg: 실패했다고요? 왜 '실패'라고 하나요?

Kim: 입학 접수가 받아들여지지 않았어요. 우리는 그걸 실패했다고 합니다.

Greg: '실패'라는 말은 매우 강한 단어에요. 그리고 한국인들은 그 말이 들어맞지 않는 상황인데도 실패라는 말은 너무 자주 사용해요. 아드님이 서울대 입학에 실패했다는 말 보다는 입학이 받아들여지지 않았다거나 또는 접수가 거절되었다고 하는 게 나아요. 생각해 보세요. 매년 수천 명의 학생이 서울대에 들어가려고 하는데 모두 다 들어가는 건 불가능하잖아요? 그런데 학교에 들어가는데 실패했다고 하면 그 학생이 영리하지 못하다거나 부지런하지 못하다는 말이 되잖아요.

Kim: '실패'라는 변역이 의미상 가장 가깝긴 한데 그렇게 강한 표현은 아니에요. 성공하지 못한 결과를 표현하는데 있어서 쓰는 영어 단어죠. 또한 한국 문화의 중요한 부분인 '겸손' 내지는 '비하'의 표현일 수도 있고요.

Greg: 무슨 말씀인지 알겠어요. 그러나 영어 교수로서 볼 때, 미묘한 뉘앙스의 차이로 인해 단어를 선택하는 게 아주 중요하다는 것을 아시잖아요? '실패'라는 말이 그 예에요. 내가 '실패했다'고 말할 때는 보통 F학점을 받았을 경우에 시험에 실패했다고 하죠. 또 내가 한국요리를 시도했는데 실패했을 경우를 묘사할 때 그 표현을 쓰죠. 한국 사람들이 실해라는 말을 사용하는 것이 틀리지는 않아요. 다만 필요 이상으로 비판적인 것 같아요. 언제 한번 충분히 시간을 갖고서 '실패'라는 단어에 대응할 다른 단어에 대해 얘기해 보죠.

Kim: 네, 좋은 생각이에요. 한국인들이 실패라는 단어를 남용하는 예를 들으면서, 어떤 상황의 관점에 대해 부정적인 영향을 줄 수 있다는 생각이 드네요. 서울대에 접수가 받아들여지지 않은 것에 대해 실패라고 하지 않는 것이 그 아이를 편하게 만들어 주겠는 걸.

Greg: 다음 주에 만나서 좀 더 얘기 하는 게 좋겠죠?

Kim: 네, 다음 주가 좋겠군요. 기대할게요.

시나리오 23: 왜 SKY만 바라보니?

Greg: 안녕하세요. Kim교수님. 근데 얼굴이 초췌해 보이네요, 오늘. 무슨 피곤한 일이라도 있나요?

Kim: 네. 정말 피곤해요. 지난밤에 세시가 되도록 잠을 잘 수가 없었어요. 우리 아이들이 학원에서 야간 수업을 듣고 오니까 제가 두시에 태우러 가야 했어요.

Greg: 뭐라고요? 새벽 두시에요? 농담하시는 거예요? 왜 아이들이 그렇게 늦은 시간까지 공부를 하는 거예요?

Kim: Greg씨. 한국에선 보통이에요. 특히 고등학생들은 밤늦게까지 학원에서 수업을 듣는답니다. 그렇게 하지 않으면 다른 아이들에게 뒤쳐져서 좋은 대학엘 들어갈 수가 없거든요. 사실 그게 심각한 문제에요.

Greg: 문제라고요? 왜요? 한국 부모들 모두 당신처럼 생각하나요? 좋은 대학에 들어가는 것에 관해서요. 미국에서 학생과 부모는 진학준비를 학교수업에 거의 의존한답니다. 학생들은 과외 수업을 받기 위해 사설 학원엘 가지 않습니다. 어떤 과목이 부족해서 도움이 필요하면 스스로 열심히 공부하거나 선생님이나 튜터로부터 도움을 받죠. 그리고 또한 대부분의 고등학생들에게 있어서 좋은 대학에 들어가는 것 자체가 유일한 목표가 되진 않아요. 대학에 진학 하려는 학생들은 그들의 교육 목표와 잘 부합되는 학교를 찾는 것이 중요하다고 생각해요. 그리고 많은 학생들에게 있어 대학 진학이 중요한 목표가 될 수 없고 고등학교를 졸업하자마자 장사나 일을 시작하기도 하죠.

Kim: 그건 우리와 상당히 다르네요. 한국 학생들은 일류 대학에 들어가려고 기를 쓰는데요. 소위 SKY로 불리는 서울대, 고려대, 연세대기 목표에요. 따라서 부모님은 과외 수업을 위해 학원엘 보내죠.

Greg: 좋은 대학에 들어가기 위해 노력하는 것이 중요하기는 하지만, 좋은 대학엘 간다는 것 자체가 중요하진 않아요. 일류 대학엘 못 간다는 것이 세상의 끝이 아니잖아요. 많은 학생들이 소위 SKY 대학에 들어가려고 하지만 모두 다 갈 수 있는 건 아니잖아요. 그건 공부에 대한 실패가 아니죠. 그건 한 쪽으로 치우친 경쟁이에요. 한국엔 훌륭한 대학들이 많이 있잖아요.

Kim: 그건 그래요. 사실 요즘 방과 후 학원 수업이 점점 문제가 되고 있어요. 부모님들이 과외 수업에 너무 많은 돈을 쓰고 있어요. 학생들이 학원수업에 너무 많은 시간을 보내야 한다는 것은 공교육이 무너지고 있다는 걸 말해요. 우리 아이들도 좋은 대학에 들어가기 위해 거의 매일 스트레스 속에서 지내거든요. 나도 우리 아이들이 성공하기를 원하지만 또한 어떤 대학이든 들어가기 위해 노력하는 것이 교육에 있어서 더 중요하다는 걸 이해시키고 싶거든요.

Greg: 맞아요. Kim교수님. 당신도 알다시피 저는 대학과 대학원을 사람들이 거의 들어 본 적이 없는 작은 대학에서 마쳤어요. 그리고 교사 자격증을 받았어요.

Kim: Greg씨. 당신나라와 마찬가지로 우리나라의 교육에 대한 차이점을 얘기하다 보니 재밌네요. 좀 더 토론할 시간을 갖고서 이 주제에 대해 얘기하고 싶군요. 또 다른 문화적 차이에서 오는 주제네요.

Greg: 네, Kim 교수님. 재미있는 사실이에요. 저도 이 주제를 다시 한 번 더 얘기하고 싶네요.
Kim: 네 그래요. Greg씨 조만간 그렇게 하도록 합시다. 잘 가요.
Greg: 안녕히 가세요.